GDTP
绿色低碳发展智库伙伴
Green Low-Carbon Development Think Tank Partnership

低碳智库译丛

ENVIRONMENTAL FINANCE AND INVESTMENTS
2nd edition

Marc Chesney   Jonathan Gheyssens   Anca Claudia Pana   Luca Taschini

环境金融与投资
第二版

（瑞）马克·切斯尼　　（法）乔纳森·盖桑

（罗）安卡·克劳迪娅·帕娜　　（意）卢卡·塔斯基尼　著

莫建雷　范英　译

东北财经大学出版社
Dongbei University of Finance & Economics Press

大连

Marc Chesney，Jonathan Gheyssens，Anca Claudia Pana and Luca Taschini：Environmental Finance and Investments，2nd edition

Copyright@ 2015 Springer Berlin Heidelberg
Springer Berlin Heidelberg is a part of Springer Science and Business Media
Authorised translation from the English language edition：Environmental Finance and Investments by Marc Chesney， Jonathan Gheyssens，Anca Claudia Pana and Luca Taschini.

图书在版编目（CIP）数据

环境金融与投资：第二版 /（瑞）切斯尼（Chesney，M.）等著；莫建雷等译. 一大连：东北财经大学出版社 ，2016.1
（低碳智库译丛）
ISBN 978 - 7 - 5654 - 2162 - 4

Ⅰ. 环… Ⅱ. ①切… ②莫… Ⅲ. 金融投资-环境经济学-研究 Ⅳ. F830.59

中国版本图书馆CIP数据核字（2015）第283563号

东北财经大学出版社出版发行
　大连市黑石礁尖山街217号　邮政编码　116025
　教学支持：（0411）84710309
　营 销 部：（0411）84710711
　总 编 室：（0411）84710523
　网　　址：http：//www. dufep. cn
　读者信箱：dufep @ dufe. edu. cn
大连图腾彩色印刷有限公司印刷

幅面尺寸：170mm×240mm　　字数：196千字　　印张：14 1/2
2016年1月第1版　2016年1月第1次印刷
　责任编辑：李　季　杨紫旋　　责任校对：刘　斯
　封面设计：冀贵收　　　　　　版式设计：钟福建
　定价：46.00元

"低碳智库译丛"总序

气候变化是当前人类面临的最大威胁，危及地球生态安全和人类生存与发展。采取应对气候变化的智慧行动可以推动创新、促进经济增长并带来诸如可持续发展、增强能源安全、改善公共健康和提高生活质量等广泛效益，增强国家安全和国际安全。全球已开展了应对气候变化的合作进程，并确立了未来控制地表温升不超过2℃的目标。其核心对策是控制和减少温室气体排放，其中主要是化石能源消费的CO_2排放。这既引起新的国际治理制度的建立和发展，也极大推动了世界范围内能源体系的革命性变革和经济社会发展方式的转变，低碳发展已成为世界潮流。

自工业革命以来，发达国家无节制地廉价消耗全球有限的化石能源等矿产资源，完成了工业化和现代化进程。在创造其当今经济社会高度发达的"工业文明"的同时，也造成世界范围内化石能源和金属矿产资源日趋紧缺，并引发了以气候变化为代表的全球生态危机，付出了严重的资源和环境代价。在全球应对气候变化减缓碳排放背景下，世界范围内正在掀起能源体系变革和转型的浪潮。当前以化石能源为支柱的传统高碳能源体系，将逐渐被以新能源和可再生能源为主体的新型低碳能源体系所取代。人类社会的经济发展不能再依赖地球有限的矿物资源，也不能再过度侵占和损害地球的环境空间，要使人类社会形态由当前不可持续的工业文明向人与自然相和谐、经济社会与资源环境相协调和可持续发展的生态文明的社会形态过渡。

应对气候变化，建设生态文明，需要发展理念和消费观念的创新：要由片面追求经济产出和生产效率为核心的工业文明发展理念转变到人与自然、经济与环境、人与社会和谐和可持续发展的生态文明的发展理念；由过度追求物质享受的福利最大化的消费理念转变为更加注重精神文明和文化文明的健康、适度的消费理念；不再片面地追求GDP增长的数量、个人财富的积累和物质享受，而是全面权衡协调经济发展、社会进步和环境保护，注重经济和社会发展的质量和效益。经济发展不再盲目向自然界摄取资源、排放废物，而要寻求人与自然和谐相处的舒适的生活环境，使良好的生态环境成为最普惠的公共物品和最公平的社会福祉。高水平的生活质量需要大家共同拥有、共同体验，这将促进社会公共财富的积累和共享，促进世界各国和社会各阶层的合作与共赢。因此，传统工业文明的发展理论和评价方法学已不能适应生态文明建设的发展理念和目标，需要发展以生态文明为指导的发展理论和评价方法学。

政府间气候变化专门委员会（IPCC）第五次评估报告在进一步强化人为活动的温室气体排放是引起当前气候变化的主要原因这一科学结论的同时，给出全球实现控制温升不超过2℃目标的排放路径。未来全球需要大幅度减排，各国经济社会持续发展都将面临碳排放空间不足的挑战。因此，地球环境容量空间作为紧缺公共资源的属性日趋凸现，碳排放空间将成为比劳动力和资本更为紧缺的资源和生产要素。提高有限碳排放空间利用的经济产出价值就成为突破资源环境制约、实现人与自然和谐发展的根本途径。广泛发展的碳税和碳市场机制下的"碳价"将占用环境容量的价值显性化、货币化，将占用环境空间的社会成本内部化。"碳价"信号将引导社会资金投向节能和新能源技术，促进能源体系变革和经济社会低碳转型。能源和气候经济学的发展越来越关注"碳生产率"的研究，努力提高能源消费中单位碳排放即占用单位环境容量的产出效益。到2050年世界GDP将增加到2010年的3倍左右，而碳排放则需要减少约50%，因此碳生产率需要提高6倍左右，年提高率需达4.5%以上，远高于工业革命以来劳动生产率和资本产出率提高的速度。这需要创新的能源经济学和气候经济学理论来引导能源的革命性变革和经济发展方式的变革，从而实现低碳经济的发展路径。

经济发展、社会进步、环境保护是可持续发展的三大支柱，三者互相依存。当前应对气候变化的关键在于如何平衡促进经济社会持续发展与管理气候风险的关系。气候变化使人类面临不可逆转的生态灾难的风险，而这种风险的概率和后果以及当前适应和减缓行动的效果都有较大的不确定性。国际社会对于减排目标的确立和国际制度的建设是在科学不确定情况下的政治决策，因此需要系统研究当前减缓气候变化成本与其长期效益之间的权衡和分析方法；研究权衡气候变化的影响和损害、适应的成本和效果、减缓的投入和发展损失之间关系的评价方法和模型手段；研究不同发展阶段国家的碳排放规律及减缓的潜力、成本与实施路径；研究全球如何公平地分配未来的碳排放空间，权衡"代际"公平和"国别"公平，从而研究和探索经济社会发展与管控气候变化风险的双赢策略。这些既是当前应对气候变化的国际和国别行动需要解决的实际问题，也是国际科学研究的重要学术前沿和方向。

当前，国际学术界出现新气候经济的研究动向，不仅关注气候变化的影响与损失、减排成本与收益等传统经济学概念，更关注控制气候风险的同时实现经济持久增长，把应对气候变化转化为新的发展机遇；在国际治理制度层面，不仅关注不同国家间责任和义务的公平分担，更关注实现世界发展机遇共享，促进各国合作共赢。理论和方法学研究在微观层面将从单纯项目技术经济评价扩展到全生命周期的资源、环境协同效益分析，在宏观战略层面将研究实现高效、安全、清洁、低碳新型能源体系变革目标下先进技术发展路线图及相应模型体系和评价方法，在国际层面将研究在"碳价"机制下扩展先进能源技术合作和技术转移的双赢机制和分析方法学。

我国自改革开放以来，经济发展取得举世瞩目的成就。但快速增长的能源消费不仅使我国当前的 CO_2 排放已占世界 1/4 以上，也是造成国内资源趋紧、环境污染严重、自然生态退化严峻形势的主要原因。因此，推动能源革命，实现低碳发展，既是我国实现经济社会与资源环境协调和可持续发展的迫切需要，也是应对全球气候变化、减缓 CO_2 排放的战略选择，两者目标、措施一致，具有显著的协同效应。我国统筹国内国际两个大局，积极推动生态文明建设，把实现绿色发展、循环发展、低碳发展作为基本途径。自"十一五"以来制定实施并不断强化积极的节能和 CO_2 减排目标及能源结构优化目标，并以此为导向，促进经济发展方式的根本性转变。我国也需要发展面向生态文明转型的创新理论和分析方法作为指导。

先进能源的技术创新是实现绿色低碳发展的重要支撑。先进能源技术越来越成为国际技术竞争的前沿和热点领域，成为世界大国战略必争的高新科技产业，也将带来新的经济增长点、新的市场和新的就业机会。低碳技术和低碳发展能力正在成为一个国家的核心竞争力。因此，我国必须实施创新驱动战略，创新发展理念、发展路径和技术路线，加大先进能源技术的研发和产业化力度，打造低碳技术和产业的核心竞争力，才能从根本上在全球低碳发展潮流中占据优势，在国际谈判中占据主动和引导地位。与之相应，我国也需要在理论和方法学研究领域走在前列，在国际上发挥积极的引领作用。

应对气候变化关乎人类社会的可持续发展，全球合作行动关乎各国的发展权益和国际义务。因此相关理论、模型体系和方法学的研究非常活跃，成为相关学科的前沿和热点。由于各国研究机构背景不同，思想观念和价值取向不同，尽管所采用的方法学和分析模型大体类似，但各自对不同类型国家发展现状和规律的理解、把握和判断的差异，以及各自模型运转机理、参数选择、政策设计等主观因素的差异，特别是对责任和义务分担的"公平性"的理念和度量准则的差异，往往会使研究结果、结论和政策建议产生较大差别。当前在以发达国家研究机构为主导的研究结果和结论中，往往忽略发展中国家的发展需求，高估了发展中国家减排潜力而低估了其减排障碍和成本，从而过多地向发展中国家转移减排责任和义务。世界各国因国情不同、发展阶段不同，可持续发展优先领域和主要矛盾不同，因此各国向低碳转型的方式和路径也不同。各国在全球应对气候变化目标下实现包容式发展，都需要发展和采用各具特色的分析工具和评价方法学，进行战略研究、政策设计和效果评估，为决策和实施提供科学支撑。因此，我国也必须自主研发相应的理论框架、模型体系和分析方法学，在国际学术前沿占据一席之地，争取发挥引领作用，并以创新的理论和方法学，指导我国向绿色低碳发展转型，实现应对全球气候变化与自身可持续发展的双赢。

本译丛力图选择翻译国外最新最有代表性的学术论著，便于我国相关科技工作者和管理干部掌握国际学术动向，启发思路，开拓视野，以期对我国应对全球气候变化和国内低碳发展转型的理论研究、政策设计和战略部署有参考和借鉴作用。

何建坤

2015年4月25日

科学技术进步是应对气候变化的根本途径，而促进低碳技术创新与发展需要针对性的政策与机制，因此低碳融资与投资在低碳经济发展过程中发挥着关键的作用。围绕低碳融资与投资的研究是学术界和实业界的热点领域。我们欣喜地看到《环境金融与投资》一书在这一领域做出了积极的探索，不仅具有基础性、系统性和前瞻性，而且有理论、有案例，通俗易懂。

在减缓气候变化的背景下，碳排放权将成为一种稀缺资源，而如何将这种稀缺资源的价值显性化，并以此吸引社会资金投到低碳领域是一个关键的问题。碳排放交易机制作为一种基于市场的减排政策工具，通过设定总体排放上限，明确排放权归属，并激励排放权在不同主体间交易流转，其结果是在以较低成本实现总体减排目标的同时，调动资金流向减排成本较低的主体，并以此促进进一步的大规模减排；同时，碳市场形成的价格信号还将引导更大规模的资金投资未来的减排技术，实现更大潜力的减排。本书在对气候变化问题进行基本介绍之后，以较大篇幅对碳排放权交易市场形成的制度基础、发展历史以及当前世界各国主要排放权交易市场进行了梳理，使读者能够掌握碳排放权交易市场的基本框架和发展现状。

除了碳排放权交易市场，碳税和补贴等政策工具也是基于市场的减排机制。碳税通过对排放主体征税，来增加排放主体的排放成本，从而使排放的外部成本内部化，最终减少自身的排放。而补贴则是通过"奖励"排放主体的减排行为来减少排放。作者对上述几种政策工具的作用机理及其优缺点进行了比较，尤其是对不确定条件下的政策工具选择进行了比较深入的分析。上述讨论主要是从减缓气候变化的视角展开的，从更广阔的视角看，应对气候变化还应包括适应气候变化，而如何对二者的成本收益进行权衡并协调两种措施，作者也进行了初步的探讨。

　　作者将讨论主题做了进一步的扩展，从更高视角审视经济增长和资源及环境之间的协调关系，进而对可持续发展这一主题进行了讨论。本书中，作者利用几类经济模型探讨了最优生产、配置和消费的决策，并基于短期和长期的时间尺度，探讨了经济增长的不同范式，以便更加清晰地量化经济发展产生的成本和收益。基于此，本书分别讨论了可再生资源、非可再生资源、环境容量（碳排放上限）以及技术创新对经济增长的影响。这一部分内容有助于读者从"经济–资源–环境"全局视角并在可持续发展框架下考察环境投融资问题。

　　在微观经济活动中，进行投资、生产、运营及减排决策的是企业主体，而企业如何优化生产及投资、融资策略关乎企业的生存发展，是企业微观主体面对的最核心问题。尤其是在气候变化背景下，企业将面对更加复杂的投资决策环境，包括经济全球化、技术变革、激烈竞争、信息不对称，以及更加严格的环境约束等。传统的投资、融资评价决策理论由于忽略了决策制定过程内在的灵活性及选择过程的动态性而不能满足现实的需求，并有可能在投资项目评估、投资项目选择，以及项目投资时机选择等关键问题上做出有偏差的甚至错误的决策。因此，在新的条件下，企业的生产、运营，以及投资、融资决策需要更加先进的理论方法作为指导，并采取战略性决策来应对外部决策环境的改变。实物期权方法提供了一个新颖且强大的决策制定工具，可以克服传统方法的局限性，对投资项目进行更加客观的评估。本书作者基于实物期权方法，在不同条件下对低碳生产技术的投资项目进行了评价和选择，识别了所投资项目的最佳时间安排，并给出了具体的案例分析。

　　在理想条件下，碳市场价格应该反映参与企业的边际减排成本，通过碳配额交易将减排活动在企业之间进行优化配置，从而以较低的成本达到既定的减排目标。但作为以法规制度为基础的人工市场，碳市场易受到诸多因素影响，价格可能会偏离均衡价格，并可能伴随剧烈波动。价格偏离边际减排成本将造成市场失灵，进而降低碳市场的运行效率，影响减排的成本有效性；同时，价格的剧烈波动会增加低碳技术的长期投资风险，阻碍低碳技术的投资与发展。因此，如何对碳市场价格的波动行为及其影响因素进行描述，是优化碳市场机制设计的基础，也是碳市场实践及理论中面临的关键问题。本书作者试图考察碳价格的动力学机制，对在确定性和不确定性两种条件下碳市场价格波动行为建模的已有研究进行了系统梳理，为读者进一步深入理解碳价格演化提供了有意义的参考。

　　总之，本书从宏观和微观两个视角对气候变化背景下的投融资问题进行了较为系统的讨论，对未来相关领域的进一步研究及实践工作提供了有益的参考。

　　译者团队来自中国科学院能源与环境政策研究中心。在翻译本书之前，团队已经在讨论会上系统地研读了此书，并纠正了书中的打印错误，这些纠正的部分都标注在文中。在第一版翻译完成之际，原作者刚刚完成了第二版，他们及时地提供了第二版新书，使我们在最快的时间里将译稿更新至第二版。虽然工作量加大了不少，但是我们很欣慰能把作者最新的研究成果介绍给读者。除主要译者莫建雷博士和范英教授外，研究中心的王许、贾君君、刘寅鹏、李力、彭盼、刘馨、蒋茂荣等博士研究生也参与了翻译工作。

　　特别感谢清华大学低碳能源研究院院长、国家应对气候变化专家委员会副主任何健坤教授的指导！感谢原作者及时提供最新版本，感谢所有参与本书翻译和研读讨论的老师、同学！

范英　莫建雷

2015 年 11 月

↘ 目　录

第1章

简介

在过去的 10 年里，气候变化已成为人类所面临的最严峻的问题。我们决不能忽视其中蕴含的危险，而是必须立即采取措施，控制温室气体（GHG）排放，从而遏制气候变化问题。

尽管面临严峻形势，但在国际层面上，各国的政策制定者还不能成功实施一份能够大幅减排的协议。到目前为止，已经生效的《京都议定书》（The Kyoto protocol）还不能有效遏制温室气体排放上涨趋势。报告显示，2010 年全球温室气体排放量在 1990 年基础上上涨了 45%，并不是之前承诺的减排 8%，而这一趋势将严重威胁到人类当前和未来的生存发展。

在当前背景下，本书解答如下几个基础性的问题：在什么条件下碳定价机制能够对降低排放量起到显著的作用？《京都议定书》和全球各地新兴的碳定价机制将促进和催生哪些新的投资策略？在排放交易机制下，如何权衡生产、技术进步和减排之间的关系？经济增长与环境之间的本质关系又是什么？

本书旨在为学生和实践工作者提供必要的知识和理论工具以解答上述问题，以及与"环境金融学"理论相关的其他问题。本书代表了一种新的研究领域，研究碳定价政策对经济、金融和管理的影响。

为了更好地解决这些问题，第 2 章对一些关键问题作了简要的说明，详细介绍了气候变化问题的成因、可能的情景和相关的影响，提出了"减缓气候变化"和"适应气候变化"两种主要应对气候变化的策略。

　　第3章提供了全球新兴排放交易机制的历史和制度背景信息，详细介绍了应对气候变化的相关国际机构、主要的参与者、所构建的市场以及交易产品的类型。

　　第4章解释了由经济活动带来的排放对气候变化造成的外部性影响。本章给出了应对气候变化问题的三种关键政策工具——税收、补贴、许可证。在对"减缓气候变化"经济学有了一个广泛的认识之后，本章还给出了可行的应对气候变化的替代方案——适应气候变化政策和地球工程政策。

　　第5章探索的是经济增长和环境之间的复杂联系。本章将气候变化视为一个切入点，从根本上审视当前社会经济系统造成的各种问题。在本章中，我们回顾了多个关于经济活动对环境造成影响的经济模型，并关注经济决策对环境和经济增长的长远影响。

　　第6章关注了技术进步和排放权交易量方面的最优化投资决策问题。本章全面介绍了实物期权理论，这一理论针对气候变化决策的不确定性和不可逆性给出了独特的经济和金融分析框架。通过一系列的实例，本章给出了工业部门和市场交易者面对新型碳市场进行相关决策的理论框架。

　　最后，第7章概述了利用计量经济学来研究碳排放权价格决定因素的成果，而这些因素包括能源价格、天气事件以及宏观经济冲击。考虑到排放权价格形成机制的重要性，该章第2部分对当前文献中的确定性和随机性均衡价格模型进行了介绍。这些模型考虑了一些重要的市场设计机制，包括配额借贷限制机制、策略性交易互动机制以及信息不对称问题。这一部分更多地侧重量化分析，为更好地理解碳排放权价格的动态特征提供了相应的理论基础。关注碳市场交易策略模型的硕士、博士研究生及市场交易人员将对这一部分特别感兴趣。

　　在本书的最后，我们希望读者能够对如何利用基于经济激励的环境政策，以及在存在不确定因素的排放交易机制下进行投资决策管理（如生产工艺的改变和新设施的投入）有一个清楚的认识，包括在交易所和场外柜台交易的大多数基于市场的环境产品（如排放权交易许可证）。

　　同时，读者也应从概念上对碳市场机制的影响有更多的认识，特别是除了通常的概念外，读者应对生产、技术进步和污染之间固有的权衡关系有清晰的理解，即如果不采取技术性的减排措施，扩大生产便意味着增加温室气体的排放。

事实上，那些排放受限部门的技术投资（及减资）具有与其他投资项目相同的典型特征，其投资会部分地或者全部地出现不可逆及被推延的可能，但同时，这类投资项目面临新的不确定性和约束——环境规范。在第6章中，实物期权法作为一种决策工具，被运用在解决不确定性和约束条件下的投资决策问题。本书试图展示，在考虑到生产技术变化和存在排放权交易的背景下，如何使用实物期权这种工具，以作出最佳决策。这一方法考虑到决策过程固有的灵活性和特定背景下项目选择的动态特征。特别地，本书着力于解释管理可交易许可证市场的基本原则，特别关注EU ETS运作的基本原则。本书将给出并解释一些基本的模型。鉴于公司间策略性互动的存在，需要通过博弈方法对最优策略加以研究。本书将给出在多方博弈的背景下实物期权方法运用的实例。采用上述做法的目的是使读者熟悉在排放许可证交易市场中受规制或未受规制企业如工业企业或者银行和非政府组织（NGOs）的决策过程，并理解在此过程中环境政策的实际影响。

我们撰写本书的目的在于帮助未来或者现在正在修读环境金融的学生，以及在碳交易机制下受规制企业或者交易公司的从业人员了解这一领域。基于这一考虑，本书的设计可以使读者按照章节顺序连贯地加以阅读，或者作为参考书从中选取相关章节加以阅读。为此，本书每一章都被设计为一个独立的单元。但是对于环境金融学的初学者来说，第7章的学习需要结合第6章中实物期权和最优化投资的内容。

考虑到碳市场中从业者分布范围太广且所处位置不同，本书很难向读者推荐一个特定的阅读顺序。对碳市场还不熟悉的非专业读者无疑将从第2章的概述和第3章对碳金融的历史和相关机制介绍中获益。第6章的6.2节至6.5节也将深入介绍这些新政策工具的决策过程。技术型从业者或者熟悉这一方面的从业者应关注第4、5、6、7章，在介绍相关经济模型后，这些章节对于如何在科学框架下对碳交易加以理解与建模给出了重要的新思路。作为本书的核心内容，第6章和第7章第一次在一部书作中对碳金融决策过程的前沿研究进行了总结。

　　本书的内容来源于自2007年以来在苏黎世大学开设的长达一学期的环境金融硕士课程以及多年来在这个领域的研究成果。本书的成功编写得益于与我们的学生和众多实践学者的深入交流。我们相信，学生将乐意通过系统地阅读本书，对其课程学习内容加以补充。我们也希望本书能够帮助学生在相关领域进行深入的学习，并使他们具备在环境金融行业、银行、经纪公司和相关政府（或非政府）组织中开展工作所需的专业知识。本书的目的还在于创新碳金融与投资课程的设计，以不断满足社会对相关专业本科生和研究生日益增长的需求。

　　最后，我们想要感谢多年来一直与我们进行交流并帮助我们完成此书的人们，他们来自碳金融行业或者学术机构。特别感谢Georg Gruell对本书第7章提出了十分有价值的见解。同时，我们也十分感谢（按字母排序）Olivier Bahn、Regina Betz、Santiago Moreno~Bromberg、Federica Buricco、Dallas Burtraw、Denny Ellerman、Raphael Calel、Frank Convery、Paolo Falbo、Sam Fankhauser、Max Fehr、Harrison Fell、Kristin Fuchs、Carolyn Fischer、Marc Gronwald、Michel Habib、Cameron Hepburn、Beat Hintermann、JuriHinz、Ruediger Kiesel、Reto Knutti、Jérémy Laurent - Lucchetti、Chuck Mason、Juan Pablo Montero、Jonas Monast、Brian C. Murray、John E. Parsons、Christoph Ritz、Gabriela Seiz、John K. Stranlund、Alessandro Vitelli、George Waldburg-Wolfegg。感谢我们的各研究所和学院在学术和资金上的支持。Luca Taschini由衷感谢英国国家经济和社会研究委员会（ESRC）和慕尼黑再保险公司（Munich Re.）资助的气候变化经济与政策研究中心给予的资金支持。我们也衷心感谢范英和莫建雷的辛勤翻译，以及王维（Wei Grueber-Wang）的校译，使本书的中文版得以出版发行。

第2章

气候变化问题

人类对气候系统的影响是显而易见的。近来，人为的温室气体排放量达到了历史最高峰。如今，气候变化已经对人类和自然产生了广泛的影响。

IPCC 第 5 次报告（2014）

2.1 碳排放与气温变化关系难题

根据由国际气候变化研究专家组成的政府间气候变化专门委员会（Intergorvernmental Panel of Climate and Change，IPCC）的研究，"由于人类活动的影响，从 1750 年开始全球大气中 CO_2、CH_4 和 N_2O 的浓度迅速增加，该浓度在 2005 年远远超过了过去 65 万年的自然浓度水平"（IPCC，2007），在此期间，人类活动导致的全球温室气体（greenhouse gases，GHG[①]）排放增加了 70%。

大气中二氧化碳的浓度（单位为百万分比（parts‐per‐million，ppm））已经从工业革命早期（大约 1850 年）的 280ppm 上涨到 2010 年的 380ppm 以上（如图 2-1 所示），2014 年，大气中二氧化碳平均浓度超过了 400ppm 水平。

---

① 被人们公认的温室气体有二氧化碳（CO_2）、甲烷（CH_4）、一氧化二氟（N_2O）、氢氟碳化物（HFCs）、全氟碳化物（PFCs）以及六氟化硫（SF_6）。尽管其对气候影响源自其对红外线的吸收，但是水蒸气并没有被纳入温室气体行列。

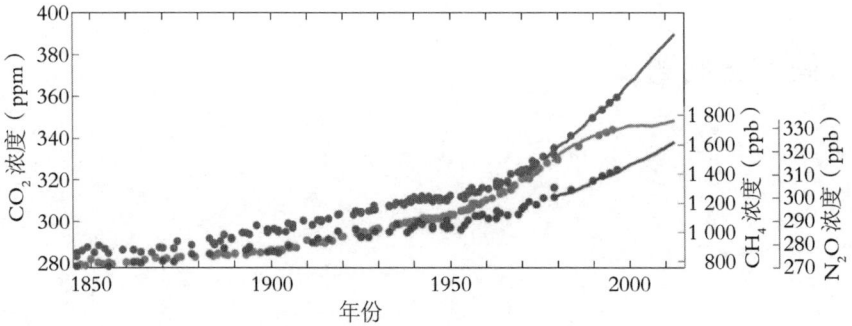

图 2-1　全球平均温室气体浓度

资料来源：NOAA 全球平均温室气体浓度。

　　与此同时，全球平均气温也显著地体现出类似的一种不断上升且加速暖化的趋势。在过去的 15 年中（2000—2014），有 11 年是（自 1850 年以来）全球地表温度测量仪器记录的最温暖的年份，而自 1980 年以来，气温上升的异常情形几乎持续发生。图 2-2 给出了从 1950 年到 2011 年温度的异常变化。

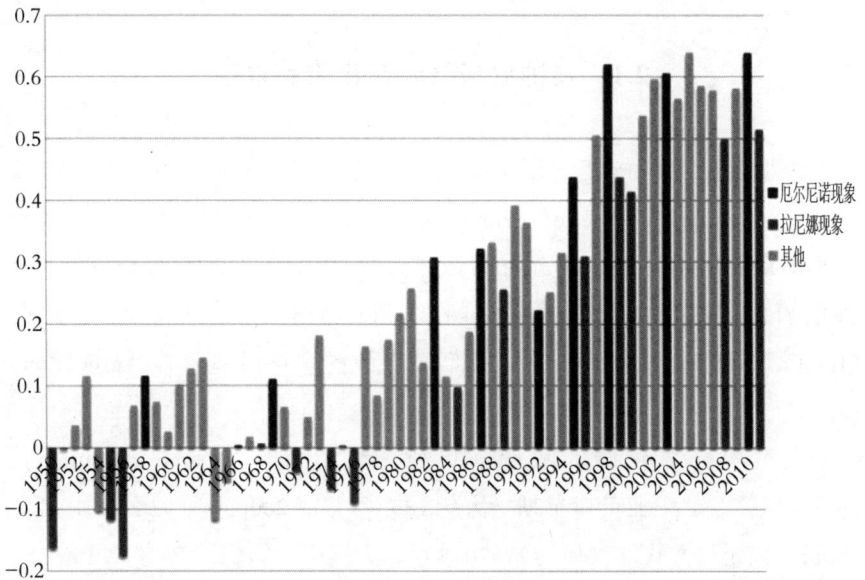

图 2-2　相对于长期(1950—2011 年)平均水平所出现的全球气温异常现象

资料来源：NOAA.gov。

　　根据 IPCC 第五次评估报告，地球表面（包括陆地和海洋表面）平均气温从 1900 年到 2012 年上升了大约 0.85℃。在近 50 年中，全球气温以每 10 年约 0.13℃ 的速度上升，这几乎是 50 年前所观测到的气温以每 10 年 0.07℃ 的速度上升的两倍。这是一种令人十分忧虑的发展模式，因为预计需要 1 000 年的时间才能使地球平均温度降低 1℃。

　　温室气体是在大自然中普遍存在的，不仅仅是人类活动所带来的。它们通过吸收和重新发射太阳辐射以保持地球的适度温暖，从而在"气候-气温"循环中扮演着重要角色。在工业革命前，GHG 的浓度一直保持稳定，但在工业革命后，其浓度迅速上升（如图 2-1 所示）。

　　随着温室气体在大气中的浓度上升，温室气体成为了一个太阳能辐射捕集器（radiation trap），将更多的能量聚集在地球表面并产生更多的热能，从而导致全球变暖。通常来说，每一种温室气体均处在一个特定且复杂的循环之中，这个循环包括大气、陆地生物圈、海洋、沉积物和地壳之间的相互影响。例如，CO_2 通过碳源（燃料消耗、有机物分解、火山喷发等）和碳汇（森林吸收、自然沉降）处在一个中短期的生产、捕获和溶解的过程中。在长期过程中，CO_2 在大气中的浓度与海洋固有的沉积物沉降衰退速率有关。科学家一般认为这些排放完全从大气中去除需要 55 年。因此，任何试图减少排放的努力都必须考虑自然系统的固有惯性以及自然碳汇的潜在饱和极限。换句话说，可以被估计到的是，超过三分之二的全球碳预算已经被利用，如果经济继续以这种势头发展，在到达温室气体浓度危险临界之前，留给人类的时间大约只有 20 年。

　　按相对值计算，各种气体在辐射滞留能力（radiation retention）上有不同的效果。相对于 CO_2，CH_4 和 N_2O 在大气中含量较少，但具有较强的产生温室效应的能力。为比较它们在全球变暖上的相对影响，科学家将全球增温潜势（global warming potential，GWP）作为一种测量途径。全球增温潜势是一个相对量，它将某一气体所产生的温室效应与等量 CO_2 进行比较。GWP 的测量考虑了气体不同的衰变速率：若一种气体产生相对较高的温室效应但在短期内会迅速消融，其将具有一个高的短期 GWP 系数和一个低的长期系数。考虑到这一因素后，GWP 表给出了在特定时期内

（TH）的全球增温潜势（见表2-1）。

表2-1 **全球增温潜势（GWP）测试值和存续期**

气体	存续期	20年	100年
CH_4	12.4	84	28
N_2O	121	264	265
HFC-11	45	6 900	4 660
HFC-134a	13.4	3 710	1 300
SF_4	50 000	4 880	6 630

资料来源：IPCC（2013），第8章。

虽然碳和全球地表温度之间的相关关系得到了确认，但人为排放在全球变暖中的特殊作用在科学上仍然存在争论，其中最近发生的相关事件就是2009年11月的"邮件门"事件。

所谓的"气候变化怀疑论者"是代表不同的观点和利益的群体，他们认为气候变化相关的科学证据薄弱且存在众多不确定性，或者主张其他议题更加重要且有效而应优先考虑，从而不认为气候变化问题是一个需要应对的重要议题。这种论点的坚定支持者认为，现有的数据并不完全可信，不能在历史模式和现有趋势间作出有意义的对比，或者仍不能充分认识到人类活动所造成的温室气体排放只是整个自然交换中的一小部分而已。少数科学家认为气候变化并非人为造成的。不论一些结果可能存在怎样的不确定性，似乎可以明确的是一个科学上的共识现已形成（具体体现在IPCC和其他科学机构的建立），并且在很大程度上得到最新的测量结果的支撑。令人担忧的是，这些测量倾向于对气候变化给人类和环境系统带来的后果持有一个相当悲观的预期。

2.2 全球暖化情景和减缓气候变化路径

根据IPCC（2014）报告指出，界定人为温室气体排放浓度大小的关键因素有：人口数量、经济活动、生活方式、能源使用、土地使用方式、

科技、气候政策。这些因素是制定决策的基础，被用来预测未来温室气体
浓度和环境变化的发展路径。IPCC 报告通过分析温室气体驱动因素，估
计出 21 世纪发展路径，也被称为典型浓度发展路径（RCPs）。在 IPCC 第
五次评估报告中，其根据所选择的气候政策不同，设置了 RCP8.5、
RCP6.0、RCP4.5、RCP2.6 四种主要情景，如图 2-3 所示。

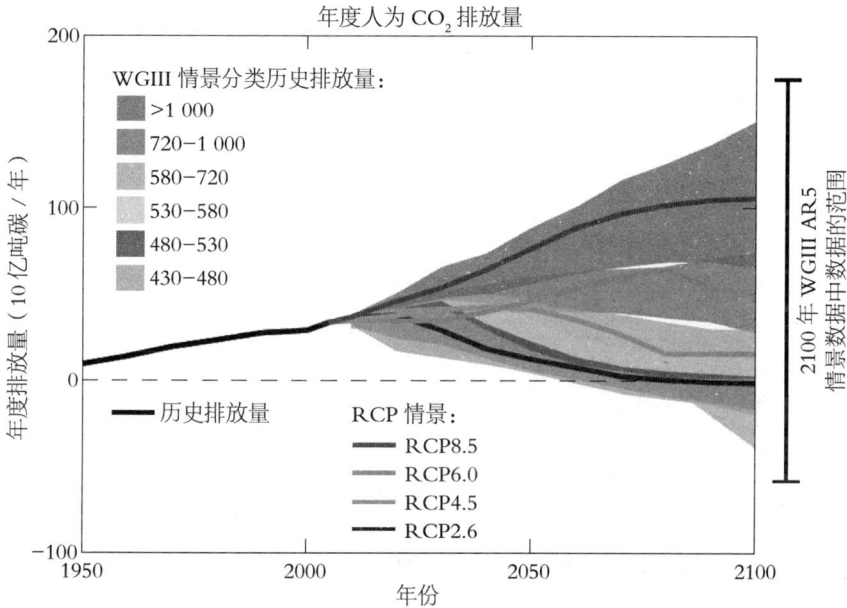

图 2-3　当前以及预期的年度人为温室气体排放量

资料来源：IPCC（2014）。

其中，RCP8.5 代表温室气体持续较高排放情景，RCP2.6 刻画的是实
施较为严格的减缓措施的温室气体浓度路径情景。RCP6.0 和 RCP4.5 则
是处于两种极端情景中间的情景。在当前经济发展模式下，如果不采取任
何附加的减排措施，则可能会导致一个处于 RCP6.0 和 RCP4.5 之间的发
展路径。

可以根据不同的温室气体浓度路径预测不同的大气温度变化（如图
2-4 所示）。较为悲观的是，只有极低浓度的发展路径（例如 RCP2.6）才
能将 21 世纪末与前工业化时期相比的气温升幅控制在 2℃之内。

为评估减缓气候变化所付出的成本，IPCC 通过计算机模拟得到空气

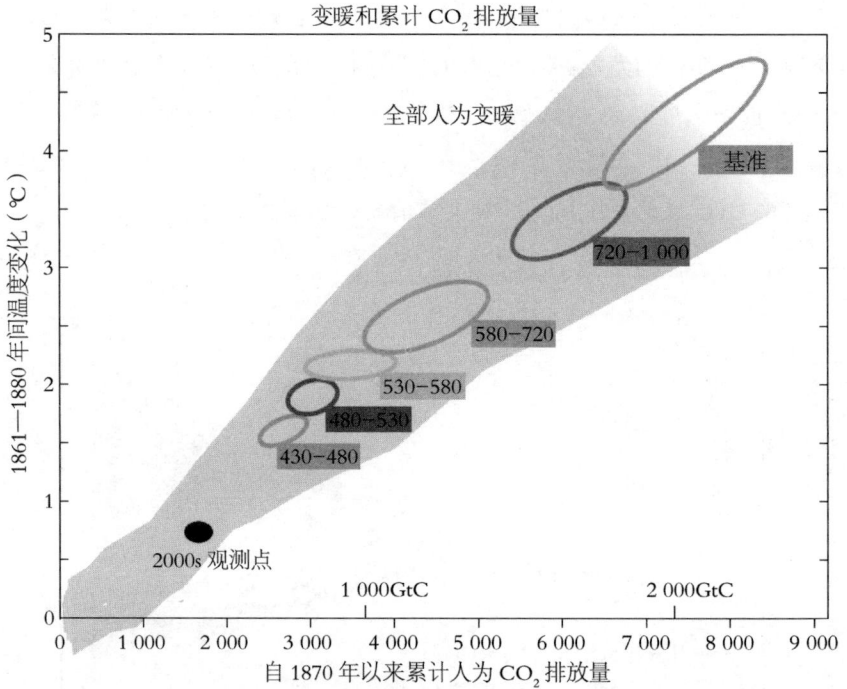

图2-4　不同温室气体排放情景下相对于工业革命之前大气温度的增长

资料来源：IPCC（2014）。

中6种温室气体CO_2当量[①]浓度水平的稳定情景，并承认为将该浓度降到445ppm～490ppm CO_2当量的水平，需要保证今后几十年的负排放（即相对于碳排放，有更多的碳吸收）。表2-2给出了CO_2当量浓度在不同情景下的情况。

根据IPCC的敏感性预测，任何将全球平均气温上升控制在+2℃的承诺必然将会使CO_2浓度稳定在350ppm～400ppm的水平。在2014年12月，最新的浓度估计数据为400ppm，445ppm～490ppmCO_2当量浓度的控制目标将代表着全球温度相对工业革命前的水平稳定在上升2℃～2.4℃的水平。在当前排放不断增加的情况下，要达到400ppm这样一个稳定的状态，就需要采取一系列严格的减排措施，这些措施的成本、使用范围和时机都各不相同。IPCC已给出在稳定浓度情景下一系列可使用的减排策

---

① 二氧化碳当量是一个量化值，指的是一定数量的某种温室气体混合物，与多少数量的二氧化碳具有同等的全球增温潜力。该指标的测算有特定的时间尺度，一般为100年。

表2-2　　不同的稳定浓度情景及相应的对温度上升和海平面上升的影响
（CO₂e指的是二氧化碳当量，请参阅上页解注①解释）

情景	CO_2浓度稳定水平	CO_2e浓度稳定水平	2050年相较于2000年全球CO_2排放的变化(%)	全球平均气温上升（℃）	全球平均海平面上升(m)
I	350～400	445～490	−85～−50	2.0～2.4	0.4～1.4
II	400～440	490～535	−60～−30	2.4～2.8	0.5～1.7
III	440～485	535～590	−30～+5	2.8～3.2	0.6～1.9
IV	485～570	590～710	+10～+60	3.2～4.0	0.6～2.4
V	570～660	710～855	+25～+85	4.0～4.9	0.8～2.9
VI	660～790	855～1 130	+90～+140	4.9～6.1	1.0～3.7

资料来源：IPCC（2007）。

略，这些策略按边际成本增加的顺序依次是：技术进步与效率提高、能量来源的转换（例如：从煤炭转变为天然气）、可再生能源的发展、需求的降低和碳捕获与封存技术的采用。

2.3　环境与经济影响

只有当气候变化损失出现且适应性成本被货币化以后，人们才会意识到采取措施应对全球变暖的紧迫性。在传统的成本-收益分析中，只有当采取减排措施能使损失和影响降至使当地边际减排成本等于其边际损失时，对该措施进行投资才是明智的。但是，将这一成本与全球暖化结合起来并对其影响进行评估是一项很复杂的任务，它需要克服以下几个障碍：（1）这一全球性问题对区域和部门的影响；（2）存在极高的不确定性；（3）动态特征；（4）伦理道德问题。

而采用成本-效益分析准确评估气候变化损失是非常复杂的，因为气候变化损失不是完全由局部地区造成的，而是集体外部性的结果（宽泛地说，气候可被视为一种公共物品）。由于一些国家或者地区将遭受与其排放量不成比例的影响，它们可能很难确定减缓和适应气候变化的战略并依据损失的严重程度进行调整，因为它们只能对自身有限的碳排放份额进行控制。这导致了第二个主要难题，即在影响评估上不确定性的重要性。

气候变化所造成的损失和应对气候变化的成本具有高度区域化（或部门化）的特点，需要长期且成本高昂的"自下而上"的研究，而这些研究结果很难用于区域间的横向比较。这将需要一个中央机构来监督、促进各国齐心协力，而目前 IPCC 正发挥着这样的作用。然而它当前的评估程序并不能将气候变化的影响货币化，从而使进一步的研究要依赖于互不相关的区域和部门的评估，或者需要特别的假设条件。

气候变化的损失和影响本质上也是动态的，同时容易受到循环反馈机制的影响，且存在正面影响和负面影响交替转换的现象。为使得不同年份间的影响具有可比性，一个恰当的成本评估需要给出一个可靠且合理的折现率：如果这个折现率较低，该模型将意味着气候变化的影响对不同的时期和世代都是相同的，这符合那些主张代际平等的人的观念。反之，如果折现率很高，该损失的评估将主要局限在对当前一代的影响。

大多数研究是针对全球某些区域或部门进行气候变化影响分析，其中主要是针对农业、林业和沿海经济部门的研究。在一个比较全面系统的研究工作中，Tol（2005）针对不同的研究报告进行了总结（见表 2-3，其中估计的损失以其在国内生产总值中的占比表示）。

从上述的估计值来看，气候变化造成的负担显然并不是平等地在地区间进行分摊。一方面，一些国家可能在估测的时间范围内从气温上升中获益，因为其冬天恶劣的天气条件得以减缓，从而增加了经济产出（例如，俄罗斯和加拿大可因气候变化而实现 GDP 的正增长）。不幸的是，另一方面，最不发达国家（非洲、东南亚地区）预计将会是全球变暖的最大受害国，其 GDP 因受到影响而预计将下降 3.9% ~ 8.6%。

表 2-3　　　　　气候变化的地区性影响在其 GDP 中的占比估计

（时间界限：2100 年）　　　　　　　　　单位：%

	Pearce et al. (1996)	Mendelsohn et al.(1998)	Nordhaus and Boyer(2000)	Tol(1999)
温度上升（℃）	2.5	2.5	2.5	1
北美洲	−1.5	—	—	+3.4
美国	−1～−1.5	+0.3	−0.5	—
经合组织的欧洲成员国	−1.3	—	—	+3.7
欧盟	−1.4	—	−2.8	—
经合组织的环太平洋成员国	−1.4～−1.8	—	—	+1%
日本	—	−0.1	−0.5	—
东欧/前苏联	+0.3	—	—	+2
东欧	—	—	−0.7	—
前苏联	−0.7	—	—	—
中东地区	−4.1	—	−2%	+1.1
拉丁美洲	−4.3	—	—	−0.1
巴西	—	−1.4%	—	—
南亚和东南亚地区	−8.6	—	—	−1.7
印度	—	−2	−4.9	—
中国	−5.2～−4.7	+1.8	−0.2	+2.1
非洲	−8.7	—	−3.9	−4.1

资料来源：Tol（2005）。

为什么发展中国家受到影响尤其严重？

● 众所周知，贫困人群的生活显著地依赖于自然资源。

● 当自然灾害带来资本损失（机械、牲畜或者其他）时，贫困人群通常缺乏获得金融资源的途径以使资本恢复到灾害前的水平。

> ● 贫困地区往往位于丘陵、陡峭山坡以及洪水泛滥的平原地区，这些地区往往更容易受到温度和降雨量频繁波动的影响。
>
> ● 较富裕的国家更具有恢复能力，因为其收入与教育、开放程度、金融发展水平间具有正向的相关性且具有较强的体制建设能力。
>
> ● 用世界银行的话来说（Margulis and Narain，2009）："发展中国家在适应当前气候异常的行动中已面临资金不足的形势，更不用说应对未来的气候变化，同时它们在提供教育、住房、医疗和其他服务方面也面临着资金短缺问题。因此，许多国家都面临着一个更普遍性的'发展赤字'，这其中与气候事件相关的部分被称为'适应赤字（adaptation deficit）'。"

经济学家和政策制定者认识到，全球变暖的趋势已无法全然避免，加上减缓气候变化措施的部署较为缓慢，这使他们不得不将适应气候变化作为减缓气候变化的补充措施，重新审视其重要性。

减缓气候变化措施涵盖减少温室气体排放量的各种策略，而适应气候变化措施被定义为旨在部分或全部抵消气候变化造成不利影响所采取的一系列行动。适应气候变化措施可分为提前行动策略（事前）和被动反应策略（事后）。例如，在发生明显气候变化前选取（和研究开发）抗旱作物可视为一种预防性措施，而针对因气候变化引起的流行性疾病进行紧急疫苗接种属于被动反应性适应措施。然而实际上，"提前行动和被动反应策略之间是可以直观、清晰地加以区分的，但一个动态环境下两者的区别则是很难确切地进行描述的（Lecocq and Shalizi，2007）。"

> **适应气候变化措施的优势和劣势：**
>
> 优势
>
> 1.适应气候变化措施是本地性的（基于区域或部门）。适应性措施实际上是将应对气候变化的收益私有化的政策，适应措施的投资者将获得适应性措施所带来的大部分收益。
>
> 2.适应气候变化措施避免了传统的、与减排措施相关的搭便车问题，同时不要求进行相互协调并同时采取行动，从而促进了区域或当地

有关项目的推进。

3.适应气候变化措施通常成本较低且易于实施。

4.适应气候变化措施提供短期的保护措施以避免早期的损失。

5.对于没有减排任务的发展中国家，适应气候变化措施是其采取的主要举措（例如非洲）。

6.适应气候变化措施应能够应对极端事件。

劣势

1.对于采取提前行动策略的项目来说，其具有较大的不确定性。

2.缺乏一个共同的绩效指标来比较不同适应性项目的效果。

3.可能诱使排放大国放弃减缓气候变化的项目，特别是如果它们只看重短期的损失（或者等价地采用高折现率）。

4.适应性措施创造出私人物品和私人收益，从而可能会滋生或加剧不平等。

5.相关的项目很容易与已有的发展性目标交织在一起，从而阻碍了额外资源的获取（例如哥本哈根绿色气候基金）。

现在人们已经认识到，为应对剧烈极端事件和适应自然环境的永久变化，必须采取适应气候变化政策。然而，适应性措施的成本评估滞后于气候变化的负面影响研究，且缺乏统一的框架和具体的方法。

减缓气候变化措施的优势和劣势：

优势

1.减缓气候变化措施是从根本上解决气候变化问题的唯一长期解决方案。

2.一般情况下，减缓气候变化措施及其效率已被深入地研究过，而其收益呈现出相对较小的不确定性。正如IPCC提到的，相对于全球层面，减缓气候变化措施在地区/部门层面上的不确定性更大。

3.减缓气候变化的措施带来全球性的收益，这种收益具有非排他性（例如股票价值）。

4.减缓气候变化的具体措施可使用同样的绩效衡量指标，从而可以进行对比和配置。

劣势

1.大气是一种公共产品，其具有非排他性和非竞争性，从而可能出现代理人问题，如搭便车行为或集体行动的障碍。

2.减缓气候变化措施涉及非常难以达成共识的国际气候谈判问题。

3. 这是一个长期的过程，而对短期损失没有产生影响。

4.对于很多排放量极小但易受气候变化影响的发展中国家来说，减缓气候变化措施不是一个有效的政策。

考虑到针对适应性措施的研究极少，目前尚不清楚的是在一个动态的环境中适应性和减缓性措施如何以及在多大程度上相互作用。一个经典的例子就是空调：空调系统是为限制全球变暖的影响而在建筑物内采取的适应性措施，但同时，它们增加了能源消耗并带来温室气体的排放。在这个简单的案例中，减缓和适应两种措施之间具有反向的相关性。而在相关性程度的另一端，正向的相关性可能出现在减少毁林所导致的排放量（REDD）上，此时采取的减缓气候变化措施（减少毁林）提供了抵御洪水和山体滑坡的适应性手段。

尽管适应气候变化措施相对于可采用的减缓气候变化措施来说，在短期内成本更低，但该措施仍然需要重要的成本支出。表2-4给出了估计的发展中国家采取适应气候变化措施所付出成本的范围。

表2-4　　　2010—2050年发展中国家地区和部门适应性措施成本估计

地区	10亿美元/年	部门	10亿美元/年
东亚及太平洋地区	17.9	基础设施	13.0
中亚地区	6.9	海岸带	27.6
拉丁美洲和加勒比地区	14.8	供水与防洪	19.7
中东/北非	2.5	农林渔业	3.0
南亚	15.0	人类健康	1.5
撒哈拉以南的非洲	14.1	极端天气事件	6.4

注：表内数据以2005年不变价美元计算，无折现。

资料来源：UNEP（2014）。

综上所述，最有可能的是，应对气候变化的一个最优策略将不得不把减缓性和适应性措施结合起来。虽然适应性措施更容易实施，不确定性较小，同时可以实现政策效果私有化（部分地避免了搭便车效应），但减缓性措施是唯一能够减少温室气体排放以使 CO_2 浓度处于一个长期稳定水平的措施。单纯地依靠适应性措施可能会增加达到气候和环境改变不可逆临界点的风险，同时需要付出更高的代价以应对不断增加的损失。

第3章

国际社会为应对气候变化所做的努力

3.1　历史与机制

3.1.1　UNFCCC

1979年2月在日内瓦召开的世界气候大会（WCC）上，有关人类活动影响全球气候的证据被首次提出，这是众多政治家第一次关注人类活动对气候和环境的干预。由于全球对气候变化的关注，联合国环境规划署（UNEP）和世界气象组织（WMO）在1988年成立了政府间气候变化专门委员会（IPCC）。

IPCC的主要任务是汇总与评估有关人类碳足迹影响的科学信息。在1990年，IPCC发布了第一次评估报告（AR1），展示了400多位科学家对于全球变暖所带来的危害的观点。这份报告宣称全球变暖确实是一个由人为排放温室气体造成的问题，并且IPCC呼吁国际社会采取行动削减温室气体的排放。

由此，当年在日内瓦召开的第二次世界气候大会上，IPCC呼吁缔结国际公约以应对气候变化。出于这一目的，IPCC成立了政府间谈判委员会（INC）。INC在1991年2月举行第一次会议，参会代表讨论并缔结了联合国气候变化框架公约（UNFCCC）。

UNFCCC构建了有关政府间应对气候变化挑战的总体框架，并于

1994年3月正式生效。当时有166个国家签署了公约，而仅在10年后，签署国家就增加到了188个①。这一近乎是全球范围的参与使得该公约成为在环境方面获得最广泛支持的国际性协议之一。

在这一协议中，有关各方声称温室气体排放量的大幅度增加将影响陆地和海洋生态系统，导致地球表面和空气中平均温度上升。因此，公约的最终目标是将大气中温室气体的浓度稳定在防止气候系统受到危险的人为干扰的水平上②。并且，所有缔约方将不得不促进可持续技术的发展，以实现一个对环境损害更小的经济增长。

实际上，该公约只是一个没有时间限制而且对各缔约方没有强制性排放上限的提案。公约第4条仅建议各缔约方以1990年的排放量为基础进行减排。另外，公约交由缔约方会议（COP）定期更新减排责任并以议定书的法律形式制定强制性的减排目标。公约将各缔约国分成3组。

第1组由附件1（Annex I）缔约国家组成。该组国家包括1992年作为经济合作与发展组织（OECD）成员国的国家和经济转型国家（EIT），即俄罗斯联邦和一些其他中东欧国家。表3-1给出了公约中附件1国家的名单。这些国家需要采取减排措施以使得其温室气体排放量降低至1990年的水平。但是公约没有给出有法律约束力的目标。经济转型国家在履约上有一定的灵活性，即允许其选择1990年以外的其他年份作为减排的基准年份。

第2组是附件2（Annex II）国家。该组包括除经济转型国家之外的附件1国家。这组国家应帮助发展中国家对减排活动进行融资。这一行动具有两个方面的作用：一是可以应对其他地区由气候变化造成的不利影响，二是可以促进环境友好型技术向经济转型国家和发展中国家转移。

第3组也是最后1组，被称为非附件1（Non-Annex I）国家，由发展中国家组成。这些国家在公约中没有减排承诺，因而没有具有法律约束力

---

① 本书建议读者在UNFCCC网站上得到更新后的具体国家名单。截至2009年10月，UNFCCC共有194个缔约国。
② UNFCCC第2条。

表 3-1　　　　　　　　　　　公约中附件 1 国家名单

国　家			
澳大利亚	奥地利	白俄罗斯	比利时
保加利亚	加拿大	克罗地亚	捷克
丹麦	爱沙尼亚	芬兰	法国
德国	希腊	匈牙利	冰岛
爱尔兰	意大利	日本	拉脱维亚
列支敦士登	立陶宛	卢森堡	摩纳哥
荷兰	新西兰	挪威	北爱尔兰
波兰	葡萄牙	罗马尼亚	俄罗斯联邦
斯洛伐克	斯洛文尼亚	西班牙	瑞典
瑞士	土耳其	乌克兰	英国
美国			

资料来源：UNFCCC（2015），http : //unfccc : int/parties and observers/parties/ annex_i/items/2774.php。

的减排目标。这些国家被排除在外，是因为考虑到目前气候变化问题基本上是由发达国家工业化所引起的，而发展中国家所分摊的责任很小（考虑到像中国和印度等部分发展中国家已拥有很高的排放水平，这一现象已不再真实）。

为确保缔约国间减排的有效合作，公约组建了一个实体机构，即 UNFCCC 秘书处，其代表 UNFCCC 及其议定书（如《京都议定书》）行使行政职责。该秘书处 1996 年成立于波恩（德国），由从事国际服务的公务员担任职员并支持有关气候变化进程的所有机构，特别是缔约方会议（COP）、其附属机构及其办事处的工作。

UNFCCC 秘书处有一些正在进行中的任务：除了为确定 1990 年排放水平所建立的第一个国家温室气体排放清单外，秘书处还有一些周期性的工作，包括汇编年度温室气体排放清单数据①，协调有关附件1国家信息通报的进一步评审，以及为COP及其附属机构准备官方文件。

3.1.2　京都议定书

在UNFCCC的第一次会议上，就开始了有关达成约束性目标协议的谈判。《京都议定书》（KP）是1997年在日本京都召开的缔约方会议（COP）上通过紧张谈判所达成的。《京都议定书》要求附件1国家在限制或减少温室气体排放方面承诺各自的、具有法律效力的约束性目标②。在获得俄罗斯的批准后，《京都议定书》在2005年2月生效，而其第一个履约期始于2008年，到2012年12月结束。按照《京都议定书》第25条的规定，使该议定书生效的标准是至少55个缔约国签署，或者依据另一种测量方法，需至少覆盖全球55%的温室气体排放。鉴于俄罗斯的批准，两个标准已均被满足。

在《京都议定书》中，各国被分为两个不同的小组：承诺约束性减排目标的发达国家和没有减排目标的非附件1国家。而在批准的191个国家中，只有40个国家属于附件1国家（见表3-2）。仅这些国家在2009年的温室气体排放量就达到全球总排放量的61%。截至2009年12月，在41个附件1国家中有40个国家已批准《京都议定书》（引人关注的例外是美国宣布退出）。然而，加拿大在2011年12月宣称其将不再履行《京都议定书》第1阶段的义务并退出该议定书，由此削弱了《京都议定书》的范围及其有效性。在同一年，日本和俄罗斯宣称它们将不继续进一步承担2012年后的京都减排目标。

基于发达国家对过去温室气体排放负有重大责任的断言，《京都议定书》给予附件1国家更重的减排负担。更精确地说，这些国家要承诺到2012年其温室气体排放不能超过特定基准年份排放量的指定比例③（见表3-2）。而对于1990年排放较少且目前正处于经济扩张时期的国家，其可以获得正的排放目标。

---

①　UNFCCC年度排放清单指南要求公约中附件1国家在每年4月15日之前提供从基准年份到当前年份间包括来自6个部门（能源，工业过程，溶剂，农业，土地利用、土地利用的变化和林业，废弃物）的直接温室气体（CO_2、CH_4、N_2O、HFCs、PFCs和SF_6）的排放和清除的年度GHG排清单。
②　《京都议定书》覆盖6种主要气体：二氧化碳（CO_2）、甲烷（CH_4）、一氧化二氮（N_2O）、氢氟碳化合物（HFCs）、全氟碳化合物（PFCs）和六氟化硫（SF_6）。
③　各国的目标不同；详细介绍见《京都议定书》第3条第5~8部分。

表3-2　　《京都议定书》附件B中定义的国家量化排放限制目标

附件1国家	减排或者限排目标（相对于基准年或附件B中说明的时期）
奥地利、比利时、保加利亚、捷克、丹麦、爱沙尼亚、芬兰、法国、德国、希腊、爱尔兰、意大利、拉脱维亚、列支敦士登、立陶宛、卢森堡、摩纳哥、荷兰、葡萄牙、罗马尼亚、斯洛伐克、斯洛文尼亚、西班牙、瑞典、瑞士、英国和北爱尔兰	-8%
美国	-7%
加拿大、匈牙利、日本、波兰	-6%
克罗地亚	-5%
新西兰、俄罗斯联邦、乌克兰	0%
挪威	+1%
澳大利亚	+8%
冰岛	+10%

资料来源：UNFCCC（2015）。

为履行减排承诺，各国必须设立核证登记机构并接受审核，以向UNFCCC完整汇报其减排行动（如图3-1所示）。目前运作的有以下两类登记机构：

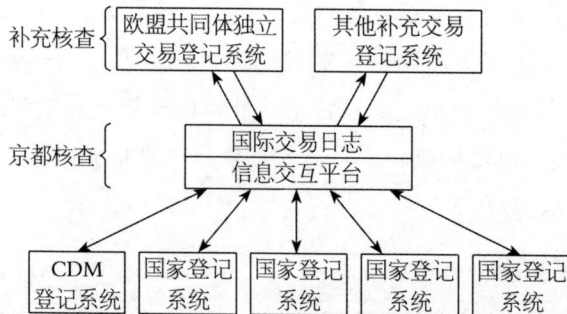

图3-1　国际交易日志(ITL)及其与国家登记系统的联系

资料来源：UNFCCC。

● 38个附件I国家①都有一个国家登记机构，其以政府的名义或者以保管与交易减排单位（如总量控制与交易）的主管机构的名义，记录配额的登记与交易记录。

● 清洁发展机制的减排单位（见3.3.1节）在CDM执行委员会的授权下由一个CDM登记机构负责。该机构允许参与CDM项目的国家相互进行CDM减排单位的分配。

这些登记机构为在交易所中账户间进行的排放权交易提供服务。每个登记机构在其运行过程中与正在实施的国际交易日志（ITL）进行链接，并接受UNFCCC秘书处的监管。ITL实时对所登记的交易进行核实，以确保其运作与《京都议定书》中所达成的规则相一致。

在对所登记的交易进行核实的过程中，ITL提供一个独立的检查机制，检查减排单位数量是否准确记录在登记簿中。在《京都议定书》履约期结束后，每个国家登记簿上拥有的减排单位数量要与承诺期内国家排放量进行比较，以评估其是否完成《京都议定书》中的减排目标。采用京都减排单位完成履约的区域性排放交易机制也可以通过登记系统完成减排量的结算。欧盟排放配额是指可在京都减排机制下有效交易的特定的京都减排单位。因此，欧盟排放配额的交易同《京都议定书》下的交易一样会自动完成记录。鉴于欧盟碳排放权交易的某些特殊规定与《京都议定书》不同，欧盟委员会及其成员国采用了专门的交易登记系统，即欧盟独立交易登记系统（CITL）。

作为量化减排约束的一部分，各国都得到一定数量的分配数量单位（AAUs）。这些减排单位按照CO_2当量（CO_2e）计算，在每个履约期开始时进行分配。为便于6种不同温室气体的核算，各种气体依据其全球增温潜势（见第2章）进行加权。

除了严格的规制政策外，《京都议定书》还确立了3种所谓的灵活机制以给予附件1国家减排上更大的灵活性。《京都议定书》要求该机制的使用是作为国内行动的补充，而国内行动应在各附件1国家完成量化限制

① 除白俄罗斯和土耳其以外的附件1国家。

与减少排放目标的工作中占据显著的部分。《京都议定书》的三种灵活机制是：

1.国际排放权交易机制（参见《京都议定书》第17条的定义）：附件1国家可以从其他附件1国家得到所谓的分配数量单位（AAUs）并将其用于履行在《京都议定书》中的承诺。

2.清洁发展机制（CDM，参见《京都议定书》第12条的定义）：附件1国家可在发展中国家（非附件1国家）投资减排项目，从而得到核证减排量（CERs）的碳信用。这些碳信用可用于发达国家的履约。不同于AAUs和ERUs，CERs来自于没有减排任务的国家，因而放宽了附件1国家所给定的排放上限。

3.联合履行机制（JI，参见《京都议定书》第6条的定义）：附件1国家通过在其他附件1国家投资减排项目以完成其减排目标。这些国家通过投资最终将得到用于《京都议定书》履约的减排单位（ERUs）。

这些机制应帮助所有的国家以尽可能低的成本实现温室气体的减排。我们建议读者参考3.3部分以对CDM和JI灵活机制有更深入的了解。

3.1.3 缔约方会议（COP）及其附属机构

公约的最高机构是缔约方会议（COP），其每年至少召开一次，以对关于应对气候变化的工作及其改进进行评估。COP定期汇报公约的进程并公布公约中采用的所有政策工具。同时，COP作出所有必要的决定以促进公约的有效进程[①]。除了COP外，以下两个附属机构的设立也为该机构做好了相关的准备工作：

• 附属科技咨询机构（SBSTA）。公约的第9条规定，该机构为COP提供有关科学和技术事项。SBSTA识别创新技术并就当前有关气候变化科技知识进行评估。该机构促进环境友好型技术的转让，并从事特定领域（例如土地利用、土地利用变化和林业（LULUCF），减少由毁林所致排放量（REDD））以及适应性和易损性方面的方法学工作。

• 附属履行机构（SBI）。公约的第10条规定，该机构向COP汇报有

---

① 请参阅UNFCCC第7条第2款。

关公约的有效履行情况。SBI检查各缔约方提交的国家信息通报和排放清单。另外，SBI提供有关环境方面最新的科学进展以协助COP完成有关决策的准备工作。

气候政策的最新进展

有关各国应对气候变化策略的国际谈判在缔约方会议的框架下每年举行一次。在这一部分，我们详细阐述了近年来在国际层面取得的相关进展。

虽然2009年哥本哈根联合国气候变化框架公约第15次缔约方会议（COP15）的结果是不尽如人意的，但2010年坎昆联合国气候变化框架公约第16次缔约方会议（COP16）已设法重启了国际谈判，进而使人们重新乐观地认为后京都时期的气候政策将出现希望。在坎昆会议上，UNFCCC成员国同意将全球平均气温增长控制在2℃以下，但没有避免实现1.5℃目标的可能性。但是，根据联合国环境规划署的减排缺口报告（UNEP Emission Gap Report），由发达国家和发展中国家在COP16会议上提出的减排承诺不足以完成这一目标：在一个最佳的政策情景下，这些国家非约束性的减排行为只能完成所要求的减排目标的60%。

为弥补全球减排工作的不足，适应性措施作为一个高效的工具在COP16会议期间被推出，以直接满足发展中国家最紧迫的需求①。此时，发达国家在坎昆协议中作出正式承诺，即到2020年前拿出资金以帮助非附件1国家采取减排和适应性政策。各成员国也决定成立一个绿色气候基金，旨在提供和支持有关强化减排的行动，包括为减少由毁林和森林退化（REDD-plus）而造成的排放、适应性行动、技术开发和转移，以及为能力建设提供重大资金。

另外，各成员国同意通过以下几个方面来推进向发展中国家和最不发达国家进行资本和技术转移：（1）一个改进的CDM框架；（2）承认发展中国家在减排上的贡献；（3）更好地体现与森林有关活动的作用。

---

① 哥本哈根协议在其最后的决定中如此陈述了额外适应性融资的必要性："所有国家均面临气候变化的负面影响，为此应当支持并实行旨在降低发展中国家受害程度并加强其应对能力的行动，尤其是最不发达国家和位于小岛屿的发展中国家以及非洲国家，我们认为发达国家应当提供充足的、可预测的和持续的资金资源、技术以及经验，以支持发展中国家实行对抗气候变化举措。"

- CDM 机制的改进主要是对标准化基准线和监测方法的改进，从而降低与瓶颈问题和管理失误（见 3.3.1 部分）有关的研发成本和风险。

- 坎昆会议正式认可发展中国家依据融资、技术和能力建设情况，采取国家适当减缓行动（NAMAs），旨在到 2020 年实现相对于基准情景的减排。

- 坎昆会议承认为遏制气候变化而在造林相关活动进行广泛合作的必要性。会议特别认可通过 REDD+的举措带来的减少由森林砍伐和退化造成的排放。这意味着造林活动将被纳入未来任意一份协议中，且有可能由此产生国际碳信用①。

2011 年在德班举行的联合国气候变化框架公约第 17 次缔约方会议（COP 17）给出了一个混合型的成果。一方面，主要因为 2008 年开始的世界金融危机，许多国家似乎正处于摆脱 UNFCCC 所要求的减排目标的阶段。另一方面，在改进多个京都工具的有效性和实施效率的同时，德班会议正准备在未来达成一个国际层面的协议。COP17 会议设法提出 3 个关键性的成果：

- 就《京都议定书》第二承诺期达成一个临时性协议，第二承诺期的期限为 2012 年至 2020 年。

- 这次会议也启动了在 2015 年就气候变化达成全球约束性协议的新的路线图，被称为"德班平台"。在这一平台下，2015 年将给出一个"议定书、法律文件或者经协商的有法律约束力的成果"，并在 2020 年开始执行。这一平台赞同考虑 IPCC 第五次评估报告的结论，并以此采取更为严格的减排措施。

- 在坎昆 COP16 会议期间所提出的绿色气候基金正向可操作化的方向发展。过渡委员会的工作成果生效并且形成一份治理文书。

显然地，发达国家和发展中国家在责任分摊、重新分配和援助方面仍存在许多未解决的问题，因此，多哈联合国气候变化框架公约第 18 次缔约方会议（COP18）的成果是单薄的且存在很大的不确定性。COP18 会

---

① COP 16. Outcome of the work of the Ad Hoc Working Group on Long-term Cooperative Action under the Convention[EB/OL]. [2010-12-12]. http://wenku.baidu.com/view/0fe80dc48bd63186 bcebbc2b.html.

议达成了一些影响力有限的协议：

- 维持在德班会议期间达成的议程，即到2015年提出《京都议定书》的继承协议并在2020年前执行；

- 《京都议定书》的第二阶段扩展到2020年。但是，日本、新西兰、加拿大、俄罗斯、白俄罗斯和乌克兰决定退出第二阶段。

- "损失与破坏（loss and damage）"的概念首次被纳入协议文件，声明富裕国家有义务因其减排失利而给予其他国家资金补偿。

联合国气候变化框架公约第19次缔约方会议（COP19）于2013年在波兰华沙举行。此次会议的主要关注点在于缔约方在先前会议期间达成的协议的执行情况。这次会议采纳了各参会国家就加快各国减排贡献准备的决定，包括巴厘岛行动计划。因此，COP19主要的结果是重申了各国加速其应对气候变化计划进程的必要性。除了关于减少由森林砍伐和森林退化产生的排放（REDD+）项目的执行以外，本次会议未取得任何显著进展。会议批准了包括关于REDD+的资金、体制和方法学方面的重要决定在内的华沙REDD+框架。

联合国气候变化框架公约第20次缔约方会议（COP20）于2014年在秘鲁利马举行。各参会国家在会上就如何为在2015年年底的巴黎会议上达成的气候协议作出贡献确立了基本原则。各国需要在2014年第一季度准备并提交一份包含国家自主贡献预案（INDCs）的报告。这些国家贡献计划将作为2020年以后气候行动的基础。在确立适应性与减排并重方面，COP20也取得了显著的进展。同时，在发达国家和发展中国家的共同努力下，新的绿色气候基金（GCF）拥有超过100亿美元的资金。另一个值得称赞的协议是有关教育和提高认知的利马部长宣言，其旨在提倡将气候变化和气候认知纳入学校课程。

2015年是国际气候变化谈判日程表上的关键一年。联合国气候变化框架公约第21次缔约方会议（COP21）将在法国巴黎举行，而其宏伟目标则是达成一个具有法律约束力且获得世界所有国家广泛认同的气候协议。在COP21的准备过程中，所有参会国家均被要求提交各自有关减排计划的承诺。这些独立的减排承诺将为达成一个可能的国际协议提供基础。这的确将需要各参与国在界定 2020 年以后阶段气候变化行动上作出合作与让步。

3.2　世界各地的排放权交易机制

鉴于国际层面上各国各自为政的局面，各国和各地区已开始采取国内和地区内的解决方案。这些方案的实施范围和进度虽不同，但基本包括总量控制与交易机制、基准线与信用机制、碳税与补贴、排放标准和能效许可证等元素。

作为碳市场领域的主要参与者，欧盟和其他国家或地区正在国家或区域层面上不断地提出多个具有竞争性的解决方案，从而产生了一个带有特定期限和条件的分散化的规制环境。

接下来，本书将从欧盟排放权交易机制开始，概述世界各地最具发展前景的碳排放权交易机制。

3.2.1　欧盟排放权交易机制

欧盟排放权交易机制（EU ETS）是目前世界上最大的总量控制与交易机制。该机制覆盖 31 个国家（即 28 个欧盟成员国以及冰岛、列支敦士登和挪威），纳入发电和制造业，以及在欧盟和欧洲自由贸易联盟范围内从事航空活动的航空公司中的 11 000 处高能耗设施。这一机制涵盖了欧洲 2015 年 45% 的总温室气体排放量和接近一半的 CO_2 排放量。燃烧装置、炼油设备、炼焦炉、钢铁生产设备，以及制造水泥、玻璃、石灰砖、陶瓷、纸浆和纸制品设备和航空业中的设备都被纳入了该机制[①]。

在 2003 年排放权交易指令（指令 2003/87/EC）获得批准后，EU ETS 于 2005 年正式启动，并在《京都议定书》生效时已正式运行。EU ETS 的实施目前分为四个阶段：第一阶段（2005—2007 年）；第二阶段（2008—2012 年）；第三阶段（2013—2020 年）及第四阶段（2021—2028 年）。其中，欧盟实施第一阶段的目的是检验与评估排放权交易的市场表

---

① 如果产能超过特定的阈值，该设备将被纳入 EU ETS。例如，能源产业必须是额定热输入值大于 20MW 的燃烧设备才能被纳入机制。

现。在第二阶段（2008—2012 年）中，其所规定的减排目标与《京都议定书》第一履约期的目标是一致的。而在第三阶段（2013—2020 年），其对交易机制的运行设计进行了大幅度的改动。相关设计，特别是涉及配额分配过程和欧盟范围内总的排放控制目标的确定，发生了变化。具体内容将在下文中阐述。预期的第四阶段的规则仍在制定中。

作为一个总量控制与交易的机制，EU ETS 在第一和第二阶段通过国家分配计划（NAP）明确各个国家的排放上限，以保证分配给各设备的总配额数量小于在基准情景（BAU）下的排放量。在交易阶段开始之前，每个成员国必须准备并提交 NAP，并且接受欧盟委员会的审核。如果 NAPs 不符合特定准则（见排放权交易指令的附件 III），其可能被欧盟委员会否决。在第一阶段，欧盟委员会因过量分配和事后调整否决了一些排放分配计划[①]。考虑到第一阶段市场表现不佳，欧盟委员会特别担心在第二阶段出现配额的过量分配问题。在 2007 年，欧盟委员会将第二阶段欧盟范围内的总量排放目标设定在 20.8 亿吨 CO_2e，即比所要求的排放控制目标低 10%。另外，一些东欧国家被要求减少其所需的配额数量。

在该机制中的每个交易阶段，各企业间进行欧盟排放权配额（EUA）的交易。从第二阶段开始，EU ETS 允许各企业在一个交易阶段中进行配额的借贷：它们可以使用过去没有采用的配额以补充短缺（留存）或者使用以后年份分配的配额（借用）。该机制允许各公司将目前交易阶段的配额留到下一阶段使用，但不允许在目前阶段使用下一阶段的配额。作为一种降低履约成本的手段，欧盟委员会允许（自第二阶段起）各个国家和企业在一定限度内采用灵活机制（CDM 或者 JI）完成履约任务。

在 2008 年至 2012 年的交易阶段中，各成员国规定的排放上限要低于各 NAP 所定义的官方 BAU 情景所预测的水平，这与在 EU ETS 范围内总量 7%的减排目标相一致（1.53 亿吨/年）。但是，相关的研究[②]发现，各履约企业为采用的 JI 或 CDM 碳信用的总量接近 3.55 亿吨/年，几乎是

---

① 事后调整意味着一旦为在公司间重新分配配额而进行分配调整，该成员国就计划对市场进行干涉。

② M RATHMANN，et al. Initial Assessment of national allocation plans for phase II of the EU emission trading scheme[EB/OL].[2006-11-29]. http://citeseerx.ist.psu.edu/showciting?cid=20505267.

EU ETS 范围内总排放量的 17%。将这些更廉价的灵活排放单位纳入机制中，使有关企业在配额上处于潜在的多头地位，而这一不太严格的市场规制会给昂贵的减排措施带来被延误使用的风险。

EU ETS 有一个"第三方"监测与核证方法。各公司被要求每年（最迟 3 月 31 日）提交有关上一年度排放的报告。由私人的独立于该公司的核证机构来进行有关的排放报告的核查工作。如果公司没有在 4 月 30 日提交足够的配额以覆盖上一年度的排放，其必须对超出的排放量支付每吨 100 欧元的罚款[①]。另外，该公司在下一年度必须上缴等同于超出排放量的配额。

EU ETS 能够在经济下滑和年度排放量非预期下降的情况下进行调整，而这种调整能力则影响到了 EU ETS 的市场表现。由于国际层面的金融危机和多次欧洲危机的交织影响，在 2008 年和 2009 年出现明显而连续的排放量下降以后，欧盟 2011 年核证的排放量比上一年又下降了 2.4%。

为解决在第一和第二阶段出现的配额过度分配问题，并确保到 2020 年欧盟各国可以实现减排 20% 的目标，欧盟委员会提出了一个有关 EU ETS 的修订方案。我们在这里将概述在第三个交易阶段，即在 2013 年至 2020 年期间对于交易机制的主要修正。

● 扩大交易机制的覆盖范围，以将新的部门（石化、氨气生产和铝业）和一些其他气体（N_2O 和 PFCs）纳入。但是，运输业、航运业、农业和林业将保留在第三阶段[②]。

● 自 2013 年起，一个欧盟层面的总量控制目标取代原本的 28 个国家排放目标（和 NAPs）。为实现到 2020 年在整个欧盟范围内减少相当于 2005 年排放水平的 21% 的目标，配额将被限制为最多 17.2 亿吨[③]，而从 2013 年至 2020 年排放配额总量年均减少 1.74%。

● 在第三阶段，拍卖成为配额分配的默认方法。2013 年，总配额中超过 40% 的配额已经被拍卖，而这一比例预计将会每年逐步上升。同时，

---

① 在 2005—2007 年交易阶段的超额排放罚款是 40 欧元/吨。
② 航运业被认为将在以后的阶段纳入。对于未被 EU ETS 覆盖的部门，将必须实现平均 10% 的温室气体减排，并按各国 GDP 进行分配。
③ 相比而言，第二阶段的配额有 20.8 亿吨。

电力部门100%的配额通过拍卖方式进行了分配。改进的配额分配方法的目标是使祖父制方法逐步退出，进而实现到2020年70%的配额和到2027年100%的配额被进行拍卖。自2013年1月起，对于多数国家来说，拍卖都在欧盟范围内的一个共同的平台上进行（值得一提的是德国、波兰和英国决定采用本国的拍卖平台）。但是，有碳泄漏（境外生产）风险的能源密集型部门将继续免费获得排放配额。有关目前和预期的EU ETS排放上限和配额分配的详细介绍如图3-2所示。

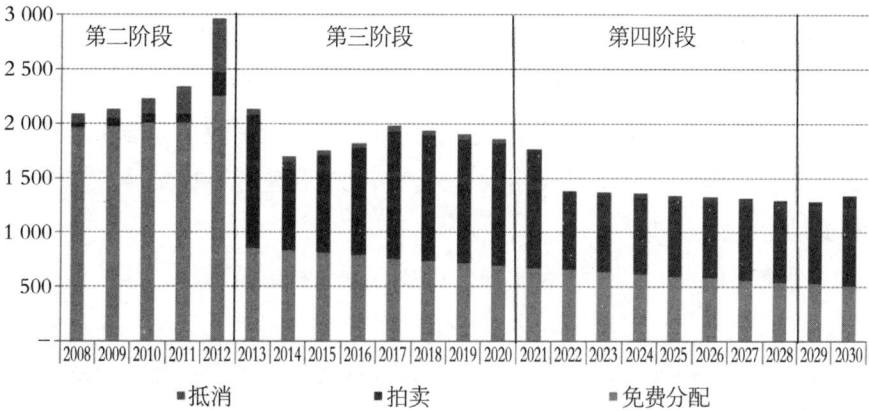

图3-2　EU ETS 2008—2030年的总量控制目标与年度分配

资料来源：Alberola et al.（2015）。

● 灵活机制所产生的减排单位（CDM或JI）的使用是有条件的，它取决于全球减排协议的通过是否能督促欧盟实现到2020年减排30%的目标。如果没有相关协议，灵活碳信用的使用可能限制在成员国2005年总排放量的3%[①]。在第三阶段，京都机制产生的碳信用实际上将不再符合EU ETS机制的要求。这些碳信用对EUAs的可替代性受到一定的限制。代表2013年之前减排的CERs需要转换成EUA以实现其完全可替代性。与2012年12月后发生的减排相关的CERs将不需要进行转换，但可被认为是第三阶段EUA的完全等价物。对于新的项目（2012年12月31日后登记），如果CERs是由最不发达国家的项目产生的，则其是合法的。

---

① 前提是增加的数量不超过欧盟层面2008—2020年前减排量的50%。

● 为减少配额的过量分配，欧盟正在设计两类机制。第一类机制考虑到长期性并设立了一个"市场稳定储备"。这一机制扣留了用于拍卖的大部分配额（2014年4亿吨配额，2015年3亿吨配额和2016年2亿吨配额）。第二类机制立足于短期，被称为折量拍卖（backloading）。该机制会在第三阶段末期将9亿吨配额放置在市场稳定储备中（Alberola et al.，2015）。

EUA的特点

在EU ETS中，配额的现货、期货、远期和期权合约均被允许交易。虽然期货合约是主要的交易工具，但排放权配额的期权交易在EU ETS第二阶段初期也开始迅速发展。目前所提供的期权大多数是标准化的欧式买方期权和卖方期权，并被用以对冲价格和交易量的不确定性或者在价格变动中进行投机。

可交易许可证（也称为配额）可被看做一种虚拟商品，其价格同任何标准商品一样，是配额需求与供给的函数。特别地，配额价格反映预期的供需不平衡（第7章亦有表述）。图3-3展示了在第一阶段EUA的现货价格和总交易量。

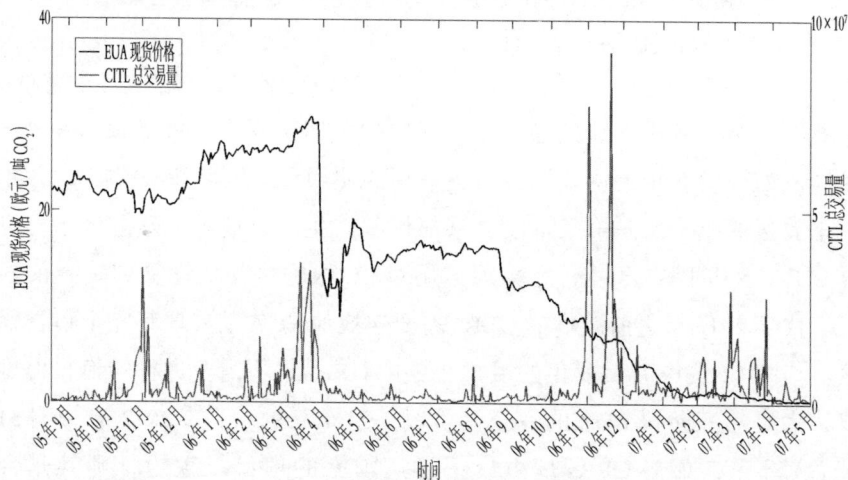

图3-3　EUA的现货价格和总交易量(2005年9月—2007年5月)

EU ETS 的配额供给由三个部分决定。第一个部分是配额的初始分配，也就是排放上限。配额的借贷条款构成第二个部分。留存（banking）指代企业将未使用的配额留存未来使用的可能性，而借用（borrowing）代表借用未来阶段使用的配额的可能性。借贷条款与初始配额分配一同由主管部门制定。碳抵消（offset）则是第三个部分。合格的碳抵消可被用于履约。例如，核证减排量（CERs），即在 CDM 机制下产生的碳抵消，可被用于 EU ETS 的履约。对可被使用的碳抵消的质量和数量是有一定限制的。

配额的需求方面依赖于被规制标的污染物的演化。正如下文所详细说明的，该标的污染物排放的驱动因素包括（长期和短期的）减排方式的选择、经济周期、与能源相关的价格及天气状况。

减排方式的选择

不论针对长期还是短期的减排策略，企业都面临着选择，即采用一种新的技术降低边际减排成本并增加减排量（长期选择），或者依赖于配额交易以覆盖其 CO_2 排放量（短期选择）。对总量控制与交易机制感兴趣的读者可参考 Chao and Wilson（1993）、Xepapadeas（2001）、Zhao（2003）、和 Taschini（2011）等文献。

经济周期

正如 Ellerman and Joskow（2008）所探讨的，在一个总量控制与交易机制中，经济形势的变化（将会）反映在配额的需求上。例如，经济增长将带来对配额需求的增加，最终会使配额价格上升，而价格的提高将最终激励对新的低排放技术的进一步采用。反之，经济恶化将导致对配额需求的下降，从而使配额的价格下跌。毋庸置疑地，在市场中未使用配额的数量越多，配额的价格会越低。这正如我们在 2006 年以及 2009 年经济下滑时期 EU ETS 市场中所发现的那样。

能源价格

意料之中的是，与能源相关的价格会对排放配额的需求产生很大的影响。实际上，能源产业是最大的温室气体排放部门之一。例如，如果天然气价格低于煤炭价格，将更有可能通过燃烧天然气进行发电。在发电过程中，使用天然气将比使用煤炭排放更少的温室气体。因此，煤改气就意味着对排放配额的需求更少。Convery and Redmond（2007）、Alberola et al.（2008）、Creti et al.（2012）及其他的研究在关注燃料转换时，强调能源商品价格的重要性。燃料转换可以被看做一种短期的减排选择。厂商为提高设备能效则会采用长期减排手段，进而可能降低其排放量。这些手段的采用与否取决于该技术的成本与通过购买（或不出售）配额和合格的碳抵消所付出的减排预期成本的比较结果。

天气

影响发电的因素注定会影响配额的需求。例如，一个炎热的夏天可能由于空调的使用而导致用电需求增加。当通过燃煤机组进行发电时，极端炎热或者寒冷的天气会导致更高的 CO_2 排放，从而增加对配额的需求。Mansanet-Bataller et al.（2007）采用欧洲天气的数据指出，极端天气事件是 CO_2 排放价格的驱动因素。Houpert and de Dominicis（2006）采用降水量的数据表明，雨水是 EU ETS 中不可忽视的价格驱动因素。高降水量可能带来更多对无 CO_2 排放的能源的使用，进而降低能源部门的排放。当水力发电较少时，各国就不得不通过其他如煤或者天然气等碳强度相当高的能源进行发电，特别是斯堪的纳维亚半岛上的绝大多数国家都在很大程度上依赖于水力发电。当降水稀少时，像挪威这样的国家就必须从邻近国家，很可能是丹麦，进口电力。而丹麦在很大程度上依赖于燃煤机组发电，这就意味着会出现很高的排放量。而且，斯堪的纳维亚半岛各国寒冷干燥的天气，也可能导致冬季缺水，因为冻成冰的水无法用来发电。相反地，如果水力发电量提高（由于降水量增加或者春季冰的融化），则将会带来相对于燃煤发电更少的排放。但是，太多的雨水可能会导致水电设备的停工。其他探讨如能源相关价格等宏观经济因素与天气之间各种组合的研究有 Mansanet-Bataller et al.（2007）、Hintermann（2010）和 Gronwald et al.（2011）。

EU ETS 的市场参与者

一般地，我们将 EU ETS 中的市场参与者分成 2 种主要类型：（1）履约公司，主要分布在能源和工业部门；（2）非履约机构，如政府和金融中介机构。

作为管理者，各国政府在（EU ETS）第一和第二阶段组织开展排放配额的分配。作为管理的最高层次，欧盟委员会（EC）核实所提交的国家分配计划。作为管理的较低层次，欧盟环境和气候总署负责控制与管理欧盟中央交易记录，并执行 EU ETS 的机制改革。

一个主要的市场参与者是能源部门。由于欧盟电力工业不断推进的自由化进程，大多数电力企业已有发展良好的交易专柜。因此，在其交易组合中加入排放权交易许可证是相对顺理成章的。相反地，EU ETS 覆盖的其他工业部门在市场上不甚活跃。

由于配额市场的进入一般不仅限于该机制覆盖的设施设备，所以金融机构可进入碳市场并成为 EU ETS 中活跃的市场交易者。金融机构包括经纪人、银行、保险公司和私人碳基金。不限制市场履约主体的背后机理源于市场流动性的需要。金融机构也可为一些对市场不熟悉且倾向于将配额管理委托给第三方的小排放企业扮演中介机构的角色。

3.2.2　瑞士排放权交易机制

从 2013 年开始，瑞士通过构建国家排放权交易机制而引入了一个强制性的排放管制措施。这一机制覆盖了 55 家大型的能源密集型企业（热输入值大于 20MW）。热输入值处于 10MW ~ 20MW 之间的企业可以在自愿的基础上选择加入该机制（世界银行，2014）。强制性的瑞士 ETS 的第一阶段为 2013 年至 2020 年。配额的分配与行业基准有关。易发生碳泄漏风险的部门可免费得到 100% 的配额，但其他行业只能获得很少的免费配额。电力部门不能获得免费分配的配额。

可以预见的是，瑞士 ETS 将很快与 EU ETS 连接，而有关的协商虽然进展缓慢，但仍在持续推进。

3.2.3 美国的区域排放权交易机制

加利福尼亚州

考虑到任何新的减排法规均存在显著的不确定性，目前美国的行动基本上是由加利福尼亚州新的AB-32法规及其在西部气候倡议（WCI）中的作用所领头的。

AB-32法规要求加利福尼亚州到2020年将温室气体排放量降至1990年的水平。该法规也将总量控制与交易机制作为用以减少温室气体排放的策略之一。在项目的第一履约期（2013—2014年）中，年排放不低于25 000吨CO_2当量的大型工业静态排放源和电力部门将被纳入，且包括其他州的电力企业（即进口商）。作为一个控制成本的措施，AB-32法规允许机制所覆盖的企业购买和使用碳抵消来履约，但是交易量不能超过年排放量的8%。碳抵消将来自一个有进口国际森林抵消可能性的国内碳抵消项目。加利福尼亚州也有一个严格的关于可再生能源的任务，并要求到2020年州内汽车燃料油的碳含量要下降10%。

加利福尼亚州也是西部气候倡议的领导成员。西部气候倡议是由美国和加拿大部分地区联合构建的，旨在实现到2020年将温室气体排放量缩减为2005年水平的85%的目标。

区域温室气体减排行动

区域温室气体减排行动（RGGI）代表着美国来自东北和大西洋沿岸中部地区的9个州为减少电力部门的温室气体排放所开展的合作行动[1]。RGGI启动于2003年，但是它的第一履约期开始于2009年1月。

参与RGGI的各州排放的温室气体量约占美国温室气体总排放量的7%（2012年）。这一减排合作包括在州级层面上各自的总量控制与交易机制，以及各州之间的配额交易机制（Dahan et al，2015）。图3-4展示了自2008年以来RGGI配额拍卖的价格和交易量。

---

① RGGI所覆盖的9个州分别是康涅狄格州、特拉华州、缅因州、马里兰州、马萨诸塞州、新罕布什尔州、纽约州、罗得岛州和佛蒙特州。

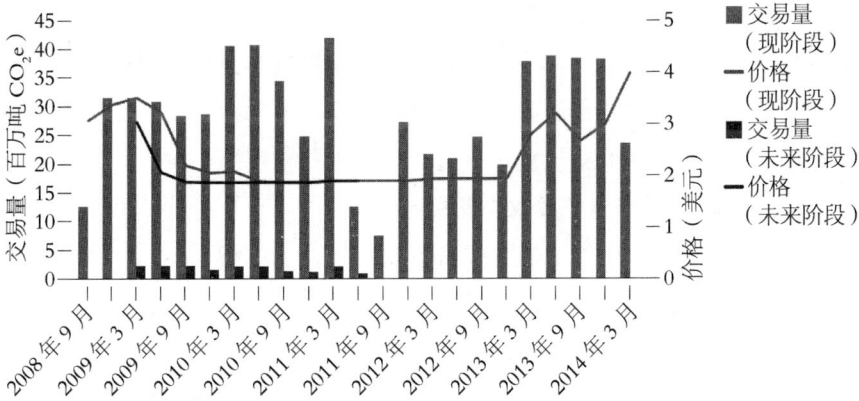

图3-4　RGGI配额拍卖的价格和交易量(2008—2014年)

资料来源：世界银行（2014）。

3.2.4　加拿大的减排机制

加拿大在2010年前的减排承诺是到2020年使温室气体排放比2005年下降17%。这一目标被写入哥本哈根协议。但是在2011年12月，加拿大由于没有完成减排目标而宣布退出《京都议定书》的第一承诺期。在2012年，加拿大重申退出《京都议定书》的第二阶段，这意味着该国不再负有承诺的减排责任。鉴于在联邦政府层面令人失望的决策，减排的责任留给各省内部解决。

亚伯达省温室气体减排计划

指定气体排放源管制规则（SGER）要求亚伯达省年度排放超过0.1Mt CO_2的企业将碳强度在2003—2005年的平均水平上降低12%。这一机制覆盖了亚伯达省大约一半的温室气体排放（世界银行，2014）。

为遵守这一规则，各企业可以降低其排放强度，或者依靠以下三种补偿机制：（1）使用由先前将排放降至减排目标以下所得到的政府排放信用（EPCs）；（2）依托参与由政府批准的议定书所得到的政府抵消信用；（3）对超过排放目标的排放量按15加元/吨 CO_2 当量支付，以资助气候变化与排放管理基金。

魁北克省总量控制与交易机制

魁北克省的排放权交易机制在2013年1月开始运行，并且代表了该省

2013—2020年期间主要的气候政策。自2014年1月起，作为西部气候倡议的一部分，该机制正式与加利福尼亚州的总量控制与交易机制相连接。排放配额通过一个拍卖机制进行分配，而由此获得的收益直接为针对能源效率、可再生能源使用和运输业电气化的项目进行融资。

3.2.5　哈萨克斯坦排放权交易机制

哈萨克斯坦的排放权交易机制的试点阶段开始于2013年，该机制覆盖年度排放超过20 000吨CO_2当量的所有企业。其覆盖的行业分布在能源、采矿与冶金、化工、水泥和电力部门。排放配额基于祖父制进行分配，并将2010年作为基准年。而减排目标有望在2016年后更加严格。

3.2.6　澳大利亚碳定价机制

澳大利亚在2010年宣布准备构建一个3~5年的碳计划，并计划在2015年前转变成一个排放权交易机制。这一排放权交易机制将帮助澳大利亚按其在《京都议定书》第一阶段的承诺，将最大排放量控制在1990年水平的108%。而根据其在《京都议定书》第二阶段的承诺，排放将被进一步减少到1990年水平的98%。

虽然早先有雄伟的减排计划，但由于2013年政府的变更，澳大利亚废除了自2012年开始的基于固定碳价格的碳定价机制（CPM），取而代之的是直接行动计划（DAP）。当前的减排目标被设定为到2020年排放量比2005年水平低5%，而这一目标将通过DAP和可再生能源目标计划得以实现。

DAP的关键组成部分是减排基金，政府运用该基金为有意以有效成本的方式进行减排的企业提供融资激励。这一基金旨在通过对新的和更加有效的技术进行投资来实现减排。该基金的初始资金为25.5亿澳元，且计划在2005—2020年期间运作。基金计划通过逆向拍卖机制获得减排许可证，即澳大利亚碳信用额度单位（ACCUs），而这一许可证来自商业部门和当地政府。相关的规制行业包括：农业、建筑业、电力、燃料燃烧、林业、工业、运输业和废弃物管理部门（世界银行，2014）。

为确保由该基金所实现的减排不会被其他部门或地区的减排所抵消，一个相应的维护机制计划自 2016 年起运行。这一机制将为商业部门提供激励，以使其排放低于历史平均水平（Afriatet et al，2015）。

3.2.7　新西兰排放权交易机制

具有强制性的新西兰排放权交易机制在 2008 年开始运行，并在 2009 年和 2012 年依法对机制进行进一步的修订。

按照应对气候变化法案 2002 的要求，政府在 2011 年年初开始对 NZ ETS 重新进行审视。这一审视包括以下内容：农业的纳入，新西兰减排单位的分配机制，是否保持 25 新西兰元/吨 CO_2e 的固定价格上限且排放企业只需履约 50% 的减排义务（2 for 1 compliance），以及合成温室气体是否被纳入 ETS。

该报告也制定了 2012 年以后阶段的运行框架。报告建议对覆盖排放量设定一个绝对量的排放上限，并在 2015 年以后将碳价格维持在最高限价水平以下，同时将国际碳抵消信用限定在该机制内。到目前为止，该国利用京都抵消量完全覆盖相关排放的规定压低了国内林业市场的价格，因此影响了林业从业者参与碳市场的意愿。

在 2012 年，受制于较廉价国际信用带来的价格压力，被称为新兰排放配额（NZU）的排放许可证的价格跌至 2.5 新西兰元/吨 CO_2e。自 2014 年开始，由于国际信用的使用受到限制，NZU 的价格开始缓慢回升。在 2015 年 5 月，NZU 的价格为 5.95 新西兰元/吨 CO_2e。

在 2013 年，新西兰政府宣布了无条件的减排目标，即到 2020 年将排放量降到 1990 年水平的 95%，以作为原本到 2020 年排放量降到 1990 年水平的 80%~90% 的有条件减排目标的补充（世界银行，2014）。NZ ETS 从 2015 年 6 月开始扩大其覆盖范围，而且目前也覆盖了已不能使用国际减排信用的企业。NZ ETS 有望在 2016 年对机制设计进行进一步的修改。

3.2.8　日本的国家和地区排放权交易机制

在 2011 年福岛核事故之后，日本政府决定重新审视其能源政策并关闭其核电站。这导致日本政府在 2013 年华沙 COP 19 会议上宣布改变其减排目标。新的减排承诺包括将排放量限定在比 2005 年水平减少 3.8%，这相当于在 1990 年水平上增加 3.1%。相比于之前承诺在 1990 年水平上减排 25%，新的减排目标显得更加保守，同时这一目标可以通过由森林保护或者其他来自联合履约机制所产生的碳信用而得以完成（World Bank，2014）。

在日本，在国家和地区层面上均有一些正在实行的碳信用和排放交易机制。在地区层面上，三个排放权交易机制分别在东京、埼玉和京都运行，大约覆盖了该国温室气体排放总量的 8%。前两个机制是强制性的，而京都 ETS 是自愿的，并且未确立约束性减排目标。三个碳市场均有很低的流动性，每年仅有较少的交易量，同时许可证价格在 2013 年维持在 76～95 美元/吨 CO_2e 的高位。

在国家层面，两个现有的自愿减排机制，即日本国家碳信用机制（J-CDM）和碳信用抵消机制（J-VER）自 2013 年开始运行，从而组成了目前由中央政府管理的日本碳信用机制（世界银行，2014）。

3.2.9　中国的碳排放权交易机制试点

在中国，自 2013 年开始，几个排放权交易机制开始陆续在 6 个省份或直辖市即北京、广东、湖北、上海、深圳和天津运行，使中国成为仅次于 EU ETS 的全球第二大碳市场（世界银行，2014）。

6 个试点机制具有不同的特征，从而扮演着为可能运行的全国统一碳市场积累经验的角色。除深圳设定一个基于强度的排放目标外，其他机制均有一个绝对的总量控制目标。减排配额目前在大多数地区均采用基于历史排放进行免费分配的方式。仅广东当前采用配额拍卖机制。在深圳、天津和上海，交易机制在运行阶段采用动态方法分配配额（世界银行，2014）。中国各碳排放权交易试点机制的排放配额价格差异很大（如图 3-5 所示）。目前试点阶段履约期至 2016 年结束，此时一个国家层面的交易机制可能开始运行。

3.2.10　其他新兴碳排放权交易机制

世界其他国家和地区目前正评估实施碳排放定价机制帮助其完成减排目标的可能性。表 3-3 给出了一些国家和地区有望采取的主要策略。

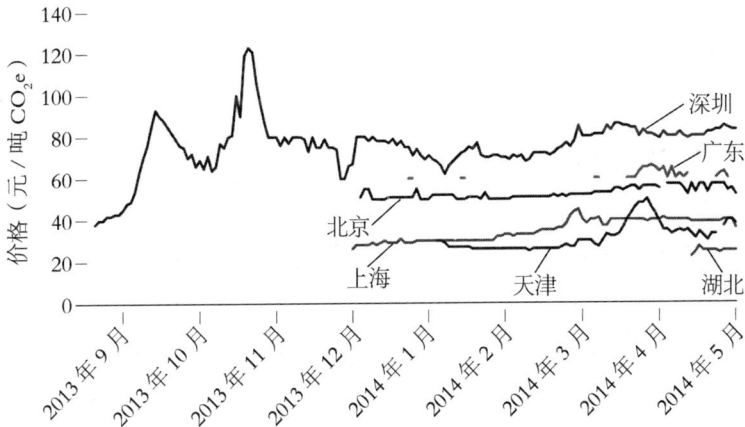

图 3-5　中国各碳排放权交易试点机制的排放配额价格（2013—2014 年）

资料来源：世界银行（2014）。

表 3-3　　　　　　　　　　其他可能的碳排放权交易机制

国家	碳排放定价机制
巴西	企业气候平台的排放交易机制在 2014 年 3 月开始运行，覆盖了 22 个主要的排放企业
智利	智利正在筹备实施一个在国家层面上针对能源部门的排放权交易机制
哥斯达黎加	国内碳信用自 2013 年起在碳交易平台（BANCO₂）上进行交易
北美太平洋沿岸地区	为减少温室气体排放，加利福尼亚州、华盛顿州、俄勒冈州和不列颠哥伦比亚省在 2013 年签署了太平洋沿岸气候与能源行动计划
俄罗斯	俄罗斯政府在 2014 年宣布了到 2020 年在 1990 年的水平下减排 25% 的目标。为实现这一目标，政府目前正在考虑构建一个排放权交易机制
泰国	泰国正在设计针对减少能源消费的排放权交易机制
乌克兰	乌克兰目前得到来自联合国环境规划署（UNEP）和欧洲复兴开发银行的支持，可能筹建一个碳市场
哥伦比亚	其他国家目前正探索采用碳定价机制
印度	
印度尼西亚	
约旦	
摩洛哥	
秘鲁	
突尼斯	
越南	
伊朗	

3.3　京都灵活机制

3.3.1　清洁发展机制

清洁发展机制（CDM）是京都灵活机制（与3.3.2节阐述的联合履行机制一起）所定义的两种基于项目的机制之一。

CDM有两个主要目标：第一个目标是通过清洁技术的转让、外国直接投资和出售所产生的核证减排量（CERs）得到收入流，并以此促进对发展中国家进行可持续性投资[①]。第二个目标是在发展中国家实现温室气体减排，以此帮助附件1国家以有效成本的方式完成其减排目标。

CDM是在《京都议定书》第12条建立的，随后，《京都议定书》缔约方在2001年达成了CDM的详细规则和方式，成为《马拉喀什协定》的一部分。CDM执行理事会（CDM EB）在同一年设立并开始构建国际CDM系统的结构和程序。第一个CDM项目在2004年获得执行理事会的正式注册。

为完成附件1国家的减排任务，项目必须在东道国实现相对于基准情景（BaU）的减排量，由此而产生额外的"可抵消的"配额。所产生的CERs最终在UNFCCC所主管的CDM登记机构进行登记，然后由该国使用以完成其国家的京都减排目标，或者由参与总量控制与交易的公司作为所允许使用的配额（见3.2.1节有关EU ETS目前和未来对其合格性规定的介绍）。

由于CDM产生了超过附件1国家排放上限的新的排放配额，因此UNFCCC和附件1国家必须确保每个CDM项目确实实现了真正意义上的减排。出于这一目的，《京都议定书》[②]给出了有关项目合格性的一组准则，以确保CDM项目符合可持续发展和实现真正减排的目标。

为确保CDM项目的完整性，"额外性"这一概念被采用。这意味

---

① 为参与一个CDM项目，发展中国家必须已批准《京都议定书》（第12条，"不属于附件1中的缔约方，该国如果签署了《京都议定书》，可以参与一个CDM项目"）。
② 第12条，第5部分。

着减排量必须是对无这一项目活动情景产生减排的补充。但是额外性是一个复杂的评估过程，其取决于对 BaU 基准情景的合理估计[①]。在 CDM EB 所提出的不同方法中，最常用于评估项目额外性的是投资分析，即项目开发者表明通过出售 CERs 所得到的 CDM 收益必须使该项目的收益超过投资阈值（investment threshold）（内部收益率，如图 3-6 所示）。

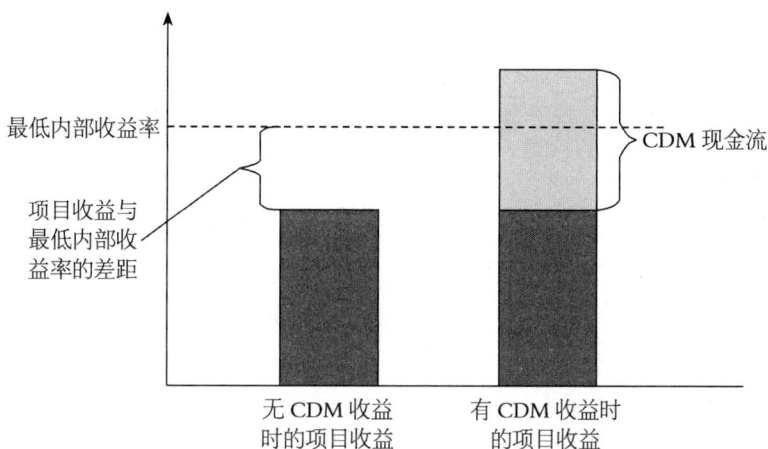

图3-6　CDM 项目的额外性

资料来源：CDM 项目融资指导手册，UNEP（2007）。

论证与监管项目的复杂性催生了一个长期而多阶段的验证过程，该过程涉及项目管理者、东道国、UNFCCC 和独立审计师监管。CERs 的产生包括从项目设计到配额签发共 8 个不同的步骤[②]：

1. 项目管理者提交一个项目设计文件（PDD），简略介绍计划运行项目的主要方面（方法学、额外性、项目边界、计入期、主要影响、监测方法）。

2. 将 PDD 提交给东道国的指定国家主管机构（DNA），而该机构将基于项目信息批准或者否决该项目。第一步的验证采取国家批准函（Letter of Approval，LoA）的形式以作为东道国对项目管理者批准的证明，也是

---

① 《马拉喀什协议》对 CDM 活动基准情景的定义为：在没有这一项目活动时温室气体排放源可能产生人为的排放的情景。
② 对 CDM 的具体步骤和规则感兴趣的读者可参考 CDM 规则网站（www.cdmrulebook.org），该网站由从事法律实务的 Baker & McKenzie 和 8 个捐赠机构共同运作。

项目活动在CDM下登记的必要条件。

3. 为在CDM机制下得到承认，项目必须由一个指定经营实体（DOE）进行核证。该经营实体要证明项目满足合格条件，通过向利益相关方进行咨询，并最终以核证报告的形式向执行理事会提出进行登记的请求。

4. 由DOE向CDM EB提交[①]的经核证的项目将基于其合格条件、方法学、基准线和影响得以登记（或者否决）。登记是CDM项目流程中的一个关键阶段，其代表该项目活动被认为是一个CDM项目，使其有资格产生CERs。通常，在等候项目核证时，项目管理者开始整合项目的融资结构。[②]

5. 一旦批准登记，该项目就可以开始其监测阶段，基于所批准的监测方法，汇总并分析计算项目产生的与减排量有关的所有数据。

6. 一旦项目开始运作，由另一个DOE进行定期的核证，以确保由项目产生的减排量的可靠性。在这一核证过程中，采用监测到的排放数据。

7. 一旦核证阶段的任务已完成，DOE证实在核证报告所列的减排量是真实获得的。这一核证报告被认为是CERs获得签发的一个必要条件。

8. 最后，当减排单位已产生且通过核证与证明后，将由CDM登记管理人员以CDM执行理事会的名义正式签发CERs。

在2008年，世界银行估计正在进行的项目中有84%来自中国[③]，4%来自印度，4%来自亚洲其他地区，3%来自巴西，而仅有2%来自非洲。但这一比例正在发生变化（如图3-7所示）。在2011年，虽然2012年后大部分的CERs仍来自中国（43%），但其他国家（印度、越南和印度尼西亚）开始在供给方面占据显著的份额（25%），而非洲的项目增加到3 600万吨且

---

① 通常假定CDM执行理事会单独对项目的登记负责。实际情况相比有些复杂：在经UNFCCC秘书处审核后，一个所提交的经核证的项目要由一个经CDM执行理事会批准的注册与签发小组（EB-RIT）进行审阅。根据这一小组的建议，CDM执行理事会决定批准或者否决所提交的项目活动。

② 融资通常采用减排量购买协议（ERPA）的形式，通过定期支付的形式有法律约束力地进行项目碳信用的转让。

③ 从2002年到2008年，中国占据了市场中66%的CDM项目的供给。

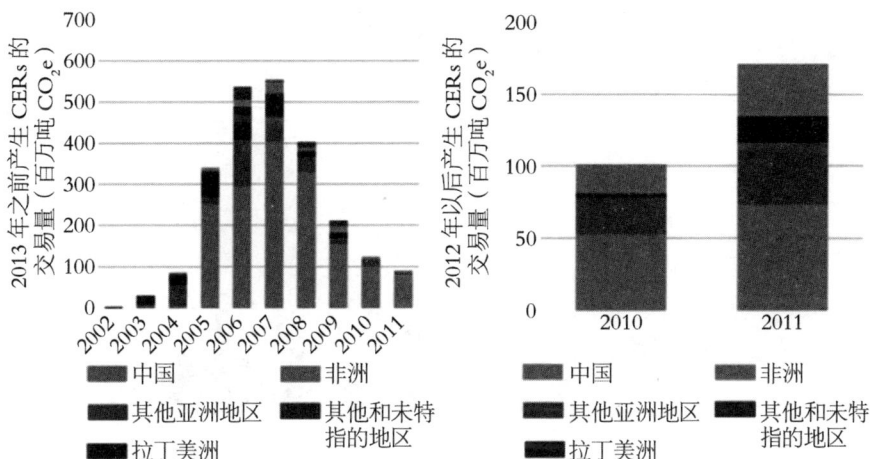

图3-7　2013年之前和2012年以后各出售方交易的CDM项目

资料来源：世界银行，2012。

在2012年后产生21%的CERs。

CDM市场经历了近10年（2005—2013年）间起起落落的不同阶段（如图3-8所示）。根据世界银行（2012）统计，仅在2011年就有3.15亿吨CERs被签发，比2010年增加了140%，且是到2011年为止所有签发量的40%。这一趋势在2012年达到顶峰。根据UNEP Riso中心的报告[①]，截至2012年年末，UNFCCC已登记超过4 000个项目，预计到2012年年底将签发11亿吨CERs。但是，由于有关减排的国际协作进展缓慢，这一增长趋势在2012年之后发生逆转。对于京都碳信用（CERs和减排单位（ERUs））的需求由于主要排放国退出《京都议定书》而萎缩（世界银行，2014）。目前保留的需求大部分来自EU ETS，但这仅覆盖预计供给量的1/5。

有关CDM改革的协商目前还在进行中，旨在对项目参与条件进行修改，以便协调配额的供给与需求。以下几个方面是值得一提的：

● CDM市场面临的最大问题是长时期的过度供给。随着《京都议定书》在2012年履约期临近结束，后京都的相关议程存在很大的不确定性，而CDM项目大多为中期或长期项目，此类项目越来越多地面临被逐步退出或者在项目类型上有所限制的风险。EU ETS自2013年以来施行更

---

① http://www.cdmpipeline.org/.

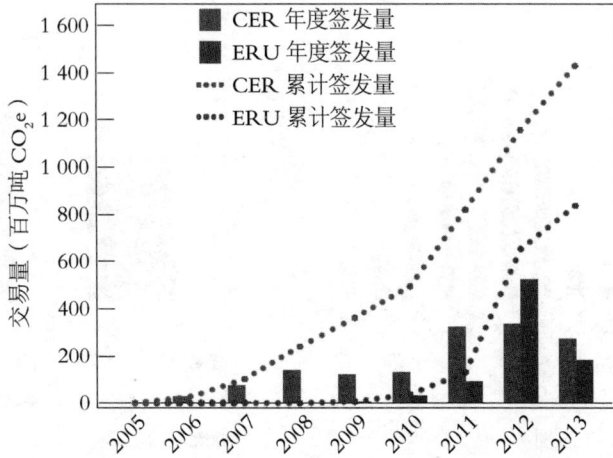

图3-8　2005—2013年CER和ERU的签发量

资料来源：世界银行（2014）。

多的数量限制，这导致CERs的需求进一步下降。

- 未来的CDM项目有望更多地针对全球最不发达地区。项目的覆盖范围也要考虑到如撒哈拉以南非洲和东南亚等地区的经济发展。2012年后CERs的趋势正朝着这一方向发展，更多的项目来自刚果民主共和国、布隆迪和尼日利亚。

- 最后，为降低交易成本和管理负担，在活动项目（programmes of activities，PoA）的伞形框架下将为降低边际成本、分散风险和缓解上述瓶颈问题提供新的途径。

CER的特征

核证减排量（CERs）是通过清洁发展机制签发的减排额度，其目标有二：一是降低受排放上限约束的公司的减排成本；二是增加发展中国家的资本和技术引进。

不同于EUA，CER许可证（可称做配额）不在公司间进行分配，而是从非附件1国家的"清洁"项目中产生，且在由CDM登记主管机构证实签发前，先由独立的审计机构（指定经营实体，DOEs）进行核查和证明。这一漫长的签发过程和发展中国家存在的众多不确定性，有助于解

释在价格估值中项目风险因素的相关性，并促使出于对冲这些风险目的
的特定操作者和契约的产生。

多重项目风险

从图3-9可以看出，与EUAs相比，具有相同到期日的CERs的价
格是有折扣的。在本书编写时，这一趋势仍在继续。EUA的价格目前
在每单位许可证5欧元左右，而CER的价格跌至大约0.5欧元（世界银
行，2014）。这一差异价格在期货合约（所有已发行合约的平均价
格）、现货合约或者初级CERs（由CDM项目直接签发的协议）中均有
体现。不同于初级CERs（pCER），二级CERs（sCER）是由初级购买
者出售的合约，其初期发展风险通常已被清除。折扣因子（或者"风
险溢价"）在一定程度上取决于与特定契约相关的风险因子的个数。
由此，pCERs是风险最高的配额，因为它们承担所有项目和国家风
险，这包括无法产生配额的风险以及东道国政治不稳定和配额签发失
败的风险。请参阅Labre and Atkinson （2010）对这些风险进行的全面
描述与量化分析。

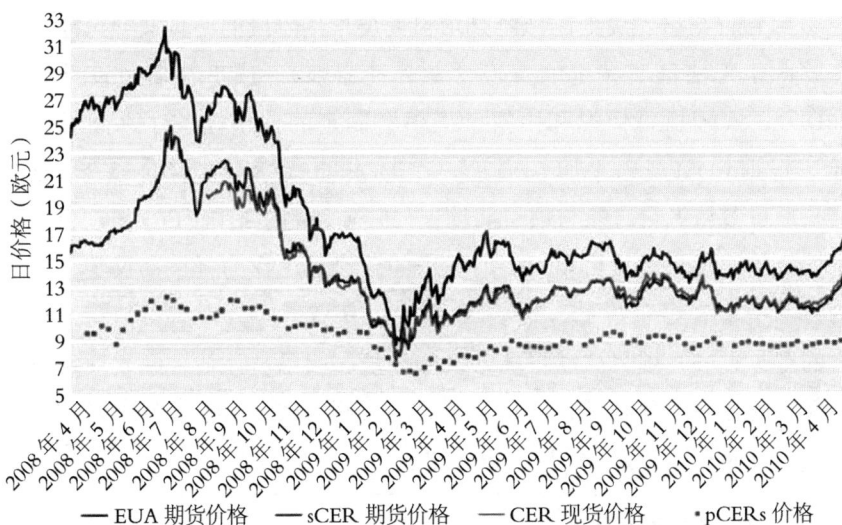

图3-9　2008—2010年不同CER合约价格的走势

资料来源：世界银行（2012）。

依据世界银行的报告，CDM项目面对的主要风险有：（1）国家和政治风险；（2）方法学未被批准导致签发失败的风险；（3）核证和登记失败的风险；（4）延期的风险；（5）管理风险；（6）市场价格风险。下面，我们对最为常见的风险加以详细分析。

● 国家和政治风险是发展中国家项目管理者面临的典型问题。在大多数相关的非附件1国家从事商业活动均需一定灵活性，并对当地政治和管理机制以及文化和政治背景有深刻的认识。商业环境、规则和监管制度可能会迅速改变，并且可能会受到政治动荡（政变、战争）和官僚不正之风（行贿的传统、政府不当的干预）的困扰。因为任何CDM项目都需要东道国指定国家主管机构的批准，这些项目的成功严重依赖于其与东道国管理机构的良好关系。

● CER配额的产生表明，通过采用一种获批的方法学，这一灵活机制会带来相对于基准情景的低排放强度的活动。虽然多数项目目前使用已批准的方法学，而对于如一些造林与毁林项目等新部门，目前的问题则在于其面临被执行理事会否决的风险。

● 核证与登记失败的风险是项目发展早期阶段的一种典型风险，其主要源于无法证实减排的实现（额外性原则），或者在项目设计文件（PDD）、实际执行情况和由执行理事会制定的合格性条件之间存在差异。根据CDM规则手册，通过一个DOE的核证需要符合以下几点：（1）项目参与者自愿参与项目活动；（2）项目的东道国对CDM设定国家主管机构；（3）由项目申请者所提出的项目已由作为《京都议定书》缔约方的一个非附件1国家所批准；（4）已获取并充分考虑当地利益相关方的意见；（5）项目活动可能带来的环境影响已被评估；（6）项目将产生额外的温室气体减排，以及基准线、监测、核证与报告方案（和项目的其他方面）符合CDM的要求。

3.3.2　联合履行机制

联合履行机制（JI）是《京都议定书》第6条定义的第三种灵活机制。JI下的项目设立在有减少或者限制排放约束的附件I国家，而配额交易更有可能是在经济转型国家（EIT）与发达国家间进行。在经济转型国家中，由于能效水平较低，JI能够在增加外商投资的同时激励以更低成本进行减排。

为获得相应资格，一个JI项目必须使排放源的排放量下降，或者通过碳汇清除产生相对于基准情景来说额外的减排量。项目必须经过东道国的批准。自2008年起，JI项目可签发在（京都机制）履行期内使用的减排单位（ERUs）（ERUs不允许在EU ETS第一阶段使用）。ERUs签发的主要项目类型覆盖 CH_4 的减排，以及来自水泥生产和煤矿开采业的减排。

JI项目流程不同于CDM，其更为简单，包括两个轨道，即"轨道1（Track 1）"和"轨道2（Track 2）"。

1."轨道1"的流程是最为简单的、对于满足所有资格要求的东道国而言非常迅速的流程。[①] 相对于BaU情景来说是额外的。如果核证是符合要求的，东道国可以签发适当数量的ERUs。因为不同于产生额外配额的CDM项目，JI项目仅以较低的成本进行配额在国家间的转让，而总体排放上限固定不变，因此可以采取这一较为简单的方法。

2.当东道国不满足资格要求时，必须采用"轨道2"的流程。在这一情景下，东道国不允许自己签发ERUs，而必须要有JI监督委员会（JISC）进行核证的过程。[②] 必须将一份包括项目所有信息的项目设计文件（PDD）提交给JISC。提交后，JISC批准或者否决这一项目。由此，"轨道2"流程类似于CDM流程：这一项目一旦运转就必须由参与方进行监督，一个经认证的独立机构（AIE）必须审核报告并计算由项目产生的减排量。

ERUs的签发量与所观察到的CERs数量呈现相同的趋势（如图3-8所示），同时也面临着类似的风险。在2012年，ERUs的签发量首次超过CERs，主要来自俄罗斯和乌克兰。大多数项目和签发采用"轨道1"的流程，这一比例在2012年和2013年分别是98%和97%。乌克兰和俄罗斯

---

① 2个最重要的要求是估计人为排放量的国家体系和根据《京都议定书》第7条设立的国家登记机构。详细介绍见JI指导原则的第21段和第23段。
② CMP.1决议9有关JI指导原则的第30~45段。

在2012年年底退出《京都议定书》的第2阶段，为JI带来了很大的不确定性。CERs签发量在2013年迅速减少，而这一情况在ERUs上也有体现，其签发量相对于2012年减少了九成。

第4章

减缓气候变化的经济学

"气候变化与其他环境问题一样包含外部性：排放温室气体的主体零成本地损害了其他人的利益。"

Nicolas Stern

4.1　温室气体排放的外部性

环境外部性的概念源于市场失灵：如果厂商在投入（如自然资源消耗）或产出（如排放污染物）中使用的环境资产价格不合理，那么他们的经济行为会给社会带来诸多危害。

假设有一水泥厂，它生产水泥的过程中需要消耗燃料并排放温室气体。该厂商利润（$\pi(q)$）最大时的最优产量为（q）：

$$\max_q \pi(q) = \max_q [pq - c(q)] \tag{4-1}$$

其中：p 为每单位水泥的售价；$c(q)$ 为产量的成本函数；q 为水泥的生产数量。假设 $c(q)$ 为单调递增的凸函数，即 $c'(q) > 0$ 且 $c''(q) > 0$。[①] 当厂商的边际收益（p）等于其边际成本（$c'(q)$）时，利润达到最大化。

$$p = c'(q) \tag{4-2}$$

在竞争性市场中，由于自然资源是免费获取的，厂商的污染行为会一

---

① 　$c'(q)$ 与 $c''(q)$ 分别为成本函数关于产量（q）的一阶导数与二阶导数。

直持续下去，直到其边际报酬（边际收益与边际成本之差）为0。然而，在社会层面，生产水泥所排放的温室气体会产生社会成本（在全球范围导致气候变暖，同时，给工厂附近区域居民带来潜在的健康问题和呼吸道疾病）。

为简单起见，我们用产量的二次函数 q^2，来描述这种反效用。这意味着温室气体排放的边际社会成本等于 $2q$。通过一种内部化机制（暂且不讨论何种机制），如果厂商能认识到其生产带来的社会成本并为此负责，那么它的利润函数将调整为：

$$\max_q [pq - c(q) - q^2] \tag{4-3}$$

由此，得出新的最优条件为：

$$p = c'(q) + 2q \tag{4-4}$$

如果该水泥厂考虑的是总成本（厂商的和社会的）函数时，其产量将会降低。图4-1展示了外部性内部化机制对厂商水泥产量的影响。当厂商考虑污染对社会的反效用时，其水泥产量将由 q 降低至 q^*。

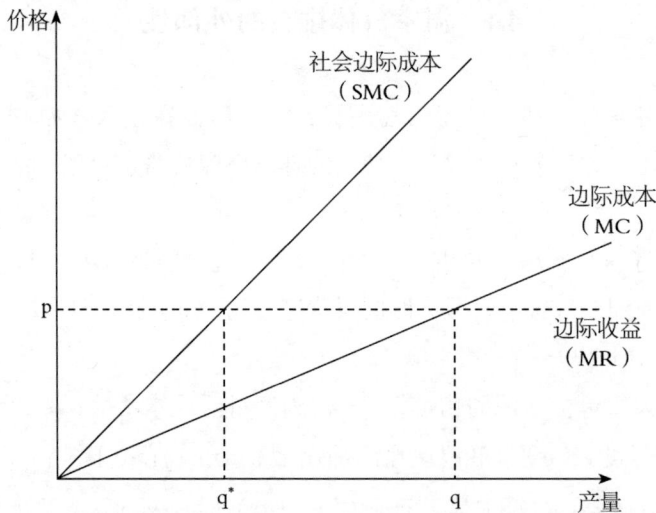

图4-1　存在外部性与不存在外部性两种情景下的最优产量

资料来源：作者自绘。

4.2　税收和补贴

为确保污染物排放（或资源消耗）在安全水平上，可以利用扭曲价格的方式将排放污染物引起的社会成本内部化到生产者的最优决策中。Pigou在他1918年的文章中提出通过征税的办法来限制厂商的污染行为。有效的税收政策应确保新的均衡（即边际成本等于税后边际收益）落在最优产量 q^* 上。施加单位税 t（从生产的每单位产品中征税）后，生产者的利润最大化条件为：

$$\max_q [pq - c(q) - tq] \tag{4-5}$$

在边际成本函数 $c'(q)$ 和社会成本函数（前面示例中的 q^2）已知的条件下，有效的单位税应满足：

$$t = p - c'(q^*)$$

图4-2展示了征税促使生产达到社会最优生产水平的原理。在生产过程中，对每单位产品征税可使边际收益曲线由 p 向下移动至 $(p-t)$，降幅为税负的数额。收益降低会促使厂商将产量由最初的 q 降低至社会最优产量 q^*。

如果厂商和社会的边际成本函数可以精确测算的话，那么Pigou提出的方法看上去确实简单有效。但事实上，这是一种很强的假设，现实中几乎无法实现。此外，尽管可以认为社会边际成本曲线对所有人都适用（这本身就是一种很强的假设），但厂商的边际成本曲线却各有不同。设置最优税收水平意味着对所有的边际成本曲线都了如指掌，然而这极为烦琐而且并不现实，就算最专制的政府也做不到。

此外，该理论还提出，对每单位减排量给予补贴在激励减排行为上与征税有相同的效果。与强制对污染物征税的减排政策不同，补贴可激励厂商选用高成本的减排策略。继续考虑4.1节水泥厂的例子，现不对每一单位水泥征税，取而代之的是对厂商每单位减排量予以相应的补贴，厂商的最优生产问题由此转化为：

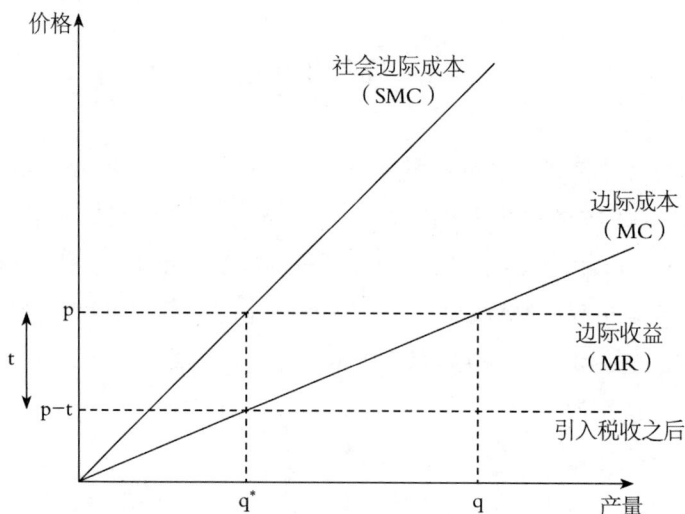

图 4-2 存在税收时的最优产量

资料来源：作者自绘。

$$\max_q [pq - c(q) + v(q^* - q)] \tag{4-6}$$

其中：v 是每单位减排量的补贴；q^* 是用来计算补贴额的基准产量。

为简单起见，我们假设任何排放水平下的边际减排成本都无限小（也就是说减排的唯一途径是缩减水泥产量 q ）。

当补贴水平与征税水平相等，即 $v = t$ 时，补贴和征税有着完全相同的效果。这是因为，由补贴产生的收入可以分为两部分：一是一次性收入 vq^*，它对生产者的产量决策不产生影响；二是隐含税 vq，它与前文所讲的税有着相同的作用。

然而在实践中，这两种政策工具并不是完全对称的。特别地，税和补贴对产品的盈利能力有着不同的含义：补贴可以增加利润，而税使利润降低。在部门层面，税既降低了排放量，同时也限制了厂商的利润，因为税减少了厂商的边际收益和平均收益。相反，补贴使厂商的利润上升，并吸引一批新的厂商参与生产，产量的提升最终会导致排放量增加[①]。

在气候变化的动态背景下，补贴政策在减排初期不失为一种有效的措施，因为它可以推动技术变革和减排活动。此时，补贴的目的不应是污染

---

① 更详细的分析请参见 Baumol and Oates （1998）。

厂商的减排努力，而应对其新的减排技术、再生能源和研发（如碳捕获与封存技术）进行补贴。根据 Aghion 等（2009）的研究，为使经济向"绿色增长"模式转型，我们需要针对"零排放逆止技术"进行补贴。

但是，单靠补贴政策还远远不够。一些学者认为，必须结合运用补贴和可交易的许可证制度才能长期激励厂商采取清洁替代行为。补贴会使资金投向不能立刻见效的生产技术，但经济增长并不会因此受到抑制，而足够高的碳价可以激励厂商采用新技术，并替换掉那些较陈旧和较便宜的技术。如果仅仅依靠一种政策手段，其效果要逊于同时实施上述两种政策手段。Acemoglu 等（2009）发现，在特定条件下，为达到相同的清洁技术替代率，单一的可交易许可证政策与混合政策相比，前者在过渡期中前五年的碳价比后者高出 15 倍，在后续的 5 年中，前者碳价比后者高出 12 倍。而在后续的 100 年中，作者估算总消费累计损失 1.33%。不仅如此，消费还将可能面临在短期骤减的风险。换言之，单一的补贴政策与混合政策相比，前者的补贴水平在最初的 10 年中比后者平均高出 115%。

4.3　可交易排放许可证

在 4.2 节中我们看到，征税（和补贴）的主要问题在于，它需要精确地了解厂商和社会的边际成本曲线，这样才能推算出正确的单位税 t（或补贴额 v）。如果政策制定者错误地估计了任意一条曲线，将导致次优产量的出现，由此产生的额外成本要么被厂商承担（当税收高时），要么被社会承担（当税收过低时）。

正如前文分析的那样，Coase（1960）意识到需要为外部性定价，但他认为 Pigou 提出的税是一种有失效率的政策工具。他对此的解释是，如果赋予污染物相应的所有权，污染厂商与受污染影响的居民将进行谈判，最终达成的均衡产量代表社会达到最优水平（如图 4-3 所示）。首先考虑当前污染水平高于最优污染水平的情况，即 q 在 q^* 的右侧。若每单位污染物与可交易（即可定价）的所有权相关联，那么只要社会的边际损失高于边际减排成本，受污染影响的居民就会要求厂商减排并给予厂商一定量的补偿。居民通过谈判促使污染水平下降，剩余污染物总量因此沿 q^* 的方向逐渐降低。相反地，如果当前污染水平在 q^* 的左侧，则意味着厂商过度减排，此时厂商将购买更多的污染排放权，这是因为社会愿意接受厂商提供的高于社会损失的赔偿。此时排放水平将会增长至 q^*。

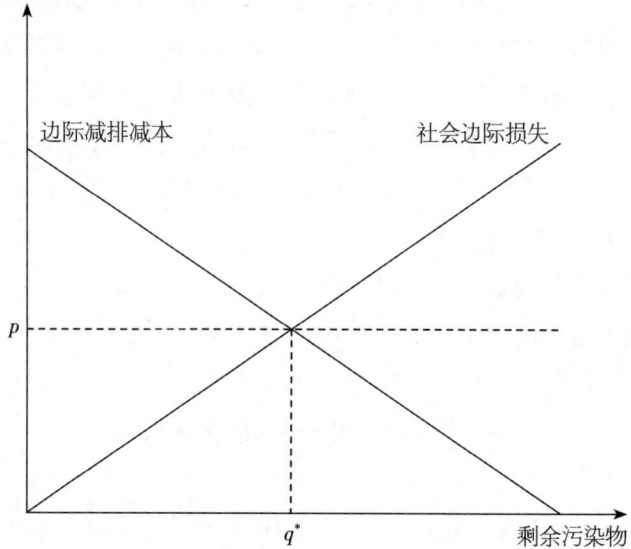

图4-3　在"科思谈判定理"(1960)下排放量的平衡点

资料来源：作者自绘。

　　在可预知一切的理想世界中，可以通过议价精确地将排放水平调整至与使用征税工具时相同的水平 q^*。相比之下，排放许可证方法优势明显，因为它不要求充分掌握边际曲线的信息。在排放许可证方法中，边际成本函数在谈判过程中逐渐明晰，这确保了均衡排放量的准确性。此外，该方法还与初始权利的从属无关。如果污染厂商享有污染的一切权利，那么社会成员必须购买减排许可证。如果社会享有环境商品的所有权，那么他们可以出售排放权。然而，这种中性的（几乎无关道德的）方法因背离了"污染者买单"的原则而遭受了一定的批评。

　　在多个厂商的边际减排成本互不相同的确定性模型下，可交易排放权还确保实施成本最低的减排方式。对每个厂商而言，排放权的均衡价格都等于其边际成本，这同时也是所有公司减排曲线加总所得的边际成本，即：

$$S_t = MC_t \qquad \forall t \in [0, T] \tag{4-7}$$

其中：S_t 表示 t 时刻的许可证价格；MC_t 表示边际减排成本（详见 Montgomery（1972）与第5章中的论述）[①]。

　　然而，排放许可证并不是完美无缺的（就算在确定性条件下）。因为它假设存在所有权且（双方）谈判成员可以被明确界定。但只要污染源与污染危害之间的关系难以确定，谈判就会处在崩溃的边缘，或导致次优的结果。

　　此外，谈判能否达到最优还取决于有没有交易成本。在本地范围内，当责任划分明晰时，交易成本很低。然而当决策是在国际层面进行且责任难以明确界定时，交易成本将会变得很高。在这种情况下，很难避免搭便车现象的出现。正因为责任不清晰且没有机构强制他们参与，一些厂商可以躲过谈判（参见美国和加拿大一直以来在气候变化和降低温室气体排放问题上的态度）。

　　排放权交易也面临着伦理学（或价值观）的挑战。在一些人眼中，排放权交易是站不住脚的，因为这意味着所有环境破坏都可以用钱来衡量。当用钱来衡量环境破坏带来的疾病、死亡、文化衰败、生存的价值，以及一系列不可逆的事物时，就会带来诸多问题。

　　最后，为使谈判能进行下去并达到最优状态，估值的变化和对损失的定价都应该是平滑的。如果损失函数在污染时取值无穷大，在无污染时取值为0，那就不会产生交易，因为此时厂商无法给予社会补偿（社会也难以承担清理工作的费用）。在这种情况下，命令-控制手段是最常用的方法，即采取不涉及经济激励的执法行为。如果污染危害到健康（从伦理上讲，无法为死亡率和发病率定价），或不可逆性还与生存价值相关，则其价值趋于无穷大，此时人们往往采用法律手段（如《国际濒危物种贸易公

---

① 许可证价格与边际减排成本之间的关系建立在很强的假设基础上。在第6章会讲到，当关于污染水平的信息存在不确定性和不对称时，许可证价格将不等于边际减排成本。

约》（CITES）抑制了稀有物种的灭绝）。

4.4　总量控制与交易体系以及不确定性的影响

4.4.1　总量控制与交易

由于缺乏对公共物品所有权的定义，Coase 倡导的纯市场方法在气候变化的场景中并不可行。如果在谈判中必须进行无止境的资产评估、必须明确界定气候变化造成的损失，以及展开无止境的协商，每个居民如何能单独地参与其中呢？这无疑是个无比麻烦的过程。在国际合作缺位、交易成本高昂及搭便车等因素的作用下，如果不确立污染（或自然资源）的稀缺性，那么市场仍无法解决与公共物品（如空气质量）有关的问题。

私有物品与公共物品

在环境与资源经济学中，理解自然资产自身的特点对于设计有效的政策至关重要。环境物品通常按以下两类标准进行分类：（1）是否具有竞争性；（2）是否具有排他性。

竞争性物品是指一人对物品的消费会导致其他人消费的减少。任何一种有限的、稀有的、可耗减的物品都可以被界定为竞争性物品，如鱼群、牲畜、土地和森林。

排他性物品是指可以被私有化的物品，也就是说其他人无法使用这种物品。理论上，所有物品在适当的管制下都可以产生排他性。然而在实际中，高昂的交易和管理成本、国际或全球的司法管辖权、不完善的法律制度和私有制度的缺失，导致存在非排他性物品，例如大气和公海。

根据以上两类标准，可将物品划分为：（1）私有物品；（2）俱乐部物品；（3）普通物品；（4）公共物品。

●私有物品是既具有竞争性又具有排他性的物品。农业资本（牲畜、土地）和生产资本（机器、金融资本）都是私有物品。因为私有物品可界定、可定价和可议价，所以它们是 Coase 市场均衡理论的核心。

- 俱乐部物品是具有排他性但没有竞争性的物品：可以限制外人对它的使用，但是每个成员对它的消费并不会导致其他成员消费的减少。此类物品包括服务和网络资产，如研发、卫星云图、互联网及无线广播。在特定的情景下（以互联网为例），非竞争性的特点是高度依赖于使用它的人数和人们使用它的强度。当服务压力过高时，根据服务个性化能力的不同，俱乐部物品将转换为私有或普通物品。

- 普通物品是具有竞争性但不具有排他性的物品。此类物品会造成所谓的"共地悲剧"，如过度开采资源最终导致资源全面退化。普通物品在环境与资源经济学中尤为重要，这很大程度上是因为很难控制稀缺且无财产权的自然资源的使用，或控制的成本过高。森林和土地的退化或鱼群的枯竭是这一问题的典型案例。

- 公共物品是既不具有排他性也不具有竞争性的物品。此类物品容易出现搭便车现象且难以有效地协调。公共物品最好的例子就是大气。

为克服纯市场理论的局限性，人们建立了配额机制和总量控制与交易机制。其优势在于能将集中化的主体（比如政府或代表社会的专门机构）以及分散的污染者结合起来。在总量控制与交易机制下（配额机制与之类似），主管部门在评估了环境最大承载能力后，事先将污染物的总量确定下来，它等于最优污染水平 q^*，即污染对社会的边际危害与污染厂商边际减排成本相等。从某种程度上说，可以决定总量的主体被视为代表社会的人，其边际社会成本在 q^* 附近具有完美的弹性：损失对污染水平的变化非常敏感。

一旦总量确定了，就产生了可交易的排放单位，厂商可以通过免费（祖父制）或有偿的方式获得这些排放单位。两种分配方式的区别将在4.4.2节详述。正如Coase设计的纯市场机制那样，这些许可证可以在污染厂商之间进行交易：在确定的条件下，当许可证的价格高于厂商的单位减排边际成本时，厂商将减排并且将多出的许可证出售给减排成本较高的厂商，厂商的这种行为会逐渐拉低许可证价格。相反，减排成本高于许可证价格的厂商会购买许可证，价格因此而上升。

在均衡状态下（当所有厂商都满意时），利用市场机制可确保排放达到上限时的可行成本是最低的，这是因为在均衡状态下排放许可证价格等于最小的可行边际减排成本。如果价格高于最小边际减排成本，那么成本最低的厂商将可以通过出售排放许可证获利，排放许可证的价格因此而下降。同样，如果价格低于最小边际减排成本，那么成本最低的厂商将停止减排并通过购买排放许可证以覆盖增加的排放，排放许可证的价格因此而上升。此外，因为厂商可以通过出售许可证获利，所以市场机制还能激励厂商在清洁活动方面采取技术变革（更多信息请参阅第6章）。

正如4.2节所说的那样，在完备知识和确定性的前提下，总量控制与交易机制完全等价于征税政策。环保当局可以对污染定价（比如征税）并不断调整这个价格使排放量达到最优水平。环保当局也可以直接发行适量的许可证，让污染者在交易中发现市场出清价格。简而言之，政策制定者为达到既定目标，既可以使用价格型政策（如征税），也可以使用数量型政策（如设定排放上限）。然而，这种简单的等价形式掩盖了它们之间在实际操作上的重大区别。

在价格型政策中，政策制定者在制定税率时需要完美地估算出厂商和社会的边际成本函数（这并不现实）。如果事后发现税率过低，污染物排放量会超过所允许的范围并出现危害社会的次优状态。税率过高又会使厂商受到损失，他们的产量和增长水平将出现次优。因此，政策制定者需要阶段性地增加税收以调整其对边际成本曲线的估算，但这种方式很难被厂商接受。

相比之下，市场化的排放许可证理论可以自动地适应经济增长和通货膨胀。这是因为，当主管部门不采取特殊行为时，总排放量是不会发生变化的（即许可证总量被固定），增长的需求只提高污染许可证的价格。污染者似乎更偏爱许可证，因为它能使厂商以成本最低的方式减排[1]。

然而，总量控制与交易机制的效果受一系列因素的影响，如市场操

---

① 在这个论证中，我们关注短期水平，且不考虑技术转换。

纵、交易成本、监督及执行力度、搭便车，以及逃避监管。这些因素给交易体系带来了极高的不确定性，这一部分将在下一节中详述。

（1）市场操纵[①]包含一系列对社会有害的不当行为，它们绝非总量排放交易体系独有的现象。例如，在排他性市场操纵行为中，市场中的垄断者以拒绝出售许可证的形式迫使他人退出竞争，进而加剧了许可证市场和产品市场的低效。市场化的许可证交易体系的效率还取决于污染厂商在产品市场上的竞争性。如果产品市场是竞争的，那么引入市场化的许可证可以增加总"福利"（Malueg，1990）。相反，如果产品市场是非竞争的，尽管排放许可证市场是完全竞争的，许可证交易体系还是会降低社会"福利"。市场操纵还可能存在于许可证分配中，并导致许可证价格和社会均衡的非最优水平（如果垄断厂商边际减排成本较高，且能够获取大于最优值的许可证初始分配量）。

（2）当履约和交易的成本与许可证价格相比不容忽视时，市场易受交易成本的影响。Keeler（1991）论证了在合理的惩罚函数下，与传统的命令-控制型体系相比，市场化许可证体系可容纳更多非履约厂商的排放。执行与管理的成本会降低交易的活跃度（许可证交易量降低），此时许可证价格将以财产权初始分配状况为条件而偏离均衡价格（参阅 Stavins（1995））。

（3）对监督与执行力度的研究（Keeler，1991）表明，在总量控制与交易体系中，非履约厂商惩罚函数形状的敏感程度对其排放水平存在影响。他的研究表明，在合理的惩罚函数下，市场化许可证体系可以容纳更多受管制的非履约厂商的排放。该研究结果突出了市场化许可证体系成功的关键在于执行方案。

（4）在不存在信息不对称的情况下，市场不会出现搭便车现象。然而，人们越来越意识到搭便车在很大程度上影响了市场的优化，因为它使厂商延迟采用新的减排技术且对交易存在遏制作用。所有厂商都期待竞争对手率先以较高的价格投资并采用新技术，这样就可以降低他们后续的履

---

① 关于市场操纵行为的详述请参见 Hahn（1984），Misiolek and Elder（1989），以及 Malueg (1990)。

约成本，因此厂商们都倾向于"观望"。当监管存在不确定性时，这种现象（搭便车与时机选择权共存）就会出现，并导致厂商等待的时间更长，影响社会最优水平的实现。在《京都议定书》接近结束时，厂商都由于这一全球范围内具有约束力的议定书未来不确定，而延迟实施清洁投资与交易策略。

（5）总量控制与交易机制建立的激励制度的力度与效率，在很大程度上取决于对市场化许可证的监管，以及不同的监管者是否采用一致的方法。如果监管部门之间不能形成统一战线，正如当前温室气体减缓行动中的情况，厂商很容易逃避监管，比如迁移到监管较松或没有监管的地区。这使厂商能够以更低的成本获得法律上的竞争优势。这种出于法律原因而迁移污染活动地点的行为被称为泄露。

4.4.2　不确定性带来的影响

除了操作层面的差异外，价格型政策与数量型政策间的对称性还严重依赖于完全信息假设和确定性假设（或不确定性假设）。在社会和厂商的成本函数信息不完整（例如信息不对称）且污染损失存在不确定的情况下，两种政策的效果会截然不同。

在一篇开创性的文章中，Weitzman（1974）研究了价格型和数量型政策工具的不对称性，并建立了具有很强的政策含义的理论。简而言之，该理论阐述了当控制污染的成本不确定时，选择何种政策工具取决于社会和厂商的边际成本曲线谁更陡峭。[①]

图4-4与图4-5展示了边际社会收益与边际减排成本是关于既有减排量的函数。[②]社会收益随着排放量的降低而逐渐减小（例如，在空气质量已经非常高的情况下，继续提高空气质量所带来的额外收益将降低），而减排的成本却随着排放量的降低而逐渐增加。

首先考虑边际社会收益曲线相对陡峭，且边际减排成本曲线相对平坦的情况（即前者斜率的绝对值大于后者），如图4-4所示。在这个案例中，

---

① 用价格工具控制温室气体排放一直受到许多经济学家和政策制定者的青睐，因为温室气体是一种存量污染物，因此其边际减排收益相对平坦。虽然早期的文献对此观点一致，但后面的文献就没这么绝对了。数量型与价格型政策的选择部分取决于成本不确定的动态结构假设。价格型政策与数量型政策的争论中"存量与冲击"概念的作用，可参Parsons and Taschini（2013）。
② 详细的分析请参阅Baumol and Oates（1988）。

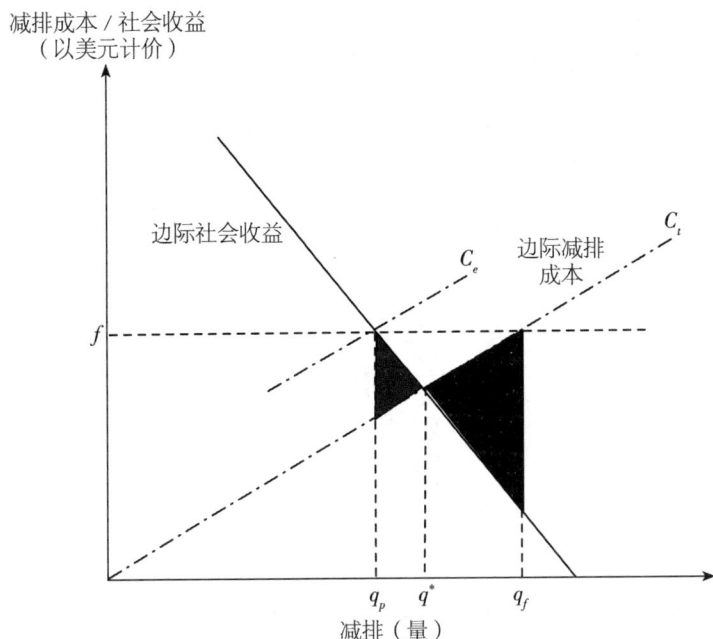

图4-4 边际社会收益函数的斜率高于边际减排成本函数的斜率时价格型工具和数量型工具下的福利损失

资料来源：作者自绘，基于 Baumol 与 Oates（1988）。

由于社会福利对于降低排放量十分敏感，环境当局应当严格控制排放量。为引入不确定性，我们考虑一个现实的例子，此时管理当局不了解实际的边际减排成本函数 C_t，其只能依靠预期的边际成本函数 C_e。该例子假定边际社会收益是已知的。

如果此时使用价格型工具 f（而不是数量型工具），并且管理当局低估了控制污染的真实成本，则污染将超过临界区间并达到 q_f 水平（即费用 f 与真实的边际减排成本 C_t 的交点），并导致大量的社会福利损失。在这个例子中，Weitzman 理论认为政策制定者应当选择数量型政策，因为边际收益曲线斜率的绝对值大于边际成本曲线（即更陡峭）。

在图4-5中，如果当局难以确定真实的边际减排成本，数量型工具（即施加排放上限 q_p）造成的社会福利损失小于价格型工具 f。通过比较两种政策的净损失，我们可以看出两种政策效果的区别：左侧区域代表许

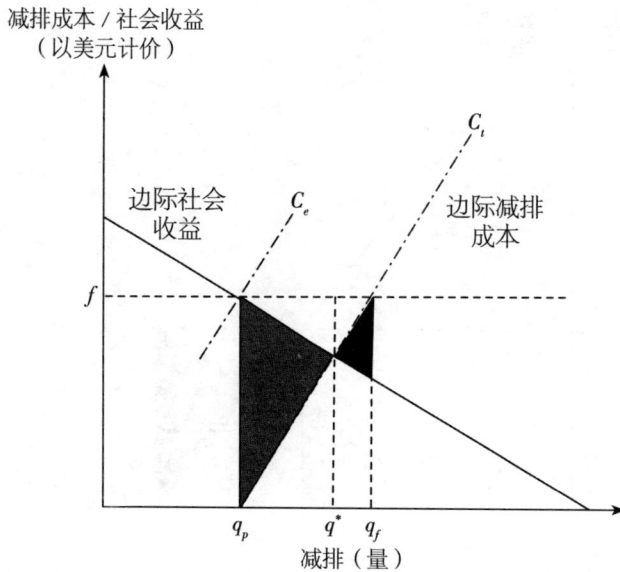

**图4-5　边际社会收益函数的斜率低于边际减排成本函数的斜率时价格型工具和
数量型工具下的福利损失**

资料来源：作者自绘，基于 Baumol 与 Oates（1988）。

可证工具造成的损失，右侧区域代表征税政策造成的损失。因为当边际减排成本曲线相对平坦时，它与税率线（ f ）的交点表示既有排放量削减过多，企业将因此支付过多的成本。

　　现在考虑相反的情景，如图4-5所示。图中边际减排成本曲线相对陡峭，而后续减排的边际收益却相对平坦。此时的危险在于，管理当局会因信息的不完备而选择过于严格的标准，排放厂商因此需要支付过多的成本。在这样的条件下，价格型工具引起的社会福利的损失相对较低。

　　实际上，估计厂商的边际减排成本函数是设计总量控制与交易机制的重要问题之一。污染的损失通常由监管机构评估，但它们在评估减排成本时所获得的信息往往是偏颇的、不完整的，这一点类似于委托-代理机制：作为代理人的污染厂商，他们对成本曲线了如指掌，但他们可以通过夸大自己的减排成本以获得更多的排放许可证（在祖父制情况下），或者通过低报自己的减排成本，以便可以以更低的价格获取排放许可证（当边际损失曲线相对陡峭，或厂商需要花钱购买排放权时）。由于委托人在这种情况下无法获知真实的成本曲线，他们往往选择相信污染者的话，从而导致许可证的分配是次优的，以及排放过量。

　　图4-6描述了祖父制方法导致的扭曲及排放过量情景。通过公布较高的边际减排成本，厂商就可以轻易地将排放量降低到 q' 而非 q^*，因为厂商可以将部分减排成本转嫁给社会（灰色区域），这使减排效果大打折扣。厂商的这种策略将导致次优状态的出现，其形式表现为社会（福利）的净损失（为图中黑色区域），这表示社会与厂商没有进行最优的谈判。很明显，在 q' 处总成本并非最低，社会将愿意通过给予厂商补偿以使排放量降低到 q^*（因为当排放许可证价格高于厂商的边际减排成本时，污染厂商愿意卖出排放许可证，但价格不能高于社会的边际损失）。因此，从社会福利的角度来看，污染厂商夸大边际减排成本的策略确实会导致次优状态（当边际损失曲线很陡峭、边际减排成本曲线平坦时，这种损失会更严重）。

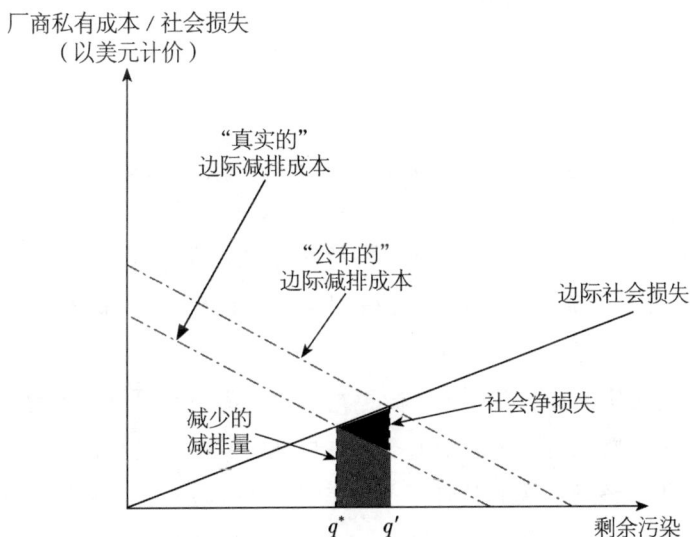

图4-6　厂商高报减排成本时的次优排放水平

资料来源：作者自绘，基于 Baumol 与 Oates（1988）。

　　图4-7展示了厂商在排放许可证初始拍卖时低报自己边际减排成本的情况，他们可以借此低价买入更多的许可证。厂商是否低报自己的成本取

决于降低许可证价格时可获得的收益($p'q' - p^*q^*$)是否大于增加的边际减排成本（由图中的虚线区域和黑色区域组成）。厂商获得净收益取决于两个因素：第一，因低价购入许可证而获得的收益($p'q' - p^*q^*$)。第二，厂商不得不减少的排放（从q^*到q'）。厂商会从净值的角度评估低价购买许可证获得的收益是否大于额外的减排成本。

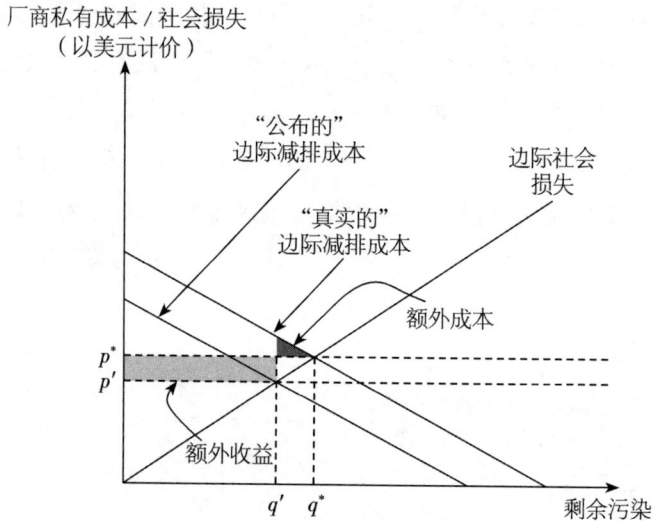

图4-7　厂商低报减排成本时的次优排放水平

资料来源：作者自绘，基于 Baumol 与 Oates (1988)。

为解决这一问题，可以引入一种特殊的拍卖制度，引导污染厂商揭示自己真实的减排成本函数。下述模型是一个简化的 Montero（2008）模型，只有一家污染厂商。[①]

假设有一家厂商，其排放上限已被固定，为满足覆盖排放的需求，其要么减排要么购买许可证。$P(x)$为许可证的反需求函数，其中x为厂商的排放水平。该函数从绝对值上来说等同于边际减排成本函数，且仅对厂商是已知的（私有知识）。另外，边际社会成本函数为$D'(x)$，且$D'(x) \geq 0$。$D(x)$为边际社会成本的原函数，也就是累计社会成本函数。

由 4.1 节可知，在没有监管的情况下，厂商的排放量为x_0，所以

---

①　多厂商模型请参见 Montero (2008)。

$P(x_0) = 0$。而在有监管的情况下,环境当局的政策目标是实现社会损失与厂商(减排)成本之和最小化:

$$\min_l [C(l) + D(l)] \qquad (4\text{-}8)$$

该目标可使社会达到最优,且满足 $C'(l^*) = -D'(l^*)$,其中 $C(l)$ 代表厂商的真实边际减排成本。

在完全信息条件下,管理者已知厂商的需求函数 ($P(x) \equiv -C'(x)$)(见 4.3 节),因此当局将以价格 p^* 出售许可证,这确保了排放处于最优的 l^* 水平,即:

$$p^* = P(l^*) = D'(l^*) \qquad (4\text{-}9)$$

但是,因为反需求函数 P 存在不确定性,所以管理者可通过拍卖机制揭示厂商真实的反需求函数。在拍卖中,污染厂商以反需求函数 $P(x)$ 购买全部许可证(对各排放水平 x 报价),管理者根据相应的价格 p 出售一定量的许可证 l。

拍卖揭示了机制的关键在于成交后立刻返还厂商一定的费用 $\alpha(l)pl$(厂商事先知道这一机制)。值得注意的是,返还政策的两个极端情景分别是祖父制 ($\alpha(l)=1$) 和传统的无返还拍卖机制 ($\alpha(l)=0$),但这两种机制都会导致次优结果。祖父制会促使厂商夸大自己的减排成本,然而在无返还拍卖机制中,厂商会低报自己的减排成本。

因为返还机制的结构(即返还款项视提供的许可证数量而定)是共有知识,厂商的成本最小化过程可表示为公式 4-9,试图将其履约成本最小化:

$$\min_l [C(l) + pl - \alpha(l)pl] \qquad (4\text{-}10)$$

由拍卖出清条件可得 $p = D'(l)$,因此厂商的一阶最优条件可表示为:

$$C'(l) + D'(l) + D''(l)l - \alpha'(l)D'(l)l - \alpha(l)(D''(l)l + D'(l)) = 0 \qquad (4\text{-}11)$$

管理者在了解厂商最小化过程后,通过对 $\alpha(l)$ 进行设定,可实现 $C'(l^*) + D'(l^*) = 0$。通过厂商的一阶最优条件可知,厂商在满足下面公式时达到最优水平:

$$\alpha'(l)D'(l)l + \alpha(l)(D''(l)l + D'(l)) = D''(l)l \qquad (4\text{-}12)$$

简化可得:

$$\alpha'(l) + \alpha(l)\left(\frac{(D''(l)l + D'(l))}{D'(l)l}\right) = \frac{D''(l)}{D'(l)} \tag{4-13}$$

解该偏微分方程，可得最优返还函数：

$$\alpha(l) = 1 - \frac{D(l)}{D'(l)l} \tag{4-14}$$

在经济学中，最优返还政策 α（l）确保了厂商在将私有成本最小化的过程中将社会成本内部化，这就分散地解决了管理当局的问题。因此，厂商的成本函数变为：

$$\min_i\left(C(l) + \left(\frac{D(l)}{D'(l)l}\right)pl\right)$$

由于 $p = D'$（l），上式可简化为：

$$\min_i(C(l) + D(l))$$

这正是环境当局最初设定的目标。图4-8展示了求解过程。

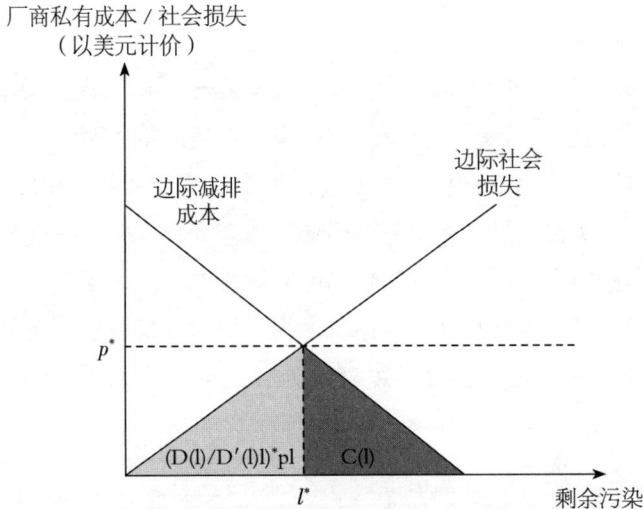

图4-8　特殊拍卖情景下的边际减排成本与边际社会损失

资料来源：作者自绘，基于Baumol 与 Oates（1988）。

4.5　整合适应和减缓战略

至此，本章介绍的经济学原理都是关于生产减排的，且考虑了厂商、政策制定者以及社会的利益。减缓措施的确在应对气候变化中至关重要，然而由于各方面利益容易产生分歧，减缓措施往往难以取得进展。本节我们将考虑如何最优地整合适应策略以及它的备选策略。

　　气候变化问题的一个重要方面是从一系列可选项中找出一个成功的策略。本节对这些应对气候变化的方案进行了简要的回顾，并突出了它们各自的优势与不足。是通过减少温室气体排放（减缓措施）来阻止气候变化带来的损失，还是接受气候变化不可逆的现实并采取相应的适应措施？是专注于采取其中的一种策略，还是将两种策略结合使用？如果结合使用的话，又该如何操作？此外，如果限制温室气体排放被证明是过于昂贵且政治上不可行，那么尝试设计控制气候的工具以打破温室气体排放与气温的关系（参阅下文地球工程方案专栏）是不是更好呢？

　　回答这些庞大而复杂的问题取决于几个关键因素。首先，需要对每种措施的优势和局限性有清晰的了解，并清楚它们之间的动态联系。其次，要能够对每种措施建模，并且建立的模型既能纵观整个系统（从经济到气候），又能对每个可行方案间的取舍和偏好进行评价。

　　让我们先从减缓措施和适应措施的基本定义入手。根据 IPCC 的定义，减缓措施表现为技术转变和技术替代，从而降低每单位产出的温室气体排放。减缓措施与传统的通过增加污染者的成本来限制排放（或提供额外的减排收益）的政策工具联系紧密（参阅 4.2 节与 4.3 节）。迄今为止，减缓措施是《京都议定书》的核心，也是众多气候谈判的主要议题。下面总结了一些支持减缓措施的观点（Bosello，2010）：

　　● 减缓措施传达了正确的道德信息，并且针对的是气候变化的根源问题，即温室气体排放。

　　● 与那些需要推广的适应性措施（如技术转换或研发）相比，政策制定者更熟悉那些用来减缓气候变化的经济手段。

　　● 适应性措施是近些年才发展起来的，这些措施往往缺乏有效的测试。在气候变化的后果未知的情况下，很难确保使用的适应性工具能够应对现实与最初的预测发生偏差的情况。

　　尽管情况紧急，但现阶段温室气体排放量仍在不断上升，尤其是控制排放仍不能达成国际共识。在这样的背景下，未来气候变化似乎在所难免，因此适应性措施在过去的几年中获得了政治势头。

国际机构和各国政府都已经意识到了适应性措施的相对优势（参阅第2章），并已经着手向适应性项目注资。例如，世界银行已经发起了一项5亿美元的气候变化应对和适应试点项目，并于2009年发起了一项新的研究，以评估发展中国家采取适应性措施的成本和适用性（Margulis and Narain，2009）。在《联合国气候变化框架公约》（UNFCC）下，一项新的适应性基金已经启动，资金来源于清洁发展机制（CDM）发行核证减排量（CERs）收入所得的2%。哥本哈根第15次会议（COP15，2009）决定建立哥本哈根绿色基金（CGCF），该基金的首笔预算计划在2010—2012年向减缓与适应性项目注资300亿美元。到2020年，哥本哈根绿色基金将最终达到1 000亿美元[①]。除这些专门的项目外，越来越多的适应性战略被融入传统发展项目和政府开发援助项目（ODA）（Klein等，2007a）。

寻找减缓与适应性措施之间的最优平衡，不仅需要深入了解各自的优势与不足，还要了解它们之间的相互作用。此外，还需要了解经济活动对环境的影响，以及环境通过反馈循环对经济的影响。为刻画环境与经济之间复杂的交互关系，许多学者建立了综合评价模型（IAM）。IAM的具体实例有 DICE（Nordhaus，1994，2007；de Bruin 等，2009），MERGE（Manne 等，1995；Manne and Richels，2005），RICE（Nordhaus and Yang，1996）和 TIAM（Loulou and Labriet，2008；Loulou，2008）。

在最近的研究中（Bosell等，2010；Bahn等，2012），通过使用IAM对环境建模显示，适应性策略和减缓性策略的最优组合依赖于单个策略的属性，还依赖于以下几个关键假设：

• 第一个关键假设是当前偏好（表现为贴现率）。如果贴现率较高，则气候变化在未来的损失相对较低，采用适应性策略是有利的，因为它们是短期见效的。当贴现率较低时，则人们更愿意选择减缓性措施。

• 对于大多数贴现率来说，应当同时使用适应性措施和减缓性措施；

---

① 哥本哈根协议，缔约方大会，2009 年 12 月，第 8 条和第 11 条（http://unfccc.int/resource/docs/2009/cop15/eng/l07.pdf）。

两者的互联性决定了它们的关系是互补的，而不是相互替代的。然而这取决于计算适应性成本的模型。如果认为适应性成本与排放和损害的水平无关（如Bruin等，2009），那么减缓性措施对适应性措施的效力几乎没有正的反馈效应。但是，当适应性成本与损害水平相关时，最优的策略应该是优先采取减缓性战略，随后采取适应性措施。

● 最后，Felgenhauer和Bruin（2009）发现，气候变化损失的不确定性将推迟减缓性措施和适应性措施的实施。如果气候循环是无法预料的非线性过程，那么推迟将会带来一定的危险。如果损害毫无征兆地来袭，尽管仍然存在很多不确定性，但减少等待的时间并迅速采取行动应是最优的解决方案。

4.5.1　减缓性措施与适应性措施的实物期权的方法

减缓性措施与适应性措施都存在优势与不足；考虑到两者的异同，它们可以成为彼此的替代和互补。因此，决定投资或支付减缓性措施与适应性措施之前，应考虑它们之间的内在联系以及与环境气候系统的反馈循环。

气候变化策略通常被定义为与气温升高有关的预期损失。这些损失预计会随着大气温度而升高，当气候战略的实施被推迟时，则实施的时机正是可能的损失逐渐上升之时。一些学者指出，如果气温在给定阈值（临界点）之上维持一定的时间，那将会带来灾难性的损失（Lenton等，2008）。因此在设计合理的气候战略时，应考虑气温的演化规律以及达到临界点可能带来的灾难性后果。

Chesney等（2015）采用实物期权的方法[①]设计了减缓性措施的最优投资策略。他们考虑了气温高于临界点停留一段时间可能带来的灾难性后果，并且计算了使未来的期望福利最大化所需的投入减缓性措施中的资金占世界GDP的比重（净适应支出）。同时，他们还计算了能够驱动进行减缓性措施投资的全球平均气温。他们发现当前的减缓性措施投资水平低于理论分析中的最优值。此外，该研究强调，依靠适应性策略难以控制气

[①]　实物期权方法解决了不确定条件下最优投资决策的问题。本书第6章将着重介绍该方法。

候损失，并且强烈建议使用减缓性措施。

不幸的是，由于不同国家的利益不同，以及短视观点占据上风，当前减缓性措施与适应性措施的进展非常有限。一种可行的应对气候变化的替代策略就是采用人工干预地球气候的方法，扭曲大气中二氧化碳浓度与气温的关系，有可能使我们继续一如既往地从事活动。下一节将重点介绍这一策略。

4.5.2　地球工程战略

鉴于减缓性措施和适应性措施进展的局限性，新的提议建议运用地球工程来解决气候变化问题（Keith，2000；P. Crutzen，2006；Brovkin 等，2009）。地球工程项目涉及主动调整地球气候，它包含两类主流的技术，即二氧化碳去除（CDR）和太阳辐射管理（SRM）。

CDR旨在去除大气中的温室气体排放，而SRM则直接作用于大气气温水平。下面内容介绍了这两类技术背后的主要问题。

1.二氧化碳去除

温室气体去除技术要么通过化学反应，要么通过捕获并将温室气体存放于地下，来试图去除排放到大气中的温室气体。其主要策略包括向海洋施铁肥（以此增加以二氧化碳为食的浮游植物的数量）、制造生物炭，以及针对污染严重的电厂和工厂使用碳捕获与封存技术（CCS）。

2.太阳辐射管理

海洋云白化技术试图制造能够反射太阳辐射的大表面云层，从而降低温室效应。例如，使用特种船只向海洋云层喷洒海水滴，以使云层反射更多的阳光。有着类似作用的其他方案包括利用浅色屋顶或天基反射镜来阻挡太阳辐射。

气溶胶注入技术采用的是向大气上层注入硫酸盐粒子的方法。这些粒子可以将太空中的部分太阳辐射反射回去。该技术的思路来源于火山爆发时向大气中释放的硫酸盐粒子可以在一段时间内降低大气的温度。例如，1991 年 Pinatubo 火山爆发向大气中释放了近一千万吨的硫，据估计，这使得第二年地球的温度降低了 0.5℃。

然而，CDR 技术目前被认为是非常昂贵的，而且还没有能够用于去除大规模温室气体的技术。由此看来，SRM 技术似乎看起来更具吸引力，因为它使用成本低廉并且可以应对剧烈的气候变化或极端情景。然而事实并非如此，SRM 也会带来诸多的问题。一些学者指出，SRM 可能会带来意料之外的结果以及有害的副作用（Victor，2008）。可能的副作用包括：削减极地的臭氧层、改变原有的生态系统，以及引起地表温度、辐射和水循环的区域性失衡。硫化物注入技术可能引起副作用的综述性研究请参阅 Barrett 等（2014）。

除此之外，SRM 只是人为地降低了气温水平。在温室气体浓度持续升高的情况下，气溶胶注入量应成比例增加，一旦中断，将使气温大幅回升至与温室气体浓度对应的水平。另外，SRM 不能抵消温室气体浓度提高带来的负面影响，如海洋酸化、陆生植物的二氧化碳富氧化，以及其他地球生物化学的改变。鉴于缺乏针对 SRM 对整个系统（包含自然和人类）的影响的评估，出现未知结果的可能性始终存在。SRM 的不确定性还存在于其预期效果是与火山喷发的效果对比得出的，但就平流层受到的人为作用而言，这种对比并不完美。最后，还应从社会和政治层面谨慎地看待地球工程。

鉴于这些警示，地球工程手段目前还没有明确的理论支撑。Bahn 等（2015）在研究中将 SRM 作为替代减缓性措施与适应性措施以应对气候变化的可选方案。他们的研究结果显示，在全球单主体视角下，最优的政策为减缓性措施、适应性措施和少量 SRM 的组合。是否使用 SRM 技术很大程度上取决于向大气注入硫化物的副作用的大小、时变性和持续性。这种观点加强了减缓性措施在平衡气候变化政策组合中的重要性。

本章介绍了应对气候变化的可选方案：减缓性措施、适应性措施，以及地球工程。本章尤其关注减缓性手段，如削减温室气体排放。我们看到了个体福利的最大化行为有时会引起降低整体福利的负外部性（如污染或气候变化）。本章介绍了多种应对生产外部性的手段，且分析了征税、补贴和可交易排放许可证手段的优缺点。在下一章中，我们仍在宏观视角下继续对解决经济行为负外部性的可选方案进行研究，并注重经济活动和环境福利之间的动态关系。

第5章

经济增长与环境

"经济系统是自然环境的子系统，一方面它依赖自然环境提供的资源作为生产过程的原材料；另一方面，它也将自然环境当做产出废物的大容器。"

Herman E. Daly

面对愈演愈烈的气候变化问题，我们必须重视如何组织更为理性的经济行为，以避免全球平均气温的进一步上升而带来的环境恶化。在第4章中，我们分析了如何将生产过程中的消极外部性内部化，并探讨了依托征税和碳排放权交易机制等政策手段的潜在收益和缺陷。最后，我们还进一步分析了非传统政策工具应对气候变化问题的效果，如适应性措施和地球工程等策略。实际上，由于不同政策选项的出现，使得许多关于政策组合方面的重要问题需要进一步研究，现阶段选择某单一政策工具来应对气候问题已经变得越来越难。然而，除了采取一些有效应对气候变化的尝试外，这一环境问题也给了我们从根本上质疑整个社会经济系统的契机，以便我们更好地处理和解决这个问题。对于一个不断演变的系统来说，气候危机是否是无法避免的结果？而对于我们来说，是否应当找到最好的办法来解救这个危机？又或者说，在环境和经济系统中是否存在某些我们应当避免的重要环节？本章将重点阐述经济增长与环境之间的联系。

经济增长指的是，在一段时间内经济系统产生的商品和服务的价值的上升，并通常通过实际国内生产总值的增长率来衡量。考虑到地区的人口规模，一般将人均国内生产总值作为度量地区平均福利水平的重要指标。从历史角度来看，积极的经济增长水平往往意味着人民健康水平的提升（通常表现为较低的儿童死亡率和较高的平均寿命）、更好的生活水平，以及较高的教育水平，如更高的入学率（Aghion and Howitt，2009）。出于这些原因，多数政府都积极地将如何提高经济增长水平纳入它们的工作议程。

英国经济学家 Angus Maddison（1926—2010 年）一直致力于关于世界经济发展的研究。正因为他长期努力收集许多国家的 GDP 数据，才使得我们现在能够对全世界经济产出的长期演变具有比较清晰的认知，如图 5-1 所示。从世界经济发展的历史来看，在过去的两百年里，全球经济发生了巨大的变化。虽然我们经历了人类史上最长的较低而且总体较为平均的财富水平阶段，但是仅仅在工业革命之后的一小段时期里（大约是 1760—1840 年），我们就见证了前所未有的社会福利增长。

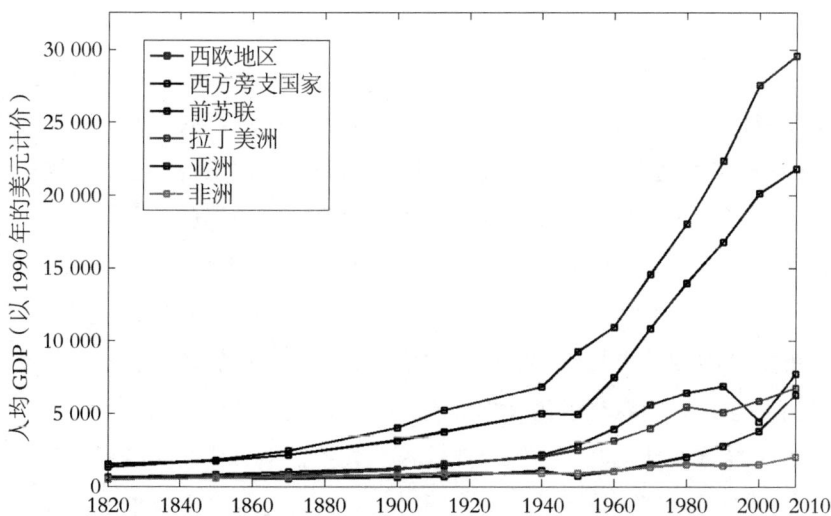

图 5-1　经济发展历史

资料来源：Bolt J and J.L. van Zanden，2013。

工业革命带来的经济发展最初开始于英格兰，随后蔓延到欧洲大陆和其他西方地区（如美国、加拿大，以及澳大利亚）。在这些地区，劳动阶层的生活水平开始持续增长，并且人类的寿命和人口数量也进一步延长和扩大。然而，这种财富和生活水平的增长并没有在全球范围内得到普及，一些地区的经济发展速度仍处于较低的水平（如非洲和东南亚地区）。在过去的60年里（第二次世界大战结束后），全球各地区人均产出数据的差异明显扩大，这段时期一般被称为"大分化"时期。尽管欧洲和其他西方地区的人们的年均收入可达30 000美元左右，但发展中国家却仍十分落后，这一指标大概是前者的25%。进一步来说，全球层面的经济发展并不能使所有国家和地区在同一水平下获益，而是存在巨大的不公平性。因此，经济增长反映的并非一定是全体福利的增长。

基于全球人口数量平稳的假设（Sachs，2015），如果发展中国家的生活水平达到发达国家的生活水平，全球总产出则需要提高四倍之多。考虑到发达国家具有进一步发展经济的意愿以及全球人口数量持续增加的基本现状，全球产出预计将不止增长4倍。然而，如果按照一如既往的做法发展经济，我们的生存环境将无法承受这种等级的经济发展所带来的冲击。

到目前为止，我们遵循的经济行为和发展模式将会对我们生存的地球造成巨大的消极影响，尤其是在环境方面。不可持续的经济行为将会引发两类主要的问题。第一，依赖自然资源供给的生产过程会导致资源的枯竭（如淡水资源的过量使用和生物多样性的损失）。长期来看，这一问题将会引发十分严重的后果，主要体现在自然资源存量的枯竭和生产过程面临极大的挑战。第二，经济行为将会导致环境的恶化（如氮磷化物过量排放、臭氧层的耗竭，以及大气层中温室气体的累积等）。在气候变化背景下，资源的短缺将成为更加严重的问题。水资源短缺、疾病传染、强行移民导致的劳动力缺乏、森林退化等均已成为生产企业所需要面临的问题。

由于经济和环境系统之间存在较强的联系，不可持续的经济行为将会使自然生态系统遭受极大的损失，同时也会对自身经济系统带来不利的反馈。现阶段，我们的生产模式已经十分接近许多地球可以承受的边界（如气候变化、生物多样性损失、海洋酸化，以及臭氧层耗竭等），这种依赖化石燃料密集生产的模式和不可持续的农业生产模式不再是安全的选择。因此，我们面临的是对于地球资源使用方式的根本性改革。

为了达到一种可持续发展的模式，政府实施相关政策时需要考虑三类方针（Sachs，2015）。第一，经济发展需要考虑地球可以承受的边界：气候变化、海洋酸化、臭氧层耗竭、氮磷化物过量排放、淡水资源的过量使用，以及生物多样性损失（Rockstroem 等，2009）。第二，经济增长需要具备社会包容性。也就是说，经济增长需要考虑不同性别、种族以及阶层的公平性。第三，在世界范围内消除贫困应当成为一个全球目标。

我们的观点是，只有考虑到全球每一个地区和国家的历史、社会，以及环境背景，有关赞成或者反对经济增长的研究才能真正具有参考价值。在本章中，我们利用几类经济模型来研究最优生产、配置和消费的决策。基于短期和长期的时间尺度，我们研究并分析了经济增长的不同范式，以便更加清晰地量化经济发展产生的成本和收益。在运用这些经济模型之前，我们首先简要地介绍一下经济增长理论的基本原理。

5.1　增长经济学简介

增长经济学规范了地区和国家的消费、生产和分配决策之间的关系，并用于评估地区和国家在一段时间内可发展的经济生产容量。通常来说，一个增长模型会刻画两类过程：

（1）连接最终商品的当期流量（Y）和生产投入量（y 为自然资源、劳动力、物理资本和中间投入）的生产方程：

$$Y = Ay^{\alpha} \tag{5-1}$$

其中：A 为生产力参数；y 表示生产过程的投入量（如物质或人力资本存量以及中间投入）；α 为产出弹性（$\alpha \in [0,1]$，假设该参数为常数或满足规模递减趋势）。

（2）增长模型中另一个重要过程表示如下：

$$\dot{A} = \frac{\partial A}{\partial t} \tag{5-2}$$

$$\dot{y} = \frac{\partial y}{\partial t} \tag{5-3}$$

研究学者通常利用增长模型研究经济体生产能力的发展趋势，因此他们通常会分析经济产出增长率（g）：

$$g = \frac{\dot{Y}}{Y} \tag{5-4}$$

增长模型通常被用于对经济增速和减少贫困、不公平性、竞争力、教育、民主等关系的预测分析。

经济学研究历史上存在四类主要的增长范式：新古典经济增长模型、AK 模型、产品类别模型和熊彼特模型（Aghion and Howitt，2009）。四类增长范式的主要区别在于它们的经济增长驱动力，以及它们的增长过程是内生还是外生的。

● 新古典经济增长模型：该模型的首创者 Solow（1956）和 Swan（1956）假设生产过程由资本生产率（A）、资本存量（K）和劳动力（L）的生产函数来刻画。考虑常数生产率水平（$\dot{A}=0$）和平稳的人口规模（$\dot{L}=0$）这一情形，新古典模型预言：经济增长依赖于资本的积累，而资本的积累则来自人口储蓄并将储蓄投资于资本的能力。但是，经济增长率并不能在长时期内一直保持正的数值：在技术水平稳定的情况下，经济发展满足规模递减的特性（$\alpha < 1$）。

为了克服这一缺陷，后面的几类范式通过不同的途径来纳入内生经济增长过程。

● AK 模型：在 AK 模型中，生产过程由累积劳动力、物质资本（K）和生产率常系数（$\dot{A}=0$）的方程刻画。与新古典模型相同的是，最终商品产出分配为消费和储蓄。为确保资本存量的增长，储蓄用于下一期的资本投资。技术进步则由知识积累替代，并假设随着物质资本的累积，将会引发干中学效应，实现的产出位于规模收益不变的水平（$\alpha = 1$）。因此，通过储蓄来累积资本存量可以保证持续的、长期的、正的经济增长率。

● 产品类别模型：产品类别增长范式是一种基于创新模式的增长模型（Romer，1990），其中经济增长依靠生产率参数的增长（$\dot{A} > 0$）。生产率增长（技术创新）带来专业化中间产品上的新品种（数量改进）。这些中间产品由进行大量研发投资的垄断者生产并带来利润，而这种利润也刺激着技术创新活动。

● 熊彼特模型：熊彼特模式（Aghion and Howitt，1992，1998）强调技术创新导致的生产过程中中间产品的质量改进（不同于产品类别模型中的数量改进）对于经济增长的贡献。这里，技术创新驱动旧产品被市场淘汰，新产品和最先进的技术产品不断推陈出新。在这些模型中，不同的生产商在中间商品市场里相互竞争，能够生产并出售具备最高质量产品的生产商将获得垄断地位，直到另一个更重要的技术创新将其逐出市场。因此，该类模型通过竞争力的提升来驱动经济增长。

这些经典的经济增长理论主要被用于研究经济增长的驱动力，并分析制定何种政策可以有效地促进经济增长。但是，无论是作为经济生产的关键投入（如可耗尽和可再生的资源），还是作为一个消极因素（如污染物的排放），它们都忽视了环境在经济运行系统中所扮演的重要角色。现在，全世界都越来越意识到我们对环境福利的依赖性，新的经济增长理论试图将环境模块纳入生产决策的范畴中，并进一步考虑经济增长所带来的外部性。

接下来，我们详细介绍几类经济增长模型（类似于 Aghion and Howitt（2009）的研究工作），其中包括如何刻画考虑环境因素的生产决策，并研究其对经济发展的影响。同时，我们还尝试研究（清洁）技术进步和技术创新对于经济增长的促进作用。最后，我们分析如何实施有效的政策以便更好地激励使用清洁技术。

5.1.1　使用不可再生资源进行经济生产

自然资源是经济生产的重要组成部分。这里，我们将资源分为两类：（1）可耗尽的资源（有限的、不可再生的），如化石能源、矿石和金属矿物等；（2）可再生的资源，指的是那些可以通过生物过程经过一段时间重新补充的资源，如木材、渔业资源及可再生能源等。

本节中，我们将介绍一种简单的 AK 模型，在生产过程中融入可耗尽资源。让我们假设生产过程由全局 Cobb-Douglas 生产函数刻画，并且用于生产无差别最终商品（Y）的两类生产要素分别为资本和可耗尽的自然资源：

$$Y = AKR^{\phi} \tag{5-5}$$

其中： A 为常生产率参数； K 为累积的资本存量； R 为可耗尽的自然资源的常流量； $\phi > 0$ 表示可耗尽资源的常产出弹性。可耗尽资源的存量（ S ）为有限的，并且资源（ R ）的每次使用将会减少现有的资源存量，如下式：

$$\dot{S} = \frac{dS(t)}{dt} = -R \tag{5-6}$$

其中： $\dot{S}$ 为每期该自然资源存量的变化量。

在该经济系统中，最终产出中的固定份额（ s ）用于新的资本投资（ $I = sY$ ），而剩下的部分则用于消费（ $C = (1-s)Y$ ）：

$$Y = I + C \tag{5-7}$$

每期的资本存量（ K ）由当期的新增投资累积（ I ），但同时会由于自然损失的作用而消耗一部分，其中自然损失率满足 $\delta > 0$ ，如下式：

$$\dot{K} = I - \delta K = sY - \delta K \tag{5-8}$$

经济增长率（g）由下式刻画：

$$g = \frac{\dot{Y}}{Y} = \frac{\dot{A}}{A} + \frac{\dot{K}}{K} + \phi \frac{\dot{R}}{R} = \frac{\dot{K}}{K} = \frac{sAKR^{\phi} - \delta K}{K} = sAR^{\phi} - \delta \tag{5-9}$$

不难得出，只要可耗尽的资源存量没有被耗尽（ $S > 0$ ），那么经济增长率将一直为正数（ $g > 0$ ）。假设每期的可耗尽资源使用量为常数，并均为正的（ $R > 0$ ， $\dot{R} = 0$ ），则最终会导致资源存量在某一个确定的时期消耗殆尽（ $S = 0$ ）。从那一时期开始，可耗尽的资源则不再为经济生产提供原材料。我们以煤炭发电厂为例，如果所有的煤炭资源全部被耗尽，则该种形式的发电过程将不能继续使用。然而，如果停止生产的话，则会导致资本存量（ K ）的进一步消耗：

$$\dot{K} = -\delta K \quad \text{和} \quad \lim_{t \to \infty} K(t) = 0 \tag{5-10}$$

此类人们不希望看到的情况激发了许多研究学者的关注，包括罗马俱乐部成员在1972年发表的限制增长理论，他们提出将零增长作为长期目标的一种经济模式。对应我们的例子，资源开采率需要满足以下等式：

$$g = sAR^{\phi} - \delta = 0 \quad \Rightarrow \quad R = \sqrt[\phi]{\frac{\delta}{sA}} \tag{5-11}$$

进而，资源开采率需要与资本折旧率（ δ ）相一致，储蓄率（ s ）和生产率水平（ A ）越高，则资源开采率越低。但是，即使在零增长的目标假设下，可耗尽资源使用量如果为正，仍然会导致其存量下降，虽然下降的速度较为缓慢。为了避免这种结果的发生，我们需要假设在整个阶段内，可耗尽的自然资源均保持正的存量。为了满足这一目标，我们可以假设资源开采率满足单调递减的特性，如 $\dot{R} = -qR$ 且 $q > 0$ 。

5.1.2　使用可再生资源进行经济生产

本节中，我们假设经济生产依托于可再生的资源投入（如水资源、木材等），它们可以由自身再造能力累积存量（ S ）。资源存量的规模虽然会由于资源常开采率（ R ）的作用而下降，但也会由于资源可再生率（ r ）的作用而上升：

$$\dot{S} = -R + rS \tag{5-12}$$

我们假设 r 为常数，并满足 $r \in [0，1]$ 。不难发现，只要资源开采率低于或等于资源可再生率，即 $R \leq rS$ ，则资源存量将不会被消耗殆尽，即 $\lim_{t \to \infty} S(t) > 0$ 。我们假设 $\bar{R}(\leq rS)$ 为最优的资源开采率，则经济增长率（g）一直为正，且满足下式：

$$g = sA\bar{R}^{\phi} - \delta > 0 \tag{5-13}$$

因此，对于可再生的资源，只要能够合理地选择可持续的开采率（ $\bar{R} \leq rS$ ），则可以在较长时期保持正的经济增速。

为了更好地应对和解决资源消耗的问题，其他可能的解决途径都依赖于资源替代和技术进步。在下节内容中，我们将具体介绍资源替代的潜力及其本身的局限性。

5.1.3　环境和技术创新

上述经济增长模型的研究通常会假设生产率系数（A）在整个模拟阶段为常数。基于这个假设，储蓄率决定了经济中的资本积累，而资本积累将驱动经济增长。我们能够储蓄并用于资本累积的量越多，经济增长越多。但是，快速的经济增长需要消耗大量的自然资源，而这种资源消耗最终会导致资源存量的消耗殆尽，同时也会使得经济停滞。

替代方式是应对和解决资源耗竭问题的重要手段，也就是说，经济生产的动力需要适当地利用其他形式的足量资本（如人力资本）来替代自然资本。这样一来，经济增长能够通过生产率的提高来弥补自然资源存量下降所带来的消极影响。

因此，我们假设不同时期的生产率由于内生技术进步而变化，也就是说，通过相应的研究和开发（R&D）努力可以促进创新（也就是较高的 A ）。为了维持内生技术进步，部分人力资本将投入研发领域。剩余的劳动力则继续用于最终商品的生产。基于非就业人员为零的极端假设，我们假设 M 为人口总数，并将其归一化（ $M=1$ ）。接下来，劳动力将会被分为制造人员（ L ）和研发人员（ n ）两类：

$$L + n = M \tag{5-14}$$

我们建立 Cobb-Douglas 生产函数。其中，最终产品（ Y ）的生产需要投入中间产品[①]（ x ）和消耗可耗尽资源（ R ）。

$$Y = L^{1-\alpha} A^{1-\alpha} x^{\alpha} R^{\phi} \tag{5-15}$$

其中： Y 为最终产出； L 为经济生产的劳动力流量， A 为生产率系数； x 为中间产品投入的数量； α 为中间产品的产出弹性； R 为当期可耗尽资源的消耗流量； ϕ 为可耗尽资源的产出弹性。

接下来，我们希望能够计算经济增长率，并研究短期和长期影响效果。为此，我们先详细介绍生产方程中关于主要投入的假设，进而确定它们随时间的动态变化。

可耗尽的资源

对于不可再生的资源，它的存量（ S ）会由于每期用于经济生产的资源消耗而减少：

$$\dot{S} = -R \tag{5-16}$$

在 5.1.1 节中，我们已经可以知道当不可再生资源的开采率为正常数时（ $R>0$ ， $\dot{R}=0$ ），长期来看，无法保证经济一直维持正增长。为了避免这一情况的发生，我们假设政府要求资源开采需要以 $q>0$ 的速率单调递减，如下式：

$$\dot{R} = -qR \quad \Rightarrow \quad \frac{\dot{R}}{R} = -q \tag{5-17}$$

---

① 不同于先前模型的产出仅仅由一个关于累积资本的方程刻画，我们这里还考虑了中间产品投入。例如，某一家发电企业的电力总产量可以表示为发电场址（物质资本建设）或者用于发电的原材料（如煤、石油和天然气）的投入的方程。考虑了中间产品投入的生产方程可以让建模者模拟中间产品部门的决策，并利于研究竞争力和创新成果等相关问题。

基于这些假设条件，我们可以确保可耗尽的资源存量（S）在整个时期均为正的。

中间产品的生产率

我们假设生产率参数（A）由于技术创新的来临而随时间增长。因此，生产率（A）的正增长率可以表示如下：

$$g_A = \frac{\dot{A}}{A} > 0 \tag{5-18}$$

在我们模拟的经济体系中，部分的可用劳动力（n）被研究和开发部门雇用。尽管所有研发部门的劳动力都在努力通过科研活动来提高技术水平，但我们假设仅有部分劳动力（λ）的研发行为可以形成每期的有效创新。其中，我们假设 n^e 表示可以形成有效创新的研发人数：

$$n^e = \lambda n \tag{5-19}$$

事实上，n^e 可以表示为形成创新和生产率提高的概率。我们用 $\gamma > 1$ 来表示创新的规模。如果实际形成某种创新，则 $A_t = \gamma A_{t-1}$，且概率为 λn；如果没有形成实际的创新，则 $A_t = A_{t-1}$，且概率为（$1 - \lambda n$）。考虑创新形成的概率，生产率增长率的期望则可表示如下：

$$\frac{\dot{A}}{A} = \frac{\mathbf{E}[A_t] - A_{t-1}}{A_{t-1}} = \frac{[\lambda n \cdot \gamma A_{t-1} + (1 - \lambda n)A_{t-1}] - A_{t-1}}{A_{t-1}} \tag{5-20}$$

因此，我们可以得到：

$$g_A = \frac{\dot{A}}{A} = (\gamma - 1)\lambda n \tag{5-21}$$

最终商品市场中的生产、消费和配置决策

在每一期，经济系统的最终产出（Y）将被分配，进而可以支付生产投入所需的成本，剩余部分用于消费（C），如下式：

$$C = Y - w_L \cdot L - w_n \cdot n - p \cdot x - u \cdot R \tag{5-22}$$

其中：w_L 和 w_n 为用于支付劳动力 L 和 n 的工资水平；p 为中间投入产品的价格；u 为可耗尽资源开采的单位成本。

针对一般情况，我们假设 $u = 0$。假设在完全竞争的最终商品市场里，我们需要合理地选择投入要素的数量，以便最大化消费总量：

$$\max_{L,n,x,R} C = \max_{L,n,x,R}[Y - w_L \cdot L - w_n \cdot n - p \cdot x - u \cdot R] \tag{5-23}$$

$$\text{s.t.} \begin{cases} L + n = M = 1 \\ \dfrac{\dot{R}}{R} = -q \\ g_A = (\gamma - 1)\lambda n \end{cases}$$

为了最大化消费总量，需要选择最优的中间产品投入量（x）。因此，我们可以计算一阶条件，如下式：

$$\frac{\partial C}{\partial x} = 0 \quad \Rightarrow \quad \frac{\partial Y}{\partial x} - p = 0 \quad \Rightarrow \quad p = \frac{\partial Y}{\partial x} = \alpha L^{1-\alpha} A^{1-\alpha} x^{\alpha-1} R^{\phi} \tag{5-24}$$

由此可知，当满足中间产品价格等于边际产出时，此时的中间产品投入量为最优。方程5-24中最后的等式表示中间产品投入的反需求函数。

中间产品市场

在中间产品市场中，假设存在不同的生产商相互竞争；具备最高产品质量提升能力的生产商将会拥有垄断地位，直到下一个更显著的创新产生，之前具有垄断地位的生产商才会逐渐被市场淘汰。换言之，技术创新会使旧产品逐渐被市场淘汰，技术水平更高的新产品会替代之前的产品。

在考虑产品需求的情况下，现阶段的垄断生产商可以选择价格和产量组合（x，p）来最大化自身利润（Π^i）：

$$\max_{x,p} \Pi^i = \max_{x,p}[p \cdot x - x] = \max_x[p(x) \cdot x - x] = \max_x[\alpha L^{1-\alpha} A^{1-\alpha} x^{\alpha-1} R^{\phi} \cdot x - x] \tag{5-25}$$

根据以上分析，我们将生产成本归一化为1。一阶条件可表示如下：

$$\frac{\partial \Pi^i}{\partial x} = 0 \quad \Rightarrow \quad \alpha^2 L^{1-\alpha} A^{1-\alpha} x^{\alpha-1} R^{\phi} - 1 = 0 \tag{5-26}$$

由此，我们可以得到最优的中间产品投入量，如下式：

$$x^* = \sqrt[\alpha-1]{\frac{1}{\alpha^2 L^{1-\alpha} A^{1-\alpha} R^{\phi}}} = \alpha^{\frac{2}{1-\alpha}} A L R^{\frac{\phi}{1-\alpha}} \tag{5-27}$$

经济增长率

不难发现，将最优中间产品投入带入最终产出方程可以得到：

$$Y = \alpha^{\frac{2\alpha}{1-\alpha}} A L R^{\frac{\phi}{1-\alpha}} \tag{5-28}$$

上式中不再含有中间产品投入量（x）。除了常数 α 和 L，产出的每期变量（$\dot{Y}$）仅由中间产品投入的生产率（A）和可耗尽资源的开采量（R）决定。

$$\dot{Y} = \frac{dY}{dt} = \frac{\partial Y}{\partial A} \cdot \frac{dA}{dt} + \frac{\partial Y}{\partial R} \cdot \frac{dR}{dt}$$

$$= \alpha^{\frac{2\alpha}{1-\alpha}} LR^{\frac{\phi}{1-\alpha}} \frac{dA}{dt} + \alpha^{\frac{2\alpha}{1-\alpha}} LA \frac{\phi}{1-\alpha} R^{(\frac{\phi}{1-\alpha}-1)} \frac{dR}{dt}$$

$$= \alpha^{\frac{2\alpha}{1-\alpha}} LR^{\frac{\phi}{1-\alpha}} \dot{A} + \alpha^{\frac{2\alpha}{1-\alpha}} LA \frac{\phi}{1-\alpha} R^{(\frac{\phi}{1-\alpha}-1)} \dot{R} \qquad (5\text{-}29)$$

进而可以得到产出增长率，如下式：

$$g = \frac{\dot{Y}}{Y} = \frac{\alpha^{\frac{2\alpha}{1-\alpha}} LR^{\frac{\phi}{1-\alpha}} \dot{A} + \alpha^{\frac{2\alpha}{1-\alpha}} LA \frac{\phi}{1-\alpha} R^{(\frac{\phi}{1-\alpha}-1)} \dot{R}}{\alpha^{\frac{2\alpha}{1-\alpha}} ALR^{\frac{\phi}{1-\alpha}}}$$

$$= \frac{\dot{A}}{A} + \frac{\phi}{1-\alpha} \frac{\dot{R}}{R}$$

$$= (\gamma - 1)\lambda n - \frac{\phi q}{1-\alpha} \qquad (5\text{-}30)$$

由方程 5-30 可以发现，经济增长与致力于研发的人员比例（ n ）成正比。但是，我们在使用这一关系预测某些现象时必须十分谨慎，比如预测在其他条件固定的情况下，相比于小国，为维持相同的经济增速，大国需要更多致力于研发的人员（绝对值）。但这一现象在实际经验中并不成立（Jones, 1995a, b）。

当经济增长率为正时，我们可以得到：

$$g > 0 \quad \Leftrightarrow \quad g_A > \frac{\phi q}{1-\alpha} \quad \Leftrightarrow \quad g_A > q^* \qquad (5\text{-}31)$$

其中： $q^* = \frac{\phi q}{1-\alpha}$ 表示自然资源开采根据产出弹性调整的变化率。

只要研发生产率（ λ ）足够高，且具有一定的科技创新水平（ γ ），同时政府规定的自然资源开采率（ q ）较低，则经济增速可以保持为正的水平。由方程（5.31）可以发现，只要生产率的增速高于我们设定的不可再生资源开采量（ q^* ）的下降率，则经济将持续扩张。换言之，技术创新能够替代不可再生资源的投入。

在经济生产中，不管生产中投入何种产品（自然资源或人工制造的投入）都要确保长期正向的经济增长，叫做弱可持续性。这里，我们需要注意两个方面：第一，研发和技术创新以较快的速度增长这一假设太过于强。该假设意味着技术研发可以持续提升技术水平，而在现实中这几乎是不可能的。更普遍的情况是，在技术停滞时期后会出现大量新的发现和创造，而技术创新就是这一时期的产物。因此，何时开始下一次的科技创新革命存在着极大的不确定性，并且生产率的提高可能会在很长时期内无法弥补自然资源消耗。第二，让人造产品严格替换（或者最终消除）对自然资源的使用实际上存在非常重要的伦理问题。即使我们可以完全适应没有自然资源投入的社会生活（如完全适应人工食品和用于捕获碳的人工森林等），但我们的后代在未来也应与我们一样具备享受生态系统和环境的权利。这也就是支持强可持续性的重要依据。

可持续性：部分定义

● 弱可持续性：实现弱可持续性并不对传递给未来世代的资本存量（人造的、自然的和人类的）强加某种形式的限制。只要未来的后代可以获得与我们现阶段相同的生产能力，则此种可持续性发展就可以被接受，尽管这种形式的可持续发展会不断消耗自然资源（Gowdy，1999）。

● 强可持续性：强可持续性不仅需要考虑维持累积资本存量不变，而且还需要保证自然资本存量（生态资产）不随时间的推移而下降（Pearce 等，1994）。这主要是因为自然资本和生态资产之间存在很强的关系，并且它们是无法被替代的，而且对人类的生存条件和社会福利的提升具有非常重要的作用。这类资产通常被称为"重要自然资本"。"重要自然资本"包括：生物多样性、臭氧层、碳循环系统等（Pearce 等，1994）。也就是说，如全球变暖、臭氧层耗竭和土地退化等环境问题将会导致"重要自然资本"的损失。

● 布伦特兰委员会关于可持续发展的定义：世界环境和发展委员会（1987）将可持续性定义为一种"既满足现代人的需求，又不损害后代人满足需求的能力"的发展路径。换句话说，可持续发展指的是人民的社会福利至少保持持续上升的态势。

● 环境可持续性：环境可持续性指的是"一种维持或改善地球生命系统完整性的过程"。这是保证当前和未来世代福利的必要条件。

● 经济可持续性：经济可持续性指的是，为了生产一系列非下降的收益，维持生产资本或资本存量。在这种情况下，通过投资产生非下降的或不变的收益，或者消费不随时间的推移而改变。

● 社会可持续性：社会可持续性主要关注对于社会和文化多样性的保存情况。公平、性别歧视和民主等问题均属于社会可持续性的考量范围。

5.1.4 经济生产与碳预算

与传统经济增长理论不同，新经济增长理论试图考虑并分析经济活动对环境的影响。之前的两类模型集中研究了经济行为对自然资源消耗产生的影响。然而，经济活动通常也会导致环境的恶化，比如大气层中温室气体的累积及其导致的气候变化。

自工业革命以来，随着大量新发明的出现，大规模生产和温室气体的大量排放接踵而至。人类活动所排放的一种重要的温室气体就是二氧化碳（CO_2）。作为生物化合物的重要组成成分，碳在大气层中以多种形式存在，并且对生存在地球上的生命来说至关重要（Falkowski等，2000）。但同时，CO_2也是引发温室效应的主要原因，人为造成的大气中积累的CO_2含量已经严重影响了气候模式，并间接影响了海洋化学系统。目前大气层中CO_2水平已经超过过去42万年的估计水平（Crowley，2000）。气候变化的结果现在已经开始在全球各地被感受到，全球平均气温上升幅度在不久的未来将达到或者超过2℃这一危险水平，现在看来已几乎十分确定了。

如果想要改变这种趋势的进一步恶化，我们就必须使经济活动减少对环境造成负面影响。换一句话说，人类需要找到一种低排放的生产模式。这就意味着对我们现阶段的经济体系进行全面的升级改造，并进一步推进清洁能源替代传统碳强度较高的化石能源。

本节中，我们介绍一种考虑了生产过程中排放的温室气体的经济增长模型。碳预算的概念就是通过最大化地捕捉大气中现存的温室气体，以使地球气候系统不产生剧烈的变化，并使未来的生存条件仍保持与现阶段类似的水平。无论如何，碳预算是一个人造的概念，亦即能够引发不可逆危害的温室气体精确累积量具有极大的不确定性。为了维持一个健康、安全的生存环境，许多气候学家对温室气体的剩余可排放量进行模拟和估计，我们将这种估计水平称为碳预算。此类估计是国际气候协商的核心内容，为了满足碳预算的目标以及升温不超过2℃的上限，各国或多或少都提出了自身的减排目标。根据现有的估计水平，截至目前，人类已经使用了大概三分之二的碳预算水平。在之后的模型介绍中，我们研究了实施生产、消费和分配决策时温室气体排放的限制水平。

我们假设最终产品通过运用两类技术来生产：污染技术和清洁技术。当最终产品的生产基于污染技术时，会导致温室气体的排放和可用碳预算的消耗，反之，基于清洁技术的生产过程则不会产生上述结果。

基于此，我们在污染技术和清洁技术之间做出最优选择，并研究该种决策对于环境的长期影响。接下来，我们进一步验证对污染技术征税是否会抑制对该种技术的使用。

最终商品的生产

基于生产技术的不同，最终商品可以分为污染技术产品和清洁技术产品。只要没有完全达到碳预算上限，则产出均为正值，如下式：

$$Y = \begin{cases} Y_d + Y_c & \text{如果 } S > 0 \\ 0 & \text{其他情况} \end{cases} \qquad (5-32)$$

其中：S 表示现有可使用的碳预算水平。

我们假设当大气层中温室气体的存量达到某一确定的上限（危险的临界值）时，经济生产将无法进行，比如完全达到碳预算 S 的上限。

与之前的模型类似，我们通过建立 Cobb-Douglas 生产函数来刻画生产投入和最终产品之间的关系：

$$Y_d = L_d^{1-\alpha} A_d^{1-\alpha} x_d^{\alpha} \qquad (5-33)$$

$$Y_c = L_c^{1-\alpha} A_c^{1-\alpha} x_c^{\alpha} \qquad (5-34)$$

其中：L_d 和 L_c 分别为使用污染技术和使用清洁技术进行生产的同质劳动力数量，且满足 $L = L_d + L_c$，L 为可用劳动力的总量。此外，我们排除存在非就业人员的影响。x_d 和 x_c 分别表示特定生产部门的中间投入量。A_d 和 A_c 则分别表示相对应的生产率参数。α 表示中间投入的产出弹性。

碳预算的演变类似于可再生资源存量的演变方式，由于大气层中温室气体会被自然部分吸收，因此存在自然增长率 $r > 0$，使得碳预算上升。

其中，r 可以被解释为碳预算的自然再生率。但是，通过污染技术进行经济生产时会产生温室气体，进而使得可用的碳预算减少：

$$S_{t+1} - S_t = -\phi Y_{dt} + rS_t \tag{5-35}$$

其中：$\phi > 0$ 表示由污染技术产生的排放所导致的碳预算下降的比率。

消费总量

选择适量的投入要素量来进行经济生产，以使消费总量（C）最大化：

$$\max_{L_d,L_c,x_d,x_c} C = \max_{L_d,L_c,x_d,x_c} [(Y_d + Y_c) - w \cdot L_d - w \cdot L_c - p_d \cdot x_d - p_c \cdot x_c] \tag{5-36}$$

其中：w 为支付同质劳动力的工资水平[①]；p_d 和 p_c 分别表示污染技术和清洁技术中间投入产品的价格。可以得到关于中间投入产品的一阶条件，如下式：

$$\frac{\partial C}{\partial x_d} = 0 \quad \Rightarrow \quad \frac{\partial Y_d}{\partial x_d} - p_d = 0 \quad \Rightarrow \quad p_d = \frac{\partial Y_d}{\partial x_d} = \alpha L_d^{1-\alpha} A_d^{1-\alpha} x_d^{\alpha-1} \tag{5-37}$$

$$\frac{\partial C}{\partial x_c} = 0 \quad \Rightarrow \quad \frac{\partial Y_c}{\partial x_c} - p_c = 0 \quad \Rightarrow \quad p_c = \frac{\partial Y_c}{\partial x_c} = \alpha L_c^{1-\alpha} A_c^{1-\alpha} x_c^{\alpha-1} \tag{5-38}$$

中间产品市场的利润最大化

对于每个中间产品市场，基于需求方程的设定，中间产品的投入量和价格（(x_d, p_d) 和 (x_c, p_c)）被分别选择，以使厂商利润（$\Pi_d^i, \mathrm{resp.} \Pi_c^i$）最大化：

$$\max_{x_c,p_d} \Pi_d^i = \max_{x_d,p_d} [p_d \cdot x_d - x_d] = \max_{x_d} [p(x_d) \cdot x_d - x_d]$$
$$= \max_{x_d} [\alpha L_d^{1-\alpha} A_d^{1-\alpha} x_d^{\alpha} - x_d] \tag{5-39}$$

$$\max_{x_c,p_c} \Pi_c^i = \max_{x_c,p_c} [p_c \cdot x_c - x_c] = \max_{x_c} [p(x_c) \cdot x_c - x_c]$$
$$= \max_{x_c} [\alpha L_c^{1-\alpha} A_c^{1-\alpha} x_c^{\alpha} - x_c] \tag{5-40}$$

此外，我们假设生产成本被归一化为1。由此，我们可以得到一阶条件，如下式：

$$\frac{\partial \Pi_d^i}{\partial x_d} = 0 \quad \Rightarrow \quad \alpha^2 L_d^{1-\alpha} A_d^{1-\alpha} x_d^{\alpha-1} - 1 = 0 \tag{5-41}$$

$$\frac{\partial \Pi_c^i}{\partial x_c} = 0 \quad \Rightarrow \quad \alpha^2 L_c^{1-\alpha} A_c^{1-\alpha} x_c^{\alpha-1} - 1 = 0 \tag{5-42}$$

由上式可知，最优的中间产品投入量分别为：

---

① 在这个模型中存在一个很强的假设：使用污染技术和清洁技术所需的技巧和能力水平相同。因此，无论是使用污染技术还是清洁技术，同质劳动力可以获得的工资水平都是一样的。

$$x_d^* = \alpha^{\frac{2}{1-\alpha}} A_d L_d \tag{5-43}$$

$$x_c^* = \alpha^{\frac{2}{1-\alpha}} A_c L_c \tag{5-44}$$

清洁技术生产和污染技术生产的劳动力分配

我们将最优的中间产品投入量表达式带入最终产品的生产方程，可以得到：

$$Y_d = \alpha^{\frac{2\alpha}{1-\alpha}} A_d L_d \tag{5-45}$$

$$Y_c = \alpha^{\frac{2\alpha}{1-\alpha}} A_c L_c \tag{5-46}$$

根据方程5-37、方程5-38、方程5-43和方程5-44，可以得到消费总量的表达式，如下：

$$C = \alpha^{\frac{2\alpha}{1-\alpha}} A_d L_d + \alpha^{\frac{2\alpha}{1-\alpha}} A_c L_c - w \cdot L_d - w \cdot L_c - \alpha\alpha^{\frac{2\alpha}{1-\alpha}} A_d L_d - \alpha\alpha^{\frac{2\alpha}{1-\alpha}} A_c L_c$$

$$= (1-\alpha)\alpha^{\frac{2\alpha}{1-\alpha}} A_d L_d + (1-\alpha)\alpha^{\frac{2\alpha}{1-\alpha}} A_c L_c - w \cdot L_d - w \cdot L_c \tag{5-47}$$

此外，我们选择污染部门和清洁部门的最优劳动力分配水平来最大化消费总量。因此，它们的一阶条件分别为：

$$\frac{\partial C}{\partial L_d} = 0 \quad \Rightarrow \quad (1-\alpha)\alpha^{\frac{2\alpha}{1-\alpha}} A_d - w = 0 \quad \Rightarrow \quad w = (1-\alpha)\alpha^{\frac{2\alpha}{1-\alpha}} A_d \tag{5-48}$$

$$\frac{\partial C}{\partial L_c} = 0 \quad \Rightarrow \quad (1-\alpha)\alpha^{\frac{2\alpha}{1-\alpha}} A_c - w = 0 \quad \Rightarrow \quad w = (1-\alpha)\alpha^{\frac{2\alpha}{1-\alpha}} A_c \tag{5-49}$$

不难发现，方程5-48和方程5-49的区别仅仅在于不同的生产率系数，如果 $A_d = A_c$，则方程5-48和方程5-49完全相同。相反，如果 $A_d \neq A_c$，则劳动力将全部被分配至高生产率的部门。因此，我们区分两类情景：

情景1：$A_d < A_c$

当 $A_d < A_c$ 时，仅存在方程5-49。所有的劳动力全被分配至清洁部门，即满足 $L_c = L$ 和 $L_d = 0$。此外，由于只有清洁部门进行经济生产，碳预算将持续为正值（且不断上升）：$S_{t+1} - S_t = rS_t$。

情景2：$A_d > A_c$

当 $A_d > A_c$ 时，仅存在方程5-48。所有的劳动力全被分配至污染部门，即满足 $L_c = 0$ 和 $L_d = L$。碳预算迭代方程则可表示为：$S_{t+1} - S_t = -\phi Y_d + rS_t$。如果污染生产被限制，则 S 可以维持正值，即 $Y_d < \frac{rS}{\phi}$；否则，整个经济系统将全部崩溃。

由于假设所有劳动力均同质，即无论使用何种技术，支付两类部门劳动力的工资水平均相同，因此，将获得两个极端的"角点解"：将所有劳动力分配至污染部门还是清洁部门，其取决于部门生产率水平的高低。如果基于异质性劳动力假设，不同部门的工资水平（w_d 为污染技术部门的工资，w_c 为清洁技术部门的工资）将存在差异，则将不会出现劳动力被全部分配至同一部门的情况，而必定是在两个部门之间分配。基于同质性劳动力假设，结果显示的极端分配方式更容易被解释。但是基于异质性劳动力假设，派生出的情况将更加复杂，但结论及其对政策的影响应该不会有太大的改变。

对污染部门征税

我们假设出现情景2的情况，即 $A_d > A_c$，且生产商并不考虑环境外部性。为了避免经济崩溃，政府可实施相应政策以确保污染部门的生产率水平低于清洁部门的生产率水平。价格机制如征税措施可以刺激对清洁技术的使用。我们假设最终商品的生产者对每单位的污染技术产品征缴纳 τ 税额。对于使用清洁技术的生产者，不征收任何税额，且其他条件保持不变。

因此，最大化消费总量和选择最优投入量时需要考虑污染技术生产的税额：

$$\max_{L_d, L_c, x_d, x_c} C = \max_{L_d, L_c, x_d, x_c} [(1-\tau)Y_d + Y_c - w \cdot L_d - w \cdot L_c - p_d \cdot x_d - p_c \cdot x_c] \quad (5-50)$$

污染技术中间产品投入量的一阶条件如下式：

$$\frac{\partial C}{\partial x_d} = 0 \quad \Rightarrow \quad \frac{(1-\tau)\partial Y_d}{\partial x_d} - p_d = 0 \quad \Rightarrow \quad p_d = (1-\tau)\alpha L_d^{1-\alpha} A_d^{1-\alpha} x_d^{\alpha-1} \quad (5-51)$$

在污染技术中间产品市场中，在考虑了因税收扭曲而调整的需求后，选择合适的投入量来最大化利润：

$$\max_{x_d} \Pi_d^{i\tau} = \max_{x_d} [p(x_d) \cdot x_d - x_d]$$
$$= \max_{x_d} [(1-\tau)\alpha L_d^{1-\alpha} A_d^{1-\alpha} x_d^{\alpha-1} \cdot x_d - x_d] \quad (5-52)$$

可以得到一阶条件，如下式：

$$\frac{\partial \Pi_d^i}{\partial x_d} = 0 \quad \Rightarrow \quad (1-\tau)\alpha^2 L_d^{1-\alpha} A_d^{1-\alpha} x_d^{\alpha-1} - 1 = 0 \quad (5-53)$$

因此，我们可以得到最优污染技术中间产品的投入量，公式如下：

$$x_d^* = (1-\tau)^{\frac{1}{1-\alpha}} \alpha^{\frac{2}{1-\alpha}} A_d L_d \qquad (5-54)$$

不难发现，此时的投入量低于不存在税收时的投入量，见方程5-43。将该中间产品投入量公式带入污染技术最终产品生产方程，可以得到：

$$Y_d = (1-\tau)^{\frac{\alpha}{1-\alpha}} \alpha^{\frac{2\alpha}{1-\alpha}} A_d L_d \qquad (5-55)$$

如前面分析一样，污染技术部门和清洁技术部门的劳动力分配可以反映在工资和边际劳动力产出的等式上：

$$\frac{\partial C}{\partial L_d} = 0 \quad \Rightarrow \quad w = (1-\alpha)\alpha^{\frac{2\alpha}{1-\alpha}} A_d (1-\tau)^{\frac{1}{1-\alpha}} \qquad (5-56)$$

$$\frac{\partial C}{\partial L_c} = 0 \quad \Rightarrow \quad w = (1-\alpha)\alpha^{\frac{2\alpha}{1-\alpha}} A_c \qquad (5-57)$$

劳动力将被分配至具有更高边际生产率的生产部门。为了保证经济生产使用清洁技术，需要满足以下不等式：

$$A_c > A_d (1-\tau)^{\frac{1}{1-\alpha}} \qquad (5-58)$$

因此，为了保证清洁生产最终产品（$L_c = L$ 和 $L_d = 0$），征税水平需要满足以下不等关系：

$$\tau^* > 1 - \left(\frac{A_c}{A_d}\right)^{1-\alpha} \qquad (5-59)$$

摆脱污染技术而使用清洁技术进行经济生产是十分明智的，这也使我们在考虑地球自然承受边界的同时，可以进行持续的经济发展。为了达到这一目标，如何设定一个合理的价格（通过价格机制如征税，或者量化机制如可交易的许可证机制）就成为关键因素。

全面发展环境中性技术是一个仍然没有实现的目标。目前，经济生产中可使用的可再生能源技术仍无法达到对环境的零污染程度，并且这些技术还需要依赖部分自然资源。例如风场，仍然会产生视觉和噪音污染，同时也会大量减少候鸟生物的数量。核能则仍然由于核废料管理风险和灾难事件而备受诟病。电动汽车的电池则需要一些稀土来生产。既然完全清洁技术还没有出现，为使我们的经济行为具备可持续性，需要持续地、更加集中地对这些目标清洁部门进行研发投入。

新经济增长理论尝试在考虑经济行为的环境外部性的条件下，研究并分析生产、消费和分配决策。在 5.1.1 节中我们已经知道，当经济生产完全依赖可耗尽的自然资源时，长期视角下自然资源存量的耗竭是不可避免的，经济系统最终会崩塌。为了解决这一问题，有许多途径值得尝试。第一种途径如 5.1.2 节中所示，可以对自然开采行为进行限制，并进行相应的研发投入，以便开发自然资源依赖强度较低的新技术。但是，我们发现这种途经存在一些重大缺陷。第二种途径如 5.1.3 节中所示，避免使用污染技术，应该使用清洁技术。这种途径是推动使用可再生能源技术的激励力量。从某种程度上来说，两种途径的混合策略可能会接近最优策略。

5.2　超越经济增长

　　经济增长通常与更高的生活水平、更长的人均寿命以及更高的教育程度息息相关。因此，经济增长往往被看做一种经济和政治的重要目标。但是，我们需要注意的是，事实上我们所追寻的社会福利（比如世界人权宣言中的定义，1948）不仅仅局限在经济增长这一目标上。因此，我们需要更加关注与经济增长相关的一些警示。

　　经济增长通常由 GDP 的每期变化率来刻画。当 GDP 上升时，我们可以观察到经济系统中生产并交换的商品和服务的总量均出现扩张。接下来，我们具体分析这类现象到底意味着什么。在 5.1 节中介绍的经济模型均以消费（作为 GDP 的代理）最大化为目标，如下式：

$$\max_{x_i} C(x_i) = \max_{x_i} \left[Y - \sum_{i=1}^{n} p_{x_i} x_i \right] \tag{5-60}$$

其中：C 表示消费总量；Y 表示经济总产出；x_i 和 p_{x_i} 分别表示各类生产要素和它们的价格。

　　在所有类似的模型中，最大化消费量意味着仅仅考虑产品数量的增加，而不考虑产品的质量[1]。此外，我们忽视了与人口动态相关的变化以及社会财富是否被公平分配。更进一步来说，GDP 增长这一目标并非能

---

[1]　但是，我们必须意识到，设定并达到一个量化目标更容易，而设定一个定性的目标则要微妙且棘手得多。

保证社会福利的增长。Jackson（2009）总结了将GDP增长作为社会福利衡量标准的一些不足之处：它仅仅包括经济体系中最终商品交换的货币价值；它假设这些所有的货币价值均是等价的；它忽视了所有发生在市场经济以外的行为，无论这些行为是积极的（如家政劳动或者志愿工作）还是消极的（生态或社会损失）。

这些关注点使研究者和政策制定者逐渐开始思考可以替代GDP的指标。其中一个例子就是由联合国开发计划署提出的人类发展指数（HDI）。该指数的核算在GDP指标之外，也纳入了社会目标的指标。HDI主要包括三方面内容：人均收入、教育水平和健康水平。

另一种替代的途径是在制定生产、消费和配置决策时考虑环境因素，以此来衡量社会福利。一些经济学家最近所提倡的一种方式（Jackson，2009）是从聚焦于GDP指标的传统观念转移至更为注重生产能力。生产能力指的是在经济周期的每个阶段（开采、生产、利用和处置）所涉及的物质和能量的总量。考虑生产能力实际上似乎在表明：相比于生态系统，我们的经济子系统目前依旧非常庞大。

认真选择合适的福利指标，对于制定长期经济和社会目标相关的政策是非常重要的。毋庸置疑，无论选择何种福利指标，政策实施应当不仅仅考虑平均的效果，还需要考虑区域内部和跨区域的变化。从世界范围来看，正如本章最开始介绍的内容，目前的财富分配十分不公平，特别是对于21世纪来说，这种情况愈发明显。除了伦理考虑的范畴之外，此类两极分化现象也将会引发十分严重的社会安全问题。

在本章引言部分，我们强调了只有在考虑了各个地区历史的、社会的和环境的各项内容后，对于经济增长的赞成或者反对意见才能具有一定的参考意义。随着部分地球承载边界被无限接近，甚至部分已经超过承载能力（Rockstroem等，2009），现在摆在我们面前最困难的问题是如何在世界各国之间分配现有的资源，以及经济增长的可能性。我们是应当支持拥有更高生产效率的发达国家，因为它们能够在单位排放水平下生产更多的社会产出，还是应当支持过去排放较少的发展中国家在现有限制下更快地发展它们的经济？对于低消费经济体来说，尤其是在考虑医疗卫生和公平性的情况下，进一步地发展经济对其具有重要的积极效应。相反，对于高消费经济体①来说，平均来看，消费水平的进一步上升②只能有限地提升社会福利。

对社会和环境约束的多种认知，使很多学者开始研究高消费水平经济体的低增长、零增长和负增长的经济情景（Daly，1996；Jackson，2009；Victor and Rosenbluth，2007；Victor，2012）。最近的一个研究工作集中分析了加拿大经济体系的各类可能的增长情景，以及这些情景对从人均收入、失业率和是否达到减排目标这3个方面出发来研究相关政策措施的效果（Victor，2012）。在不同经济增速的情景下，该文估计了短期和中期（40年的时间尺度）的人为温室气体减排量（详见表5-1）。作者发现，在较低的经济增速情景下，加拿大的年温室气体减排率也相对较低。这类路径，实际上需要一个较缓慢且更易管理的经济和社会系统的转型速度。在2015年的G7峰会上，各国达成了到21世纪末完全消除人为温室气体排放的目标。根据表5-1，这意味着，为了达到目标，加拿大在现有1%的经济增速下，每年需要减少大约2.8%的温室气体排放。

表5-1　**不同减排目标和经济增速下的年减排率　情景分析：加拿大**

未来40年的温室	经济增长速率					
气体减排目标	-1%	0%	1%	2%	3%	4%
50%	0.73%	1.75%	2.77%	3.78%	4.80%	5.82%
60%	1.29%	2.32%	3.34%	4.36%	5.39%	6.41%
70%	2.03%	3.06%	4.09%	5.12%	6.15%	7.18%
80%	3.06%	4.11%	5.15%	6.19%	7.23%	8.27%
90%	4.87%	5.93%	6.98%	8.04%	9.10%	10.16%

资料来源：Victor，2012。

许多人认为，不同于发达国家，经济增长在发展中国家应被视为第一要务。一些经济学家指出，事实上，低收入国家的经济增长同样可以刺激

---

①　发达国家－发展中国家这一分类标准并不是一个二元的标准。实际上，我们可以按照所有的发展阶段进行划分。从这个角度来说，任何一个国家在作出发展经济的承诺时，都应兼顾本国特色和国际大环境。

②　在严格意义上的定量扩张，而不是质的改善。

发达国家的经济增长。从这个意义上来说，Daly（1996）指出，如果无法出口到北方市场，并得到来自北方的外国投资，南方国家的经济如何能增长。基于这一观点，他指出，在给定地球承载边界的条件下，对于任何国家来说（低收入或者高收入国家），数量增长将不再可取，只有维持平稳的人口规模，对财富和收入进行再分配，并通过技术进步提升资源生产率，才能更进一步促进经济发展。

食品价格与投机

1. 背景介绍

　　气候变化具有十分多样的消极影响，其中一项就是对农产品供给的影响。作为一个综合因素，投资者对于发展中国家在饥荒时期的食品价格形成具有非常重要的影响，尤其是在非洲地区。这里，我们分析不同金融市场之间的内在联系。

　　近年来，商品价格出现了大幅上涨的情况。根据联合国粮农组织的报告，世界食品价格指数在2012年达到了过去50年间的最高值（如图5-2所示）。

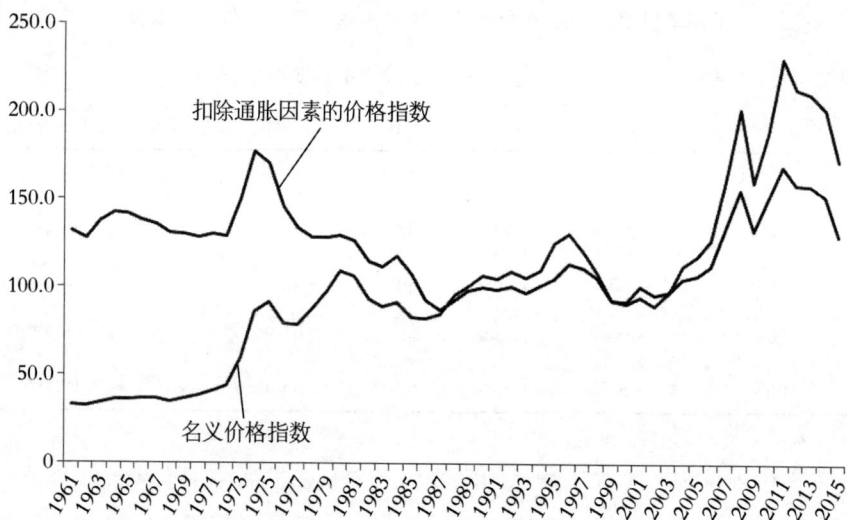

图5-2　1961—2015年的食品价格指数

资料来源：联合国粮农组织，2015，(http://www.fao.org/worldfoodsituation/foodpricesindex/en/)。

就贫困方面来说，基本的食品价格上升会进一步恶化现有的严峻形势。许多努力提升经济作物和出口量但忽视为本国市场生产食品的发展中国家，是主要食品的净进口国，并且直接受到市场价格上升的影响。

对于这些国家中花费 50%~90% 的收入用于食品购买的最贫困家庭 (Source: IMF)，即使是主要食品供给价格的轻微上升都会对其造成巨大的影响，并使得其长期处于贫困状态。根据世界粮食计划署的研究结果，高食品价格会导致大量慢性营养不良人口的出现，其中 2007 年这类人口的增加量为 0.75 亿人，2008 年为 0.40 亿人。

此外，食品价格的上升会引发长期震荡效应，并进一步强化"贫困陷阱"。

● 由于较高的食品价格，居民将不得不减少他们的水果、蔬菜、牛奶制品和肉类食品的摄入量，进而可能导致患病风险的提升和劳动生产率的下降。

● 他们不得不动用他们的储蓄、出售资产或采取额外的贷款来支付较高的食品价格，这样会进一步增加他们的经济负担，并侵蚀他们的安全网。

● 他们将不得不常常减少其他形式的开支，如医疗、教育及计划生育等。

2. 供需驱动

食品价格波动有多种驱动力。其中最直观的就是由这些产品供需的短期冲击和长期结构调整来驱动。

以下供给驱动力会对主要食品价格产生积极影响：

● 由于季节性变动、干旱次数的增多，以及极寒冬天等因素的影响，导致年农产量的减产和实际作物的损失。

● 将农田改做其他收益更高的土地利用方式，不再用于生产主要食品。根据多个研究工作(C. Gilbert, How to Understand High Food Price (2008) 和 G. Rapsomanikis, The 2007—2008 food price swing. FAO Commodities and Trade Technical Paper 12 (2009))可知，最近对生物燃料的

鼓励以及生物燃料与传统的替代性燃料相比的高价格（与石油价格相关联），使得美国的农场主和部分发展中国家的生产者大量地减少他们的食品产量。

● 对于那些需要以负担得起的价格购买食品的地区来说，长期气候变化的影响会降低产出的潜力。根据 UNDP（由食品权特派报告员报道，Olivier de Schutter(http://www.srfood.org)），由于气候变化的直接影响，具有饥饿风险的人口数量将达到 6 亿人（UNDP 发展报告，2008）。在非洲南部，从 2000—2020 年间，旱作物产量将减少 50% 左右（IPCC）。

● 部分国家为应对不断上涨的粮食价格，已经制定相关政策来限制农产品出口的数量。对于大米来说，主要大米出口国，如印度、越南和泰国，均为保护国内大米的供应量颁布了相关出口禁令，减少了国际大米供给。

在需求端，一些综合因素在继续推高对食品的消费：

● 第一个因素是随着发展中国家购买力不断提升和全球人口增加的综合效应，购买食品资源的消费者增加，进而产生对食品价格上调的压力。

● 第二个因素是发展中国家（与发达国家类似）的营养组合需要越来越多的肉制品（以及奶制品）。生产肉需要大量谷物（而谷物转化为肉的转化率很低），从而使谷物从人类传统的最终消费产品转变成生产肉的过程中的一种中间投入品。

3. 投机活动是否需担负部分责任？

考虑短期和长期的因素，投机活动的作用目前成为争论的焦点。相比于传统投资往往可能考虑自然的物理基础，投机行为则是纯粹的在金融市场中为了获得利润的一种特殊市场策略。根据 FAQ，只有 2% 的期货合同是关于实物商品的，而食品等相关产品属于这部分中较新的资产分类。

因此，投机行为不仅仅局限在可获得的实物资产总量上，也可以更容易地利用杠杆操作。根据联合国贸易和发展会议报告（2009）的估计，2006年至2008年间，投机者在食品类商品中占据主导地位，其中玉米的长期合同持有率为65%，大豆合同持有率为68%，小麦合同持有率为80%，而商品指数交易策略所持有的金额由2003年的130亿美元增长至2008年3月的2 600亿美元（美国参议院，国土安全和政府事务委员会的报告，2008（如图5-3所示））。

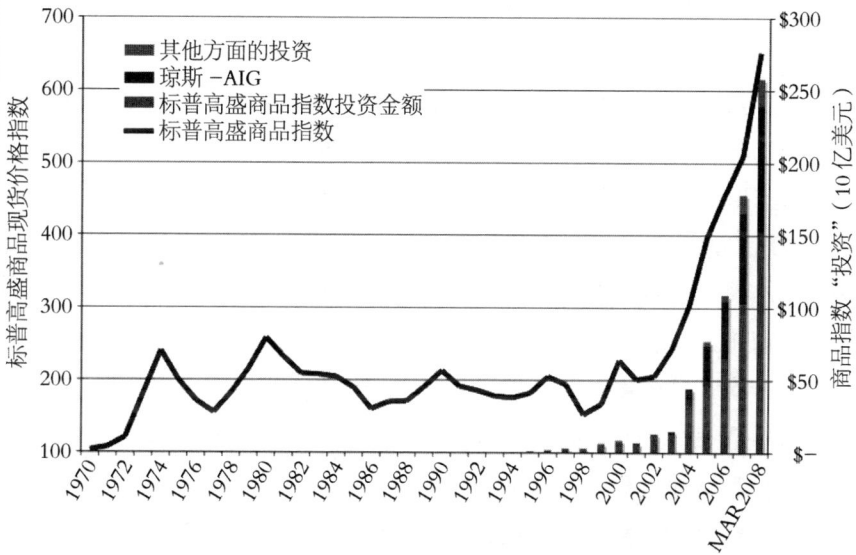

图5-3　1970—2008年的现货价格和商品指数

资料来源：高盛，彭博社，商品期货交易委员会补充的有关商品指数（CIT）交易者的持仓报告。

投机行为不无益处，比如可以提高流动性、改善价格披露并为生产商提供对冲策略。但是必须满足两个条件才能实现这些收益：（1）投机参与者不能具有市场力；（2）商品市场上不能有跟随趋势的投资者。

虽然很难检测以场外交易为主导的市场上是否存在市场操纵力，但是最近被报道的事件已经表明商品市场上似乎确实存在着非常大的而且有可能扭曲市场的市场参与者。ARMAJARO作为在伦敦成立的具有20亿美元的大型商品对冲基金，在2010年的一天之中，几乎将市场席卷一空（http：//www.guardian.co.uk/business/2010/jul/19/speculators-commodities-food-price-rises）。同年，由于对冲基金最初赌咖啡价格下跌，继而改为赌其价格上扬，因此逆转头寸，导致咖啡的价格在3天内上升了20%。考虑到对冲基金通过低利率和高杠杆获利，而对冲基金不受监管且高度不透明，市场扭曲的风险成为食品产品的真正威胁。随着2000年开始的市场去监督化，持仓限额不受限制，代理商有可能在不承受标的物价格风险的情况下进行大宗交易。

然而，2016年欧洲市场可能会恢复持仓限额。

根据对国土安全和政府事务委员会之前的报告所作的证词（2008），目前跟随趋势投资者的存在更加麻烦，因为他们对于食品价格具有最大的消极影响。传统投机者通过短期市场扭曲来获得利润，因此，他们十分接近市场基本面和预期均衡价格水平。他们购买和出售商品，正如大多数经济学书籍中所说的一样，给市场带来积极影响。

然而，近来出现了一种新类型的投机者——指数投机者。这些投机者更多地属于投资者这个范畴，他们将投资组合的一部分用于对商品期货市场进行"投资"。他们代表企业和政府养老基金、国家资产基金、大学基金和其他机构投资者。由于历史上这种投资类型与传统资产（公平性和固定收入）类型不相关，这些投资者通常并不关注商品的单位价格。这些投资者主要购买流行的商品指数（标普高盛商品指数和琼斯-AIG商品指数）所需数量的合同，直到他们的配额已经完全使用，并继续保持他们的持仓水平。

图5-4展示跟随趋势投资者的行为方式。

一旦资金进入市场，两类情况将同时发生：市场扩张和价格上升。价格上升将会吸引更多的那些倾向于在价格上涨时增加配置量的指数投机者（因为这样做更加大了这类指数投资与其他市场投资类别之间的无关性）。当这些将商品视为多元化工具而不是实际重要的产品的投资者被允许进入商品贸易市场，将会出现价格扭曲的现象。随着更多的人依赖投资组合配置（或走势）的"共识"，如果基金在晚些时候清仓，市场

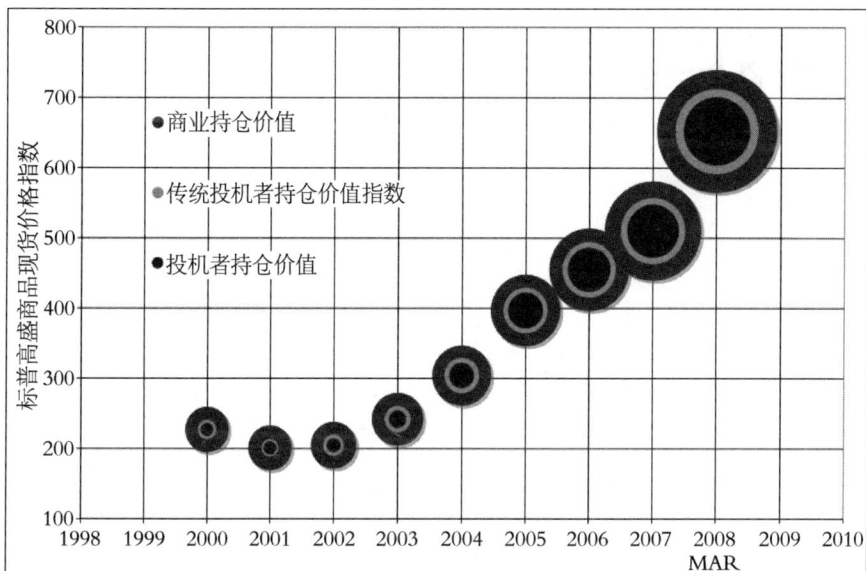

图5-4 商品期货市场规模

资料来源：彭博社，商品期货交易委员会补充的有关商品指数（CIT）交易者的持仓报告。

则可能出现巨大的波动（就仿佛资产类型间的低相关性消失）。

经济增长的问题又棘手，又宽泛。它反映了由许多不同的微观利益构成的宏观经济世界的复杂性。其中，最难的问题事实上就是那些有时存在分歧的目标也有着很好的存在理由。如果世界上每一个人都追求自身的利益最大化，累积的结果可能并不是最优的结果。

不可否认的是，我们生存在一个资源有限的自然环境中。因此，我们无法长期维持之前的趋势来发展经济。是实施减缓措施，即通过向污染技术征税和实行污染物排放权交易体系，从而鼓励人们投资清洁技术，还是采用让社会经济系统适应气候变化的适应措施，抑或是通过生物工程等手段控制全球平均气温和大气层中温室气体存量，是我们必须作出的一个决策。到目前为止，本书的第一部分主要是基于宏观经济视角，接下来本书主要从运营厂商的个体决策视角，研究他们如何最佳地将环境因素纳入其投资和生产决策之中。本书余下部分将主要关注环境投资金融学。

第6章

环境投资金融学

6.1 简介

对于财务经理而言，恰当选择和评估投资（或撤资）项目是很重要的。但这在存在风险、全球化、技术变革、激烈竞争、信息不对称与环境约束的情况下尤为困难。对于企业来说，适应环境约束也是很重要的。欧盟现有的对履约企业的规制（欧盟排放权交易机制）原则是让企业要么使用清洁技术以减少排放，要么必须购买新的 CO_2 配额。对于这些企业来说，这显然意味着其需要采取战略性决策来满足这些要求。在这种情况下，所谓的净现值（net present value, NPV）方法是经常被公司金融理论所推荐使用的决策制定工具。

这个产生于新古典理论的传统方法，因为忽略了决策制定过程内在的灵活性和项目选择过程的动态性，不能满足需求。这些局限性在投资分析方法所需的三步即评估可能的投资项目、选择投资项目和对投资项目的时间安排中的每一步都可能是有害的。正如本章所述，实物期权方法提供了一个新颖且强大的决策制定工具，可以克服传统折现现金流（discount cash flow, DCF）的局限性，能对投资项目进行更加合适的评估，尤其是与环境相关的投资项目。

　　本章，我们基于实物期权方法，评价和选择低碳生产技术的投资项目，并识别所投资项目的最佳时间安排。本书是首次试图将实物期权方法与在排放配额市场中的投资决策相结合的书籍之一。目前，有很多书籍关注实物期权。对实物期权深层次知识感兴趣的读者可以参看 Dixit 和 Pindyck(1994) 的书。

6.2　投资项目的特征

　　投资项目主要有六个特征：

- 价格的不确定性

　　未来投入与产出价格的动态变化过程经常是未知的，因此应该被刻画成随机过程，不是简化成确定的或不变的过程。

- 投资决策的（不）可逆性

　　如果投资项目是不可逆的，那么进行投资决策将会更加谨慎，即投资决策会被推迟。相反，项目开始后，如果能够转变或是放弃项目，这将会对决策的时机产生影响，也就是说，这会刺激更早地投资。

- 时间维度

　　投资不仅仅是这样一种决策：要么现在投资，否则一旦现在拒绝则在以后也不可投资。在大多数情况下，推迟投资决策是可能存在的，也是值得考虑的。这可以获取更多的信息，以减少项目内在的负面风险。

- 执行滞后

　　大部分项目在实施前需要一段时间，投资决策作出后不会立即执行。显然，这个特征影响到投资项目的决策制定过程。

- 序贯决策

　　面对一个投资决策，一个企业可以选择连续地进行，即一步一步地作出决策，而不是一次性地作出决策。这种序贯的投资决策易受到固有风险限制的影响。的确，如果在给定的某一步，企业认为负面风险太高，则会停止投资，这样企业仅损失至今为止所投资的成本。

- 存在竞争与否

在存在竞争的情况下，第一个投资者的优势将会以决定性的方式影响决策制定过程。失去市场的风险将会刺激投资者更早地投资，以试图在竞争中占据有利地位。相反，不存在竞争的情况给企业在决策制定过程的时间安排上更大的灵活性，即垄断环境允许企业为花时间收集充足的相关信息而延缓决策过程。

6.3 新古典方法：净现值方法

根据新古典方法，净现值（NPV）标准是投资决策时使用的重要工具。净现值是各年预期收益和成本差额的折现值之和：

$$NPV = F_0 + \frac{F_1}{(1+r)} + \frac{F_2}{(1+r)^2} + \cdots + \frac{F_n}{(1+r)^n}$$

式中：n 是投资的生命期；r 是折现率（我们设为常数）；F_i，$i = 1, \cdots, n$，是负或正的预期现金流。负的现金流等于成本。图6-1说明了这部分内容。

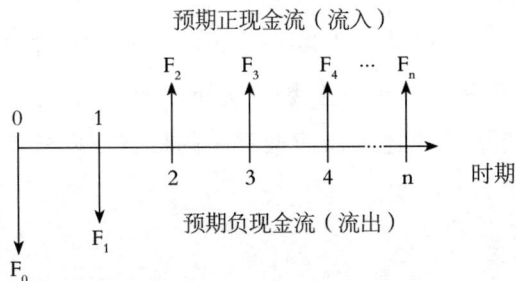

图 6-1　预期现金流序列的示例

净现值标准　在这里，净现值标准的决策规则非常简单。事实上，依据净现值标准，仅当净现值为正时，投资人才会进行投资。

6.3.1 NPV方法的局限性

下列假设是净现值方法所固有的：

- 能够可靠地估计预期收益和成本。
- 能明确推导出折现率（和风险溢价）。
- 静态的投资规则。换句话说，可在当前时刻投资，或是永远不投资。

然而，事实上，投资是在一个随机的、有风险的环境下进行的。因此，对收益和成本的可靠估计是很不可信的。正如本章后面所示，由于假设只有折现率是不确定的，这使得未来现金流内在的不确定性未能获得充分考虑。而且，静态投资准则是次优的。事实上，在大多数情况下，为了确定投资是否有意义而推迟投资决策是可取的，也是建议的。在确定投资之前，为了收集相关信息，投资的序贯性允许投资决策的部分推迟。因而，所谓管理灵活性的主要组成部分被净现值标准忽略。决策制定过程应该在一个动态的环境下完成：在每一步投资之前，及时评估、对比投资和等待的可能性，并且，企业与可能的竞争对手在作决策时互相影响。为了考虑上述项目内在不确定的来源，投资环境显然应该是随机的。只有在一个动态、随机的环境下，才能恰当地推出计算折现率时所需要的风险溢价。

而且，净现值标准忽略了投资决策的机会成本。事实上，一旦做了决策，那么在之后更加合适的阶段进行投资的机会就会消失。这个观点在本章第一个例子中有所展示，它支撑了实物期权方法。

6.3.2　与期权定价理论的关系

净现值方法的局限性说明了应该在一个更加复杂的环境下理解投资机会。实物期权方法通过把这些机会看做期权，打破了净现值方法的局限性。在这一新的框架下，何时进行投资以及投资的价值是什么这两个基本问题，能够以一种高效且连贯的方式来回答。

在这里，有必要简短地解释和回顾什么是金融期权（financial option）。一个看涨（或看跌）期权（call(put) option）是持有者的一份合约：

- 买（卖）一份证券资产（股票、债券等）或实物（石油、天然气等）的权利。
- 以一个给定的价格（所谓的执行价格（strike price））。

• 在一个特定的日期（欧式期权）或在一个特定的时间段（美式期权）。

期权定价理论最初由 Black 和 Scholes(1973)和 Merton(1973)提出，是基于特定的简化的条件。为了对不同类型的金融未定权益（financial contingent claims）估值，现在，期权定价理论已被扩充。

投资机会可以被看做一种实物期权，因为它相当于一项权利而不是一项义务；在一个给定的成本下投资，相当于金融期权的执行价格；给定的时间段，相当于执行期。因此，在大多数情况下，投资机会可以被理解成一个美式期权（american option）。

6.4　视投资机会为期权

为了使用期权定价模型对投资机会进行估值，应该强调实物期权与金融期权的相似之处。表 6-1 对金融期权与实物期权的主要方面进行了对比。

表 6-1　　　　　　　　　**金融期权与实物期权的对比**

金融期权	实物期权
股票价格	未来现金流的预期现值（CF）
执行价格	投资成本的预期现值（IC）
到期时间	投资机会的生命期
波动率	项目价值收益率的波动率 （如果成本是随机的，CF/IC 比值的波动率）
股息	保持投资机会存在的成本
无风险利率	风险（调整后的）利率（WACC）

实物期权方法让我们可以从以下方面恰当地考虑期权：

• 决定投资项目何时启动（延迟期权）

- 投资于新增产能（扩张期权）
- 关闭或放弃现有的项目（放弃期权）
- 进行序贯投资（多阶段期权）
- 跨国企业的横向多种经营或地域多元化（增长期权）
- 技术转换（改变技术的期权）这一点在环境问题中是关键。

它还使我们可以考虑与项目可撤销性有关的成本。

净现值方法的原则相当于美式期权中如果成为价内期权就执行的原则，也就是说，如果标的物价值比执行价格高就会行使期权。如下面例子所示，这种决策可能是次优的。

6.4.1　一个直观的例子

一个公共事业企业计划新建一个燃气的发电设备。最初的投资成本 IC 是 500 百万欧元。我们首先假设预期未来现金流 π 为 400 百万欧元，为了简化，利率设为 0。

相应的净现值为 400−500=−100 百万欧元，因此决策是不投资这个项目。

然而，这不意味着这个项目的价值是零。事实上，项目实现的未来现金流之和可能会大于 500 百万欧元，在这种情况下，这个项目在财务上是有收益的。因此，项目的价值恰恰是执行价格为 500 百万欧元的看涨期权的价值。这个观点如图 6-2 中的蓝色区域和图 6-3 中黑色垂直线在 400 以上的部分所示。

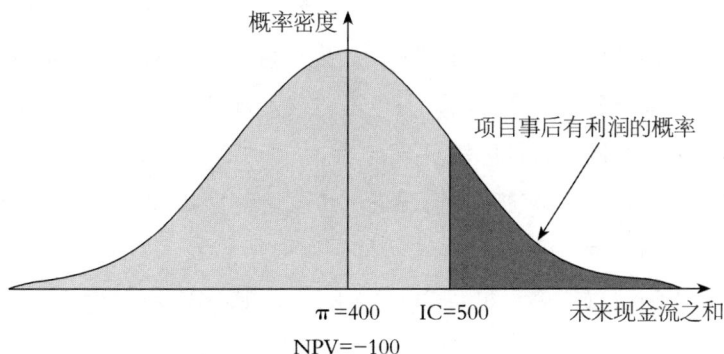

图6-2　未来现金流之和的概率密度函数

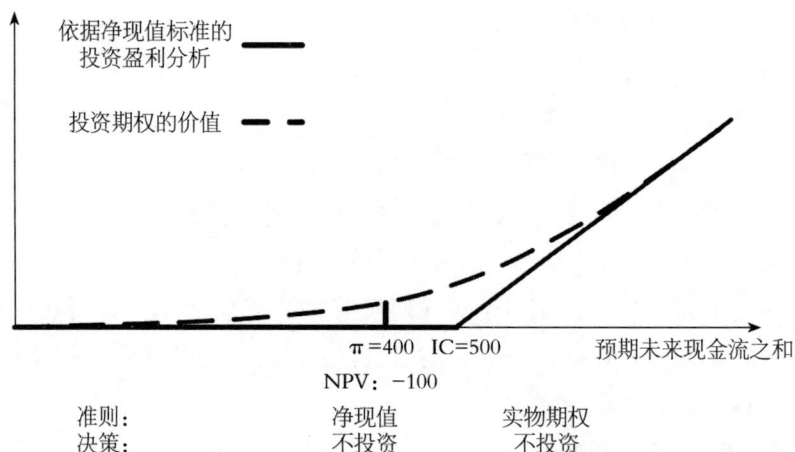

图6-3 投资期权的价值和投资的盈利分析

如果，在未来的某个时期，情况得以改善，也就是说，如果预期折现的现金流增加，比如达到600百万欧元，净现值将会变为正数，为100百万欧元。根据净现值标准，应该进行投资，并会产生100百万欧元的预期净利润。事实上，这个投资的决策使得以后的投资机会无效。一旦投资决策实现，显然，投资的机会就会消失。因此，为了作一个最优的决策，投资带来的预期折现利润，即净现值，应该与投资权消失所带来的机会成本相比较。净现值应该与投资的实物期权的价值比较。只要净现值，即净利润严格小于实物期权的价值，投资决策就应该被推迟。换句话说，与投资相关的实际成本不应仅包括投资成本，还包括与投资机会损失的不可逆性相关的机会成本，即实物期权的价值。这恰恰是在实物期权的环境下所做的。在这个例子中，如图6-4所示，如果投资的实物期权的价值是120百万欧元，尽管其是正的净现值，但也不应该进行投资。这个项目作为一个投资机会比立即投资更具价值。

如果，在之后的某段时期情况进一步改善，也就是说，未来现金流之和增加，比如达到700百万欧元，如图6-5所示，净现值为200百万欧元，并且实物期权的价值也是200百万欧元，则不需要继续等待，应该现在就启动项目。

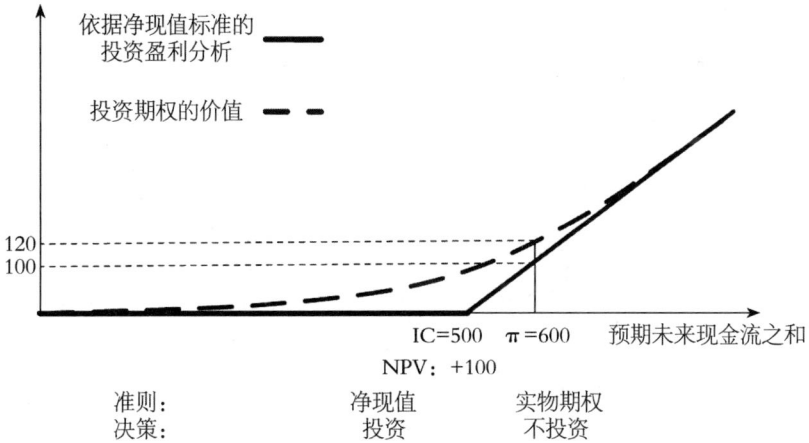

图 6-4　投资期权的价值和投资的盈利分析

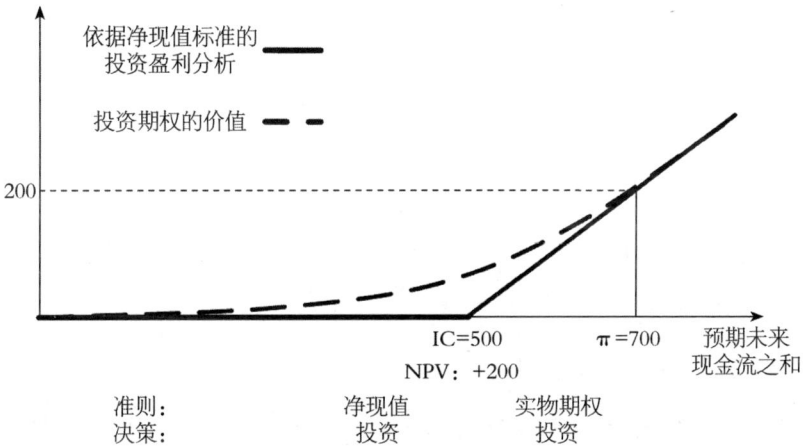

图 6-5　投资期权的价值和投资的盈利分析

下面一个简单的例子进一步研究了投资机会的时间维度。

6.4.2　从 NPV 到实物期权：第二个例子

一个企业将 400 万欧元不可逆地投资到碳捕获与封存项目中（更多细节见 3.3 节）。项目每年的减排量是 20 000 吨 CO_2，相应的永久性现金流是恒定的。排放许可证（许可证来自 CDM 项目[①]）当前的价格 P_0 是 25 欧元/吨，假设下一年价格会增加 50%（设定概率 $p = 0.6$）或减少 50%

---

① 更多细节见 3.3 节。

（设定概率 $1-p=0.4$），之后每年保持不变。然后，为了简化条件，假设价格在达到 37.5 欧元/吨或 12.5 欧元/吨后永久保持在这个水平。

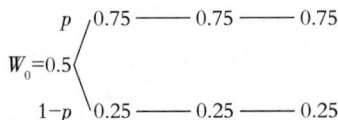

$$
\begin{array}{c}
\quad\quad p \quad 0.75 \longrightarrow 0.75 \longrightarrow 0.75 \\
W_0=0.5 \Big\langle \\
\quad\quad 1-p \quad 0.25 \longrightarrow 0.25 \longrightarrow 0.25
\end{array}
$$

图 6-6　以百万欧元为单位的项目价值

图 6-6 展示了上述内容，其中 W_0 是项目的价值（数量乘以价格）。依据排放许可证的价格水平，企业可以决策现在或等到下一年投资。假设折现率为 10%，以百万为单位，净现值为：

$$
\mathrm{NPV} = -4 + 0.5 + \sum_{t=1}^{\infty} \frac{0.6 \cdot 0.75 + 0.4 \cdot 0.25}{(1.1)^t} = -4 + 6 = 2 > 0
$$

根据净现值标准，项目应该现在启动。

然而，净现值方法忽略了为避免不利的情况（价格降至 12.5 欧元/吨，投资每年产生损失），推迟投资且只在利好的环境（价格上升至 37.5 欧元/吨）下投资的可能性。为了分析这种情况，我们计算一个调整的净现值，即如果企业选择等待且只在价格为 37.5 欧元/吨时投资的净现值。在这个简单的例子中，调整的净现值考虑了等待的选择权，因此，它是投资的实物期权的价值。

$$
\mathrm{NPV}^* = (0.4 \cdot 0) + 0.6 \cdot \left[-\frac{4}{1.1} + \sum_{t=1}^{\infty} \frac{0.75}{(1.1)^t} \right] \approx 2.3
$$

因为调整的净现值比标准净现值高，在这个例子中，推迟投资是值得的。

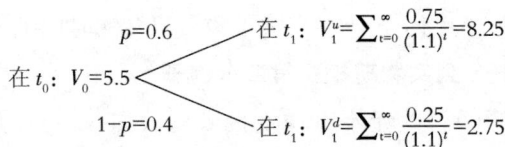

$$
\begin{array}{c}
\quad\quad\quad\quad p=0.6 \quad\nearrow \text{在 } t_1: \ V_1^u = \sum_{t=0}^{\infty} \frac{0.75}{(1.1)^t} = 8.25 \\
\text{在 } t_0: \ V_0=5.5 \Big\langle \\
\quad\quad\quad 1-p=0.4 \quad\searrow \text{在 } t_1: \ V_1^d = \sum_{t=0}^{\infty} \frac{0.25}{(1.1)^t} = 2.75
\end{array}
$$

图 6-7　一年后现金流折现值之和（以百万欧元为单位）

图 6-7 给出了折现现金流（discount cash flows, DCF）的二叉树描述，其中 V_1^u（V_1^d）代表排放许可证价格上升（下降）时的第一年现金流折现值之和。V_0 是初始时刻的预期折现值（如果项目不在当前启动，而

是一年后启动）。

因为进行CCS投资就像持有一个看涨期权，投资的回报相当于期权的回报（如图6-8所示）。

$$C_0 = \begin{cases} C_1^u = \max[0;(V_1^u - I_0)] = \max[0;8.25-4] = 4.25 \\ \\ C_1^d = \max[0;(V_1^d - I_0)] = \max[0;2.75-4] = 0 \end{cases}$$

图6-8 投资项目的盈利情况（以百万欧元为单位）

如果排放许可证的价格在一年后变成37.5欧元/吨，期权将为价内（in-the-money）期权，因此被执行，也就是说，企业将会支付投资的成本，投资得以实现。投资的回报，425万欧元，是折现的现金流825万欧元和400万欧元成本的差。但是，如果价格降至12.5欧元/吨，期权将失去价值且不被执行。

在这个例子中，投资期权的价值是230万欧元，而净现值，即在最初时刻投资的价值是200万欧元，两者之差30万欧元是期权的时间价值，即在最初时刻执行期权的机会成本。正如本章开始时所解释的，如果投资期权执行得太早，决策可能不是最优的，期权的持有者承担了机会成本。仅当机会成本为0时，投资期权才应该被执行，也就是说，在这个例子中，如果排放许可证的价格在一年后增加，才应该进行投资。

假设市场是完备的，项目的盈利可完全复制，在最初时刻投资机会的价值 C_0 可以通过构造一个无风险投资组合得到。这样一个组合包括一个CCS投资的多头和 n 个排放许可证的空头，这些许可证可以产生于一个类似的项目，其中 n 是未知的。

- 这个投资组合当前的价值是：

$$W_0 = -C_0 + n \cdot （年减排量） \cdot P_0 = -C_0 + n \cdot （20\,000） \cdot 25$$

式中，应该确定数目n，排放许可证的当前价格已知，数量是固定的。

- 一年后，投资组合的价值：

$$W_1 = -C_1 + n \cdot (20\,000) \cdot P_1$$

式中，C_1 和 P_1 是随机变量。

更加形象地，我们用图6-9表示，其中 W_1 以百万欧元为单位，n 是以投资组合是无风险（其价值独立于价格的演化过程）的为原则确定的。因此，一年后二者收益应该相等：

$$-4.25 + 0.75 \cdot n = 0.25 \cdot n$$

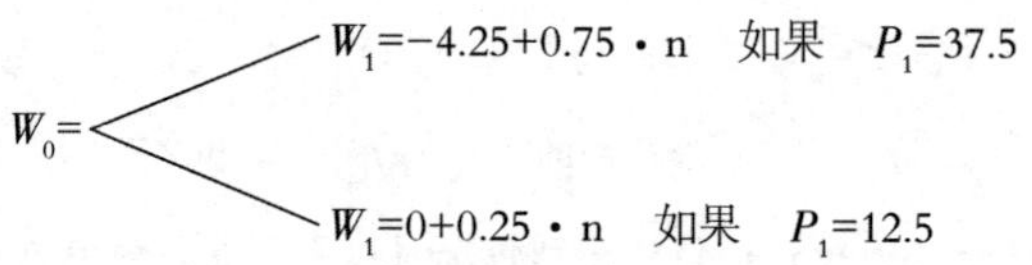

$$W_0 = \begin{cases} W_1 = -4.25 + 0.75 \cdot n & \text{如果 } P_1 = 37.5 \\ \\ W_1 = 0 + 0.25 \cdot n & \text{如果 } P_1 = 12.5 \end{cases}$$

图6-9　一年后投资组合的价值

这个方程的解是 $n = 8.5$，因此 $W_1 = 2.125$。无套利意味着无风险的回报，因此：

$$W_0 \cdot (1 + r) = W_1$$

且

$$(-C_0 + n \cdot 20\,000 \cdot P_0) \cdot 1.1 = 2.125 \cdot 10^6$$

因此，根据投资组合方法再次推出，初始时刻投资 CCS 项目的期权价值：$C_0 \approx 230$ 万欧元。

6.4.3　实物期权与投资激励：第三个例子

前两个例子让我们这么认为：相比净现值标准，实物期权方法激励我们在投资前等待更长的时间。然而，这个结论局限在特定的简化的静态框架下，没有考虑不同企业之间决策的影响（例如，在垄断市场下），即潜在投资产生的利润独立于其他厂商的投资决策。在一个动态且竞争的环境下，需要考虑其他企业的决策，相比于静态的净现值标准，实物期权方法可能会刺激企业更早投资。下面的例子阐述了这个观点。

在 EU ETS 下，为遵守当前的制度，履约企业面临下面的选择。它们可以选择投资可减少 CO_2 排放的新技术，或者选择购买排放权。这两种方法可以使它们在到期日时避免受到惩罚。

如果排放权的价格低，净现值方法将建议其购买配额，替代投资清洁技术。事实上，如果排放权的市场价格比技术转换的边际成本低，则购买排放权比采用一项清洁技术更便宜。

然而，静态的净现值方法仅关注一个企业，忽略了其他履约企业及其投资决策对排放权价格的影响。排放权的低价也将促使其他履约企业购买排放权来替代减排。它们的购买订单会引起市场价格的急速上涨，这反过来提升了企业对技术转换的兴趣。对于那些没有快速购买排放权的企业，技术转换可能变成企业履约最便宜的解决方案。最后，不难理解，在一个动态的环境下，企业投资一项新技术并卖出剩余的排放权，比以一个上升的价格购买配额会更有价值。这个现象出现在更加现实的实物期权方法中。

为了在实物期权的背景下对环境投资机会进行估值，需要有一个通用的期权定价方法，这就是下一节的目标。

6.5 期权定价的二叉树模型

6.5.1 单期二叉树模型

这部分将回顾二叉树模型的基本特征（图6-10所示）。

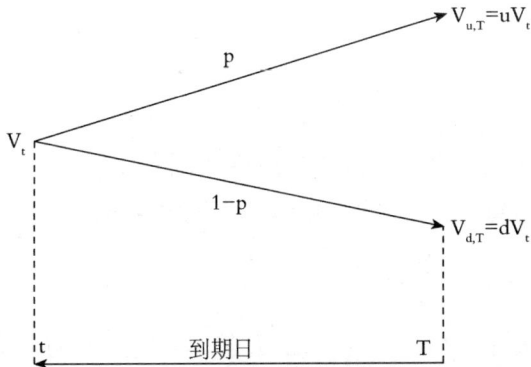

图6-10 单期二叉树模型

- t和T分别是当前时间和到期日。其差值$T-t$是一期的长度，用Δt表示。在单期二叉树模型中，$t=0$，$T=1$。

- V_t是t时刻的标的物价值。它会增大至$u \cdot V_t$，$u>1$，或下降至$d \cdot V_t$，$d=1/u$。

- $\Pr(V_T = u \cdot V_t) = p$是价格上升的概率。

●假设市场不存在套利，因此：

$$V_t \cdot (1+r) \cdot \Delta t = p \cdot u \cdot V_t + (1-p) \cdot d \cdot V_t$$

因此：

$$p = \frac{e^{r\Delta t} - d}{u - d} \quad 在这里，0 \leq p \leq 1$$

6.5.2 多期二叉树模型

在多期二叉树模型中，同样的思路应用于多期。

标的资产的连续随机动力学机制可以通过一个令Δt极小的二叉树模型离散化，因此最后的结果呈正态分布。

下面的例子描述了当期数为4时，1欧元的随机投资的演化过程。在初期与终期之间，有16种可能的路径。有一条路径可以达到u^4，一条达到d^4，4条达到du^3，4条达到d^3u，六条达到d^2u^2。

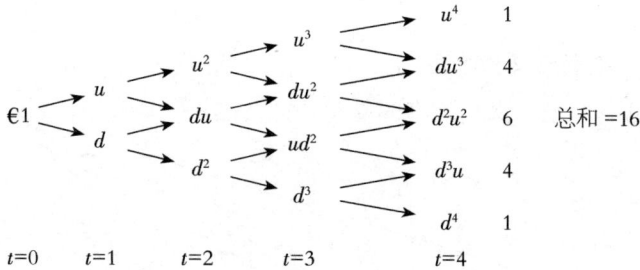

对于股票价格上升和下降的风险中性概率分别为p和（$1-p$）的n期二叉树模型，达到一个固定节点的概率由下式给出：

$$P(V_{n\Delta t} = u^j d^{n-j} V_0) = \left(\frac{n!}{j!(n-j)!}\right) p^j (1-p)^{n-j}$$

（$\frac{n!}{j!(n-j)!}$）是在到期日达到给定节点$u^j d^{n-j} V_0$的可能路径数量，$p^j(1-p)^{n-j}$是以一条给定的路径达到节点$u^j d^{n-j} V_0$的概率。

比如：$p=0.6$，则：

$$P(V_{n\Delta t} = u^2 d^2 v_0) = \left(\frac{4!}{2!2!}\right) \cdot 0.6^2 \cdot 0.4^2 = 6 \cdot 0.6^2 \cdot 0.4^2 = 0.35$$

这里，$4! = 4 \cdot 3 \cdot 2 \cdot 1 = 24$。

换句话说，在这个例子中，在到期日，有6条路径达到节点d^2u^2，每条路径的概率是$0.6^2 \cdot 0.4^2$，对于这6种可能性中的任何一种，股价会上升两次，也会下降两次。

计算在到期日时股价至少达到一个最低水平的概率也是非常有用的，尤其是在期权定价方面。下列公式给出了在 n 期二叉树模型中所需的结果：

$$P(V_{n\Delta t} \geq u^j d^{n-j} V_0) = \Phi[a\,;n,q] \equiv \sum_{j=a}^{n} \left(\frac{n!}{j!(n-j)!}\right) p^j (1-p)^{n-j}$$

它恰恰给出了在到期日至少达到节点 $u^j d^{n-j} V_0$ 的概率。参数 a 定义为在时刻 $n\Delta t$，标的资产在演化过程中至少达到这个节点时所经历的上升运动的最小次数。

在下面的例子中，初始价格 V_0 为 50 欧元，期数 n 为 4，上升的概率 p 为 0.6，上升的幅度 u 为 1.03，可以计算在到期日至少达到 $u^3 d V_0$（也就是 53）水平的概率。

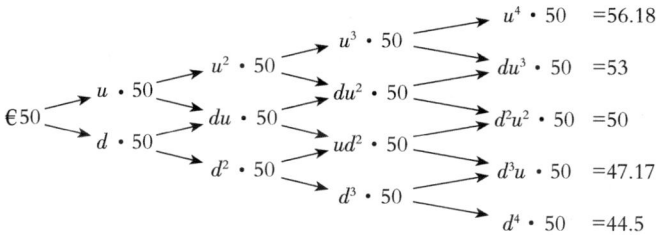

$$P(V_{n\Delta t} \geq 53) = \sum_{j=3}^{n} \left(\frac{n!}{j!(n-j)!}\right) p^j (1-p)^{n-j}$$

$$= \left(\frac{4!}{4!0!}\right) \cdot 0.6^4 \cdot 0.4 + \left(\frac{4!}{3!1!}\right) \cdot 0.6^3 \cdot 0.4 = 0.48$$

在这种情况下，参数 a 等于 3，因为至少上升 3 次才能在到期日至少达到 53 欧元。

6.5.3　多期二叉树模型和期权定价

假设一个二项式倍增过程，股价有离散的间隔，可以为不同类型的期权估值。我们首先分析欧式期权。

用一个单期的二叉树模型，可得到下面的动力学过程：

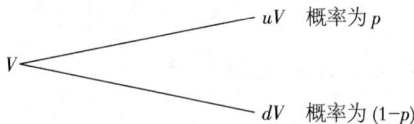

其中，V 是初始股价。在这个框架下，到期日时看涨期权价值有两种

取值可能：

$$c_u=\max[0;uV-K] \quad 概率为 p$$

$$c$$

$$c_d=\max[0;dV-K] \quad 概率为 (1-p)$$

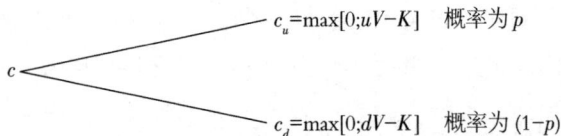

在初始时刻，在一个无套利的环境下，期权价值c是到期日时期权价格（call price）的预期折现值：

$$c=[p\cdot c_u+(1-p)\cdot c_d]e^{-r\Delta t}$$

式中r是无风险利率。

沿相同路线开始，假设股价变化的动力学过程可描述成一个双期二叉树模型，则可推出在最初时刻的期权价格。方法如下图所示：

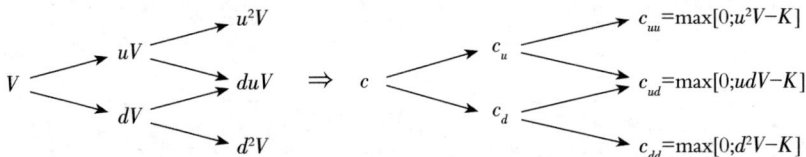

$$V \nearrow uV \nearrow u^2V$$
$$\searrow dV \rightarrow duV \qquad \Rightarrow \qquad c \nearrow c_u \nearrow c_{uu}=\max[0;u^2V-K]$$
$$\searrow d^2V \qquad\qquad \searrow c_d \rightarrow c_{ud}=\max[0;udV-K]$$
$$\searrow c_{dd}=\max[0;d^2V-K]$$

其中，

$$c_u=[p\cdot c_{uu}+(1-p)\cdot c_{du}]e^{-r\Delta t}$$
$$c_d=[p\cdot c_{ud}+(1-p)\cdot c_{dd}]e^{-r\Delta t}$$

使用回溯法可以得到最初时刻期权的价格c。

$$c=[p^2\cdot c_{uu}+(1-p)^2\cdot c_{dd}+2p(1-p)c_{du}]e^{-2r\Delta t}$$
$$c=[p^2\cdot\max[0;u^2V-K]+(1-p)^2\cdot\max[0;d^2V-K]+$$
$$2p(1-p)\cdot\max[0;udV-K]]e^{-2r\Delta t}$$

同样的思路可以应用到一个n期二叉树模型中，从而推导出一个看涨期权的价值。

一个用n期二叉树模型描述的看涨期权的价值为：

$$c=\left\{\sum_{j=0}^{n}\left(\frac{n!}{j!(n-j)!}\right)p^j(1-p)^{n-j}\cdot\max[0;u^jd^{n-j}S_0-K]\right\}e^{-nr\Delta t}$$

公式可以写成下列形式：

$$c=\left\{\sum_{j=a}^{n}\left(\frac{n!}{j!(n-j)!}\right)p^j(1-p)^{n-j}\cdot(u^jd^{n-j}S_0-K)\right\}e^{-nr\Delta t}$$

其中：a是使期权在到期日处于价内状态（$(u^jd^{n-j}S_0-K)\geq 0$）所需的股

价做上升运动的最小次数。

把后面公式的右边拆成两项，得到下面的表达式：

$$c = S_0 \left[\sum_{j=a}^{n} \left(\frac{n!}{j!(n-j)!} \right) p^j (1-p)^{n-j} (u^j d^{n-j}) e^{-nr\Delta t} \right] -$$

$$Ke^{-nr\Delta t} \left[\sum_{j=a}^{n} \left(\frac{n!}{j!(n-j)!} \right) p^j (1-p)^{n-j} \right]$$

即

$$c = S_0 \left[\sum_{j=a}^{n} \left(\frac{n!}{j!(n-j)!} \right) \left(\frac{pu}{e^{r\Delta t}} \right)^j \left(\frac{(1-p)d}{e^{r\Delta t}} \right)^{n-j} \right] -$$

$$Ke^{-nr\Delta t} \left[\sum_{j=a}^{n} \left(\frac{n!}{j!(n-j)!} \right) p^j (1-p)^{n-j} \right]$$

最后，得到期权价格：

$$c = S_0 \left[\sum_{j=a}^{n} \left(\frac{n!}{j!(n-j)!} \right) \hat{p}^j (1-\hat{p})^{n-j} \right] -$$

$$Ke^{-nr\Delta t} \left[\sum_{j=a}^{n} \left(\frac{n!}{j!(n-j)!} \right) p^j (1-p)^{n-j} \right]$$

令：

$$\hat{p} = \frac{pu}{e^{r\Delta t}}$$

$$1 - \hat{p} = \frac{(1-p)d}{e^{r\Delta t}}$$

第一个（第二个）表达式的括号里为二项分布的互补分布函数 $\Phi[a;n,\hat{p}]$（或 $\Phi[a;n,p]$）。因此，上述表达式可简化成：

$$c = S_0 \Phi[a;n,\hat{p}] - Ke^{-nr\Delta t} \Phi[a;n,p]$$

其中，a 是使期权在到期日时处于价内状态，股价运动过程中所需上升运动的最少次数。取极限，令 n 趋于无穷，则得到了 B-S 期权定价公式。

6.6 Black‐Scholes公式

6.6.1 欧式期权定价

没有股息分配的股票的欧式看涨期权价格 c 和看跌期权价格 p 的 Black-Scholes公式如下：

$$c = S_0 N(d_1) - Ke^{-rT} N(d_2) \tag{6-1}$$

$$p = Ke^{-rT} N(-d_2) - S_0 N(-d_1) \tag{6-2}$$

其中：

$$d_1 = \frac{\ln(\frac{S_0}{K}) + (r + \frac{1}{2}\sigma^2)T}{\sigma\sqrt{T}}$$

$$d_2 = \frac{\ln(\frac{S_0}{K}) + (r - \frac{1}{2}\sigma^2)T}{\sigma\sqrt{T}} = d_1 - \sigma\sqrt{T}$$

其中：S_0 是在初始时刻 t_0 的股价；K 是执行价格；c 是欧式看涨期权价格；C 是美式看涨期权价格；p 是欧式看跌期权价格；P 是美式看跌期权价格；r 是无风险利率；T 是到期的时间；σ 是股票价格收益的年化波动率；$N(\cdot)$ 是标准正态分布的累积分布函数（cumulative distribution function，CDF）。注意，预期股票收益在这个公式中没有作用。

标准正态分布的累积分布函数是其密度函数的积分：

$$N(z) = \frac{1}{\sqrt{2\pi}} \int_{-\infty}^{z} e^{-\frac{1}{2}x^2} \mathrm{d}x$$

由于这个积分没有解析解，一个标准正态分布的函数可以根据数值计算表进行估计，数值计算表可以在统计学书籍（或网络）上找到。

Black-Scholes模型的假设是：

- 没有交易成本或税。
- 不存在无风险套利机会。
- 无风险利率 r 是常数，其对所有到期时间都是相同的。
- 证券交易是连续的。
- 证券市场允许卖空，不加任何限制。
- 所有证券都是无限可分的。
- 股票收益呈正态分布。
- 波动率是常数。
- 期权到期之前没有股息支付。

下面的例子可以比较Black-Scholes模型和二叉树模型计算结果的差异。我们先研究Black-Scholes公式中5个输入值的取值：

$S_0 = €50$　　$K = €51$　　$T = 0.5$
$r = 0.05$　　$\sigma = 0.12$

给定这些输入值，就可以计算出Black-Scholes公式中所需要的参数 d_1 和 d_2。根据上文提及的表格，累积分布函数的相关数值也被估计出：

d_1	$\dfrac{\ln(\frac{50}{51}) + (r + \frac{1}{2}0.12^2)0.5}{0.12\sqrt{0.5}} \approx 0.104$
d_2	$d_1 - 0.12\sqrt{0.5} \approx 0.019$
$N(d_1)$	0.5398
$N(-d_1)$	$1 - N(d_1) \sim 0.4602$
$N(d_2)$	0.508
$N(-d_2)$	$1 - N(d_2) \sim 0.492$

因此，可以得到欧式看涨期权和看跌期权的价值：

$c = S_0 N(d_1) - Ke^{-rT} N(d_2)$
$\Rightarrow c \sim 50 \times 0.5398 - 51 \cdot e^{-0.05 \cdot 0.5} \cdot 0.508 \sim €1.82$
$p = Ke^{-rT} N(-d_2) - S_0 N(-d_1)$
$\Rightarrow p \sim 51 \cdot e^{-0.05 \cdot 0.5} \cdot 0.492 - 50 \times 0.4602 \sim €1.56$

看跌与看涨期权价值之间的关系，即所谓的看跌-看涨期权平价定理，为：

$c - p = S_0 - Ke^{-rT} \Rightarrow 1.82 - 1.56 = 50 - 51 \cdot e^{-0.05 \cdot 0.5} = €0.26$

期权定价也可以在一个双期二叉树模型中计算，定义如下：当前50欧元的股价在未来3个月上升6%或者下降6%。事实上，12%的波动率与后面二叉树模型中设置的参数一致。

$u = 1.06$　　$d = \dfrac{1}{u} \approx 0.94$　且 $\Delta t = 0.25$

因为 $u = e^{\sigma\sqrt{\Delta t}}$，所以 $\sigma = \dfrac{\ln(u)}{\sqrt{\Delta t}} = \dfrac{\ln(1.06)}{\sqrt{0.25}} \approx 0.12$。股价上升的风险中性概率（risk neutral probability）由下式给出：

$$p = \frac{e^{\frac{r(T-t)}{2}} - d}{u - d} = \frac{e^{0.05 \cdot 0.25} - \dfrac{1}{1.06}}{1.06 - \dfrac{1}{1.06}} \approx 0.6$$

连续的年无风险利率为5%。因子0.25在指数中使用，因为6个月的到期时间使用双期二叉树模型，一期是3个月，即0.25年。图6-11展示了这个方法。

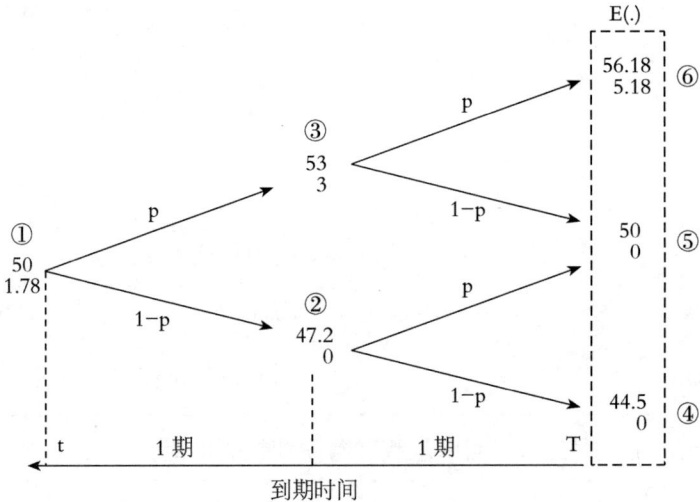

图6-11 双期二叉树看涨期权定价模型

根据回溯法，首先计算出到期日股票和期权的可能价值。期权的价格等于其内在价值(intrinsic value)，即如果股价与执行价的差额为正，则期权价格为该差价，否则为0。如果股票价格上涨两次，最终的价格达到56.18欧元，期权价格等于其内在价值5.18欧元。否则，如果股价仅上升一次或下降两次，其价值将小于执行价格，期权在到期日时将为价外期权，价值为0。

欧式看涨期权的价值为到期日收益的预期风险中性折现值：

$$c = e^{-0.05 \cdot 0.25} \cdot [0.6^2 \cdot 5.18 + 2 \cdot 06 \cdot (1 - 0.6) \cdot 0 + (1 - 0.6)^2 \cdot 0] = €1.78$$

在最初时刻（节点1），股价在到期日达到56.18欧元(节点6)的概率为

0.36(0.6^2)，达到节点50欧元(节点5)的概率为 $2 \cdot 0.6 \cdot (1 - 0.6)$，因为两条路线都可在到期日达到50欧元，每一条路线的概率是 $0.6 \cdot (1 - 0.6)$ （股价必须上升下降各一次）。最后，达到44.5欧元（节点4）的概率是 0.16 (0.4^2)，因为在这种情况下，股价下降两次。

显然，将这个期权3个月后的两个可能取值折现，将得到相同的值。在达到节点3即一个上升运动，以及达到节点2即一个下降运动时，将分别得到期权的价值 c_u 和 c_d。

$$c_u = e^{-0.05 \cdot 0.25} \cdot [0.6 \cdot 5.18 + (1 - 0.6) \cdot 0] = €3.00$$

$$c_d = 0$$

期权在初始时刻（节点1）的价值是在一期后收益的两个可能取值的预期风险中性折现值。

$$c = e^{-0.05 \cdot 0.25} \cdot [0.6 \cdot 3 + (1 - 0.6) \cdot 0] = €1.78$$

由双期二叉树方法得到的看涨期权的价值（1.78欧元）与 Black-Scholes模型得到的非常接近（1.82欧元）。这个差值主要时因为期数的限制，即6个月只分为两期。

6.6.2 美式期权定价

美式期权的价值也可以由一个多期二叉树模型得到。对于一个无股息分配的股票，美式和欧式看涨期权有相同的价格。然而，这对于看跌期权并不成立。在实物期权的环境下，看跌期权也是有用的，它相当于撤资的决策。

美式看跌期权可以在到期日之前执行，在一些情况下，这的确是最优的选择，而不是继续持有期权。这些情况在美式看跌期权的估值中起到了重要作用。它们很容易在一个多期二叉树中被识别出来。在二叉树的每一个节点，收益的两个可能取值的预期风险中性折现值必须与期权的内在价值作比较。这个方法是比较收益，也就是比较未来执行还是即刻执行。如果前者与后者的差值，即期权所谓的时间价值是正的，则最优决策为等待。直观地想，如果时间有价值，期权的持有者应该等待。

相反，如果未来执行与即刻执行产生的收益相等，即如果时间价值为

0，期权应该被执行。直观地想，如果时间没有价值，期权的持有者不应该等待。在二叉树的每个节点，美式看跌期权的价值是这样的：如果时间价值严格为正，价值是收益的下两个可能取值的预期风险中性折现值；如果时间价值为0，价值是其内在价值。因此，在每一个节点，看跌期权的价格为这两个可能取值的最大值。图6-12用美式看涨期权的双期二叉树模型展示了这个观点。

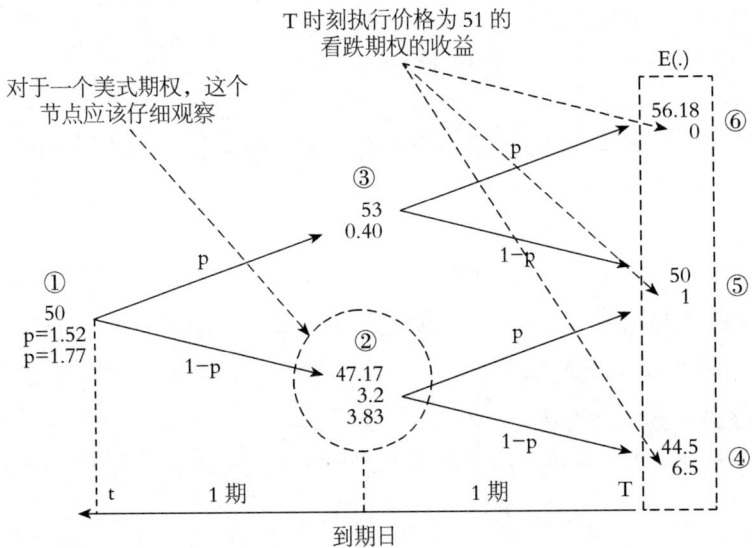

图6-12　美式看跌期权价值的双期二叉树模型

对于美式看涨期权，从相同的线出发，使用回溯法，首先计算出到期日的期权价格。如果它们等于它们的内在价值，即执行价格与股价的差额为正，则期权价格为该差额，否则为0。在到期日，欧式和美式期权价格是相等的。然后，如果股价升高两次，最终股价达到56.18欧元，看跌期权的价格将等于其内在价值，为0。否则，如果股价上涨、下降各一次，其价值为50欧元，期权的价格等于1欧元。最后，如果股价下跌两次达到44.5欧元，则看跌期权价格为6.5欧元。

在到期前的一期，股价是53欧元（节点3）或47.17欧元（节点2）。第一种情况，内在价值为0，美式看跌期权的价格等于收益的下两个可能取值的预期风险中性折现值，即0.4欧元。这也是欧式看跌期权的价格。

第二种情况，收益的下两个可能取值的预期风险中性折现值为3.2欧元。这不是美式看跌期权的价值，因为其内在价值3.83欧元更高一些。在这个节点，最佳选择不是继续持有期权，而是执行期权。3.2欧元代表在这个节点欧式看跌期权的价值。在最初时刻，通过下式，可以得到收益的下两个可能取值的预期风险中性折现值：

$$p = e^{-0.05 \cdot 0.25} \cdot [0.6 \cdot 0.40 + (1 - 0.6) \cdot 3.83] = €1.77$$

这是美式看跌期权的价格。在这个节点，期权的内在价值为1欧元，它的时间价值为0.77欧元。欧式看跌期权的价格由下式给出：

$$p = e^{-0.05 \cdot 0.25} \cdot [0.6 \cdot 0.40 + (1 - 0.6) \cdot 3.2] = €1.52$$

其明显小于美式看跌期权的价格。

6.6.3 如何估计波动率

使用Black-Scholes模型时，需要的5个输入变量的其中之一是波动率。不幸的是，这个参数不可观测。估计其取值主要有以下两种方法：

第一种方法是计算所谓的历史波动率(historical volatility)，相当于历史收益的方差。接下来将用一个小例子来说明这种方法。

考虑最近4天的价格：t_0时刻为100欧元，t_1时刻为101欧元，t_2时刻为100欧元，当前时刻t_3为101欧元。基于这4个取值，首先可计算出3个股票收益率：从t_0到t_1为1%，从t_1到t_2为-1%，最后一期为1%。然后，得到平均收益率：

$$E(r) = \frac{0.01 - 0.01 + 0.01}{3} = 0.0033$$

最后，得到收益率的方差：

$$E(r) = \frac{(0.01 - 0.0033)^2 + (-0.01 - 0.0033)^2 + (0.01 - 0.0033)^2}{3} = 0.000089$$

历史波动率是年化标准差（一年内交易日数量约为270天）：

$$\sigma = \sqrt{0.000089} \cdot \sqrt{270} = 0.155 = 15.5\%$$

第二种方法是计算所谓的隐含波动率(implied volatility)，其计算方法是将当前某一期权的市场价格带入一个特定的期权定价模型，如Black-Scholes模型，从而反推出一个理论上的波动率。下面简单的例子阐述了这个方法。

我们使用以下变量：最初时刻的股价S_0，等于99欧元；执行价格

K，为100欧元；无风险利率r，等于1%；有效期T，为1年；看涨期权的最初市场价格c_m，为9.9欧元。

根据公式6-1，基于Black-Scholes模型的隐含于期权市场价格的波动率满足下列公式：

$$c = S_0 N(d_1) - Ke^{-rT} N(d_2)$$

其中：

$$d_1 = \frac{\ln(\frac{99}{100}) + 0.01 + \frac{\sigma^2}{2}}{\sigma} \approx \frac{\sigma}{2}$$

$$d_2 \approx -\frac{\sigma}{2}$$

事实上，

$$\ln(\frac{99}{100}) + 0.01 \approx 0$$

然后 $N(d_1) = N(\frac{\sigma}{2})$ ， $N(d_2) = N(-\frac{\sigma}{2}) = 1 - N(\frac{\sigma}{2})$ 。因此，隐含波动率满足：

$$99 \cdot N(\frac{\sigma}{2}) - 100 \cdot e^{-0.01} \cdot \left[1 - N\left(\frac{\sigma}{2}\right)\right] = 9.9$$

即

$$N\left(\frac{\sigma}{2}\right) \approx \frac{(\frac{9.9}{99} + 1)}{2} = 0.55$$

根据正态分布表，$\frac{\sigma}{2} \approx 0.13$。在这个例子中，隐含波动率为26%。

波动率是常数吗？ 根据Black-Scholes模型，波动率应该保持不变。值得思考的是，这不仅仅是对股票，而且对环境问题都是一个严格的假设。如第3章图3-10中清洁发展机制项目中许可证的价格演化所示，这个假设有一定的局限性（例如，波动率有多个变动区间，而不是一个固定的数）。

直观地想，很显然，在一段时期内波动率不是恒定不变的。一般来说，大部分的实证结果都证明了这个观察结果。股票收益率呈对数正态分布的假设可理解成对现实的一种有用的近似假设，但必须意识到该假设本身的局限性。

6.7　实物期权方法在环境履约决策中的应用

本章的剩余部分将考虑企业受碳排放条例约束的简单模型。更复杂的连续时间模型，将在第7章中研究。这些案例很容易扩展到更加广泛和复杂的情形中。这些企业将面临比欧盟碳市场更简化的环境规则约束。它们将不得不就可能的减排量和可交易配额作出战略决策。用实物期权方法代替净现值标准似乎更加正确[①]。在多周期的二叉树模型中，这种动态方法确实可以导出最优投资决策。

6.7.1　例一：排放量和价格演化过程的一阶段二叉树模型——排放权交易中的最优策略

基本案例是一个单期的二叉树模型，履约企业的瞬时排放量水平和排放许可证价格是外生独立的过程。周期的长度是一年。这两个过程的演化遵循二叉树模型。因为排放量和配额许可证价格是动态过程，模型中存在两种可能的终期状态，亦即模型中纳入了不确定性。下图说明了这些内容。第一幅图描述了排放过程：

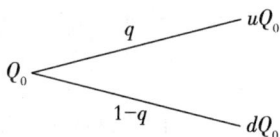

$$Q_0 \begin{array}{c} \xrightarrow{q} uQ_0 \\ \xrightarrow{1-q} dQ_0 \end{array}$$

同时，第二幅图代表了价格的动态演化：

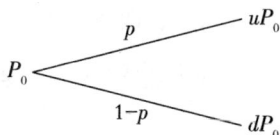

$$P_0 \begin{array}{c} \xrightarrow{p} uP_0 \\ \xrightarrow{1-p} dP_0 \end{array}$$

这里 $0 < d < 1 < u = \dfrac{1}{d}$，$Q_0$ 和 P_0 分别是初始排放水平和许可证价格。参数 q 和 p 分别表示排放水平和许可证价格上升的概率。初期认为终期的排放水平和许可证价格是随机变量，分别是 $\tilde{Q}_1$ 和 $\tilde{P}_1$。在我们呈现的不同

[①]　对环境问题实物期权模型感兴趣的读者，可以参见 Baranzini 等 (2003)、Barrieu 和 Chesney (2003)、Loubergé 等 (2002) 成熟的应用案例。

例子中，波浪线均表示变量的随机性。

在简单的单期二叉树模型中，交易机会只存在于初期，一年后交易机制到期。这个模型不区分实物期权方法和 NPV（净现值）标准。事实上，要想作出这种区分，就必须在模型中纳入推迟交易的可能性。这将会在下一个模型中体现。尽管如此，在当前的模型中，期权词汇仍然使用。

X_0 记录初期未知的企业应该买（如果 X_0 是正的）或者卖（如果 X_0 是负的）的最优许可证数量，N 表示初期分配的许可证数量。到终期，也就是时间 1，企业必须拥有充足的配额。如果企业不能履约，那么每吨没有覆盖的排放物，将面临罚金 P 加上排放许可证的价格，也就是 P_1。

至于企业在周期结束后拥有的配额数量，短缺或盈余的情况是会发生的。企业承担着配额短缺面临的惩罚，也就是没有完全覆盖；或者是盈余，也就是拥有了大量没有价值的配额。在前一种情况下，成本由到期时未能拥有足够配额形成。在后一种情况下，成本由初期购买了过多的配额产生。读者应该牢记在心，在到期时，排污权的赎回价值等于零。因此，履约企业在决定购买多少排放权时应该特别小心。

$g(\cdot)$ 被定义为在时刻 t_0 企业拥有排放许可证的终期净头寸：

$$g(\tilde{Q}_1) = Q_0 + \tilde{Q}_1 - X_0 - N$$

$\tilde{Q}_1$ 表示 t_1 时刻的随机排放水平，取值可以是 uQ_0 或者 dQ_0。

对于履约企业，短缺情形对应正的净头寸 g。相反，盈余情形将由负的 g 刻画。

给定初期分配配额和预期的许可证净头寸，企业在初期最小化它的预期折现成本。因此，全部成本是初期的成本加上 1 个时期末的潜在成本之和（也就是罚金加上许可证价格乘以没有覆盖的污染物的单位）。初期成本对应购买配额。一个负的成本，也就是利润，由卖出配额产生。因此，最小化的问题就是：

$$\min_{X_0}\{P_0 \cdot X_0 + (1+\eta)^{-1} E[\, g(\tilde{Q}_1)^+ \cdot (\tilde{P}_1 + P)]\} \tag{6-3}$$

这里 $g(\ )^+$ 定义为企业的终期净头寸：

$$g(\tilde{Q}_1)^+ = \begin{cases} Q_0 + \tilde{Q}_1 - X_0 - N & 若 Q_0 + \tilde{Q}_1 - X_0 - N \geqslant 0 \\ 0 & 其他情况 \end{cases}$$

在这种情形下，履约企业的目标是交易最优数量的排放权 X_0。最优意味着企业将以这样的方式决定排放权的数量，也就是企业排放许可证的终期净头寸 $Q_0 + \tilde{Q}_1 - X_0 - N$ 尽可能接近于零。企业的目标是尽可能避免盈余和短缺的情形发生，前者在初期形成成本，后者在排放权交易到期时产生成本。

有意思的是，$g(\ )^+$ 对应着看涨期权到期日的收益（数量上），此期权的执行价格为 $X_0 + N$ 以及最后标的物的价值等于 $Q_0 + \tilde{Q}_1$。因此，通过类似看涨期权的思维，企业的目标是在初期选择一个合适的执行价格。由于选择交易数量 X_0，因此看涨期权在到期日是平价期权。显然，在当前的随机环境下，选择最优的执行价格并不意味着期权在到期日一定会是平价期权。事实上，在初期，$\tilde{Q}_1$ 是一个随机变量。

通常，在一个最小化问题的情形中，通过相关变量的偏导数计算可以最小化函数。不幸的是，这样的思路不可行。因为公式 6-3 的成本函数不是处处可微的。确实，当上述期权是平价期权，也就是预期折现成本最小化时，作为成本函数的关键部分 g，是不可微的。因此需要使用数值方法。解如图 6-13 所示，参数值的设置如下：

- 排放许可证的初期分配额 N，等于 50。
- 折现率 η 等于 6%。
- 罚金 P 等于 100 欧元。
- 初始许可证价格 P_0，假设是 20 欧元。
- 价格过程上升的概率是 p，等于 0.8。
- 因子 u 和 d 刻画了价格和排放量上升和下降的幅度，分别是 1.2 和 $\frac{1}{1.2}(\approx 0.83)$。
- 初始 CO_2 排放量 Q_0，假设是 40 吨。

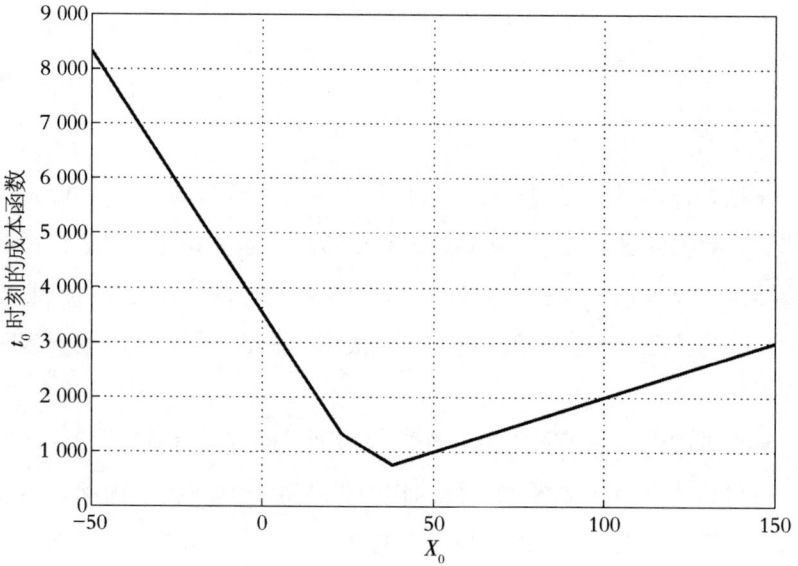

图 6-13 t_0 时刻的成本函数

- 排放量上升概率是 q，等于 0.5。

对不同的 X_0 取值，成本函数已绘制。当履约企业购买 38 个单位的排放配额时，成本函数是最小的。

购买这个数量的许可证，是为了完全对冲在最坏情形下的排放量成本，也就是初期到终期期间增加的情形。确实，在这种情形下，企业的累积排放水平将是 88 吨（40+40×1.2），相应初期分配配额是 50 吨，为了避免惩罚，必须购买 38 吨配额。

直观地看，初始许可证价格 20 欧元，相对罚金 100 欧元是比较小的。因此，企业在这种情形下，尽可能多地购买配额以拥有较多的排污权，比按照最有利情形（排放量减少）购买许可证数目，并在到期时承担罚金和购买排放许可证要便宜。之后会看到，这个结果是正确的，只要最坏情形发生的可能性 q 仍然相对较高。

显然，N 越小，企业就越需要在初期购买更多数量的许可证。同样地，Q_0 越低，企业在这个时候就越应该购买较少数量的许可证。这些结果在图 6-14 中进行了分析。

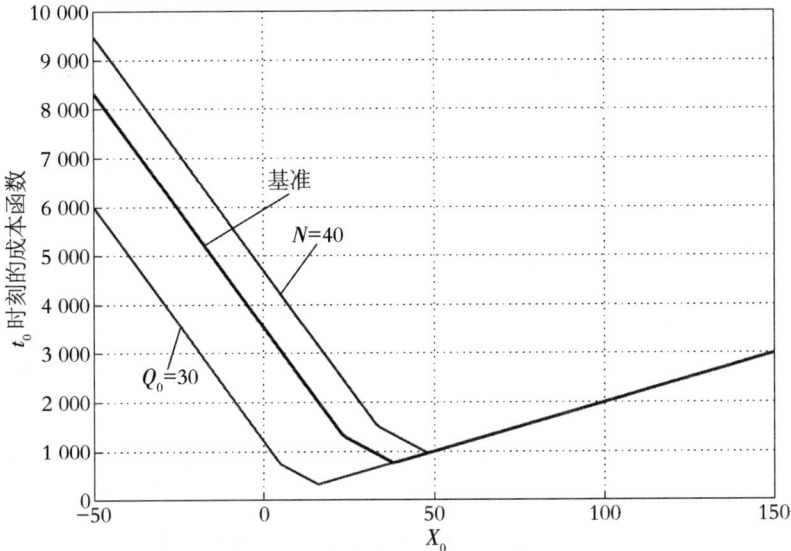

图6-14　成本函数关于 N 和 Q_0 变化的敏感性分析

沿着同样的思路，如果排放过程上升的概率 q 相对较小，企业为了规避排放量成本而在初期购买的许可证数量将会减少。

在第一种情形下，q 等于10%，企业只需要购买22个单位的排放许可证。这个数量只对应对冲理想的情形，也就是排放量下降。在这种情形下，最坏情形的权重是非常小的，因此企业将需要 $Q_0 + dQ_0 - N$，也就是22个单位的配额。

在第二种相反的情形下，q 等于90%，X_0 等于38个单位。事实上，最坏情形的权重在这里是很大的。图6-15说明了这些比较静态的结果。

最后，如图6-16所示，如果初始价格 P_0 足够高，履约企业购买排放许可证的数量 X_0 应该下降。比如，如果 P_0 等于160欧元，企业将只对冲理想的情形，因此只购买22个单位的排放许可证。

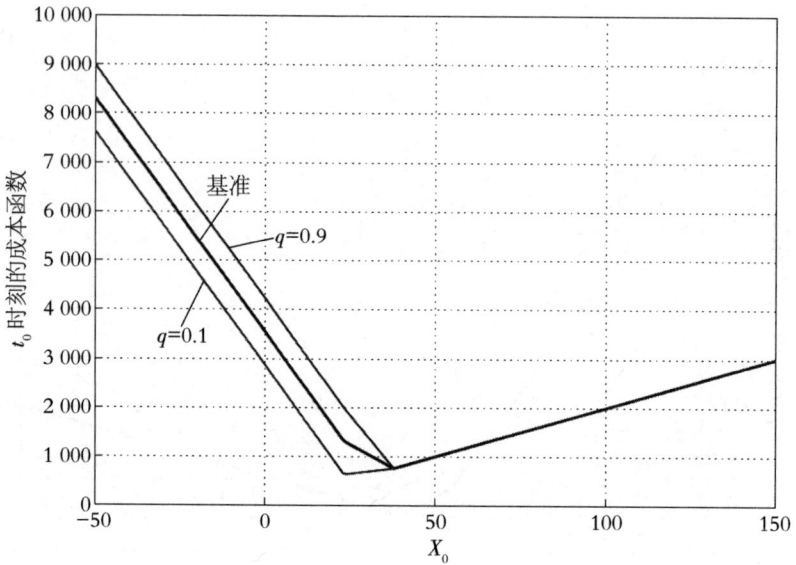

图6-15　成本函数关于概率变化的敏感性分析

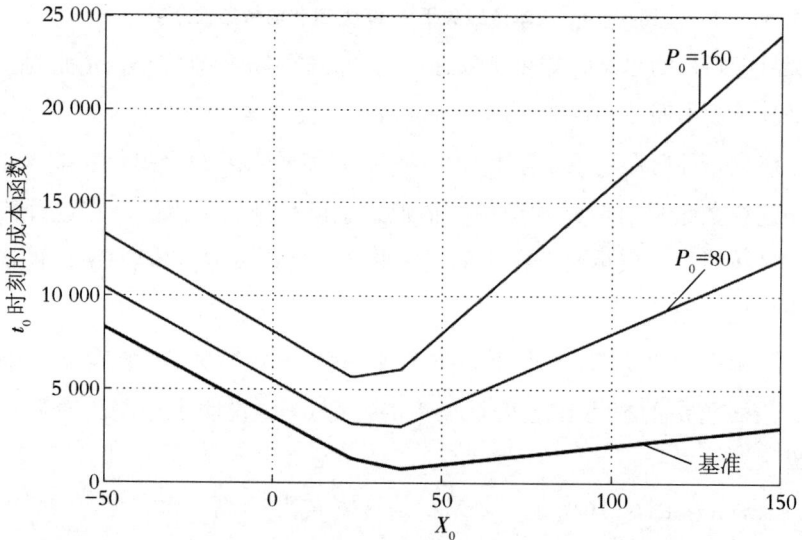

图6-16　成本函数关于价格变化的敏感性分析

6.7.2　例二：排放量和价格演化过程的双期二叉树模型——排放权交易中的最优策略

这个案例是上一个例子的扩展，对应着一个双期二叉树模型，履约企业的瞬时排放量和排放许可证价格是外生独立的过程。每个时期的长度是1年。除了这些扩展，上一个例子使用的记号仍然是有效的。

假设这两个过程的演化遵从二叉树模型。市场的不确定性通过三个可能的状态体现，也就是终期、排放量和许可证价格。图6-17说明了这个内容，其中 $0 < d < 1 < u = \frac{1}{d}$，$Q_0$ 和 P_0 分别表示初始的排放量和许可证价格。参数 q 和 p 分别表示排放量和价格上升的可能性。时刻1和终期的排放水平和价格，分别记为 $\tilde{Q}_1$、$\tilde{Q}_2$、$\tilde{P}_1$、$\tilde{P}_2$，其在初期被视为随机变量。

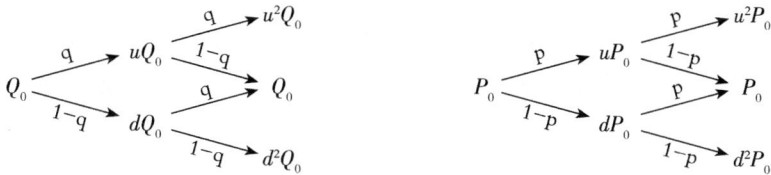

图6-17　排放量和价格的动态演化

在这个双期二叉树模型中，交易机会存在于初始和一期末。在第二个例子中，通过引入部分延迟交易的可能性，对比第一个例子，可以区别实物期权方法和NVP标准。

在这个新的案例中，有两个未知量需要决定，即 X_0 和 X_1，它们分别是企业在初始和一期末需要购买或者卖出的最优许可证数量。如同第一个例子，N 表示初期分配的排放许可证数量。

在期末，亦即第二个时期期末，企业应该拥有充足的许可证。如果企业不能履约，对于每吨没有覆盖的污染物，其将支付罚金 P 加上排放许可证价格，也就是每吨 P_2 的惩罚。

沿着上一个例子的思路，企业在初期最小化其成本函数 $f(\ )$：

$$\min_{X_0} f(X_0) \tag{6-4}$$

这里，

$$f(X_0) = \{P_0 \cdot X_0 + E[(1+\eta)^{-1} \cdot \tilde{P}_1 \cdot X_1 + (1+\eta)^{-2} h \cdot (\tilde{Q}_1,\ \tilde{Q}_2)^+ \cdot (\tilde{P}_1 + P)]\} \tag{6-5}$$

这里函数 $h(\ )$ 表示企业排放许可证的终期净头寸：

$$h(\tilde{Q}_1, \tilde{Q}_2) = Q_0 + \tilde{Q}_1 + \tilde{Q}_2 - X_0 - X_1 - N$$

并且其取决于两个因素。沿着上一个例子的思路，$h(\cdot)^+$ 代表函数 $h(\cdot)$

的正部。在时期1，我们考虑了交易排放许可证的实物期权方法。

成本函数是三部分之和：初期交易许可证的成本，第一个周期期末交易配额的预期折现成本，以及最后到期时间的预期折现成本（比如，对没有覆盖的污染物处以罚金加上排放许可证价格）。负的成本，也就是收益，由在时刻0或者时刻1卖出许可证获得。

一年后可交易的排放许可证数量 X_1，取决于此时的累计排放量 $Q_0 + Q_1$、实际的许可证价格 P_1，以及企业拥有的配额数量 $X_0 + N$，此时：

$$X_1 = X_1(Q_0 + Q_1, P_1, X_0 + N)$$

事实上，一年后，履约企业将面临第二次选择，即选择其应该交易的配额数量 X_1。这个第二次选择对应着在第一个例子中考虑的单期二叉树模型：

$$\min_{X_1}\{P_1 \cdot X_1 + (1 + \eta)^{-1}E[\,g(\tilde{Q}_2)^+ \cdot (\tilde{P}_2 + P)]\}$$

企业排放许可证的终期净头寸是 $g()$，由以下的函数定义：

$$g(\tilde{Q}_2) = Q_0 + Q_1 + \tilde{Q}_2 - X_0 - X_1 - N$$

因此，为了解决这个问题，可以使用回溯法。该方法在于首先从第一期期末开始，并找到最优可交易的污染物配额 X_1，这时 X_1 是初始可能的交易数量 X_0 的函数。然后，问题将在初始阶段被解决，并获得最初的最优交易量。

像之前提到的，一期后，最小成本问题是一个单期二叉树模型，因此与第一个例子相对应。按照这个例子和本例中给定的参数，企业的目标总是对冲最坏的情形。

其直观道理是一样的。初始许可证价格为20欧元，相对于罚金100欧元来说，其价格是比较低的。因此，在这种情形下，企业尽可能多地购买配额和拥有较多的排污权，比按照最有利情形（排放量减少）购买许可证数目，并在合同到期时承担罚金和购买排放许可证要便宜。一年后，许可证价格将是24欧元或者16.67欧元。24欧元的许可证价格不足以改变对冲策略。

更何况16.67欧元要比20欧元小。按照单期二叉树模型，在时期1，最优数量的排放量交易是：

$X_1^* = (1 + u + u^2)Q_0 - X_0 - N$

如果一年后，排放量 Q_1 增加，并等于 uQ_0。

$X_1^* = (1 + d + du)Q_0 - X_0 - N$

如果一年后，排放量 Q_1 下降，并等于 dQ_0。

现在一年后的问题已经解决，初期最小化问题，可由公式 6-4 和 6-5 给出：

$$\min_{X_0} \{P_0 \cdot X_0 + (1 + \eta)^{-1} E[\tilde{P}_1 \cdot \tilde{X}_1^*] + (1 + \eta)^{-2} E[h \cdot (\tilde{Q}_1, \ \tilde{Q}_2)^+] \cdot E[(\tilde{P}_2 + P)]\}$$

这里，

$$E[\tilde{P}_1 \cdot \tilde{X}_1^*] = pq\big(uP_0 \cdot \big((1 + u + u^2)Q_0 - N - X_0\big)\big) + p(1 - q)\big(uP_0 \cdot \big((2 + d)Q_0 - N - X_0\big)\big) +$$
$$q(1 - p)\big(dP_0 \cdot \big((1 + u + u^2)Q_0 - N - X_0\big)\big) + (1 - p)(1 - q)\big(dP_0 \cdot \big((2 + d)Q_0 - N - X_0\big)\big)$$

并且函数 $h(\cdot)$，也就是企业排放许可证的终期净头寸应是：

$h(\tilde{Q}_1, \tilde{Q}_2) = Q_0 + \tilde{Q}_1 + \tilde{Q}_2 - X_0 - \tilde{X}_1^* - N$

如果一年以后，排放量 Q_1 增加并等于 uQ_0，那么

$h(uQ_0, \tilde{Q}_2) = Q_0 + uQ_0 + \tilde{Q}_2 - X_0 - \big((1 + u + u^2)Q_0 - N - X_0\big) - N$

如果一年以后，排放量 Q_1 减少并等于 dQ_0，那么

$h(dQ_0, \tilde{Q}_2) = Q_0 + dQ_0 + \tilde{Q}_2 - X_0 - \big((2 + d)Q_0 - N - X_0\big) - N$

无论一年以后排放量是增加还是减少，都很容易发现，上述公式的值是负的。直观地看，就是公司将避免到期时支付罚金，因为一年以后，公司在任何情况下都会对冲最差的情形。因此，$h(\tilde{Q}_1, \tilde{Q}_2)^+ = 0$。成本函数的最小化问题很简单，就是 X_0 的线性函数：

$$f(X_0) = P_0 X_0 + (1 + \eta)^{-1} pq\big(uP_0 \cdot \big((1 + u + u^2)Q_0 - N - X_0\big)\big) + (1 + \eta)^{-1} p(1 - q)$$
$$\big(uP_0 \cdot \big((2 + d)Q_0 - N - X_0\big)\big) + (1 + \eta)^{-1} q(1 - p)\big(dP_0 \cdot \big((1 + u + u^2)Q_0 - N - X_0\big)\big) +$$
$$(1 + \eta)^{-1}(1 - p)(1 - q)\big(dP_0 \cdot \big((2 + d)Q_0 - N - X_0\big)\big)$$

译者注：原文公式 $f(X_0)$ 的第 2、3、4 行均丢失折现因子 $(1 + \eta)^{-1}$。

也就是：

$$f(X_0) = P_0 X_0 (1 - \frac{pu + (1-p)d}{1+\eta}) + (1+\eta)^{-1} pq(uP_0 \cdot ((1+u+u^2)Q_0 - N)) + (1+\eta)^{-1} p(1-q)$$

$$(uP_0 \cdot ((2+d)Q_0 - N - X_0)) + (1+\eta)^{-1} q(1-p)(dP_0 \cdot ((1+u+u^2)Q_0 - N - X_0)) +$$

$$(1+\eta)^{-1}(1-p)(1-q)(dP_0 \cdot ((2+d)Q_0 - N - X_0))$$

译者注：原文公式 $f(X_0)$ 的第2、3、4行均丢失折现因子 $(1+\eta)^{-1}$，最后一行 $(2+d)$ 前丢失括号。

使用已选定的参数集，因素 X_0 是负的，因此最优选择是购买尽可能多的配额。在我们的框架下， X_0 限制在区间 $(-N, 3N)$。因此，在初期，企业应该买150个单位的排放配额，从而总共拥有200个单位配额。图6-18说明了这种策略。

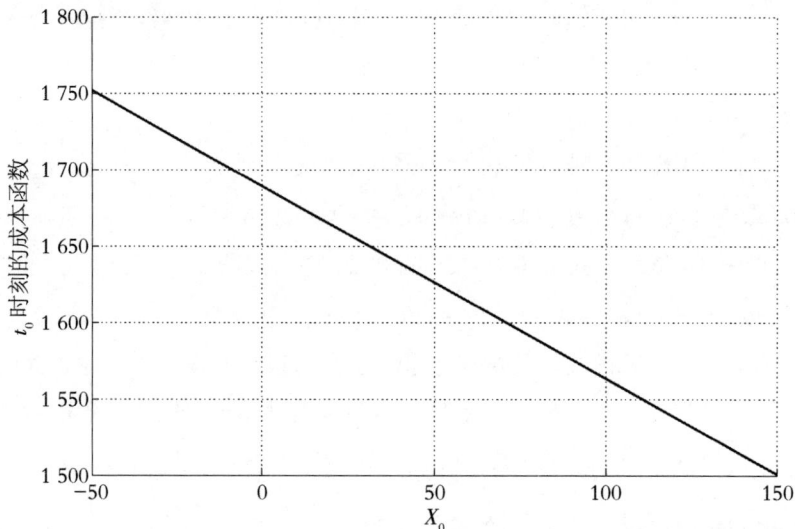

图6-18 t_0 时刻的成本函数

如果排放量一年后增加，履约企业为了对冲最坏的情形，将持有146吨配额（也就是， $40(1+u+u^2) = 145.6$ ），因此可以卖出54个单位的配额。如果排放水平增长两次，累计排放量则将接近146吨，图6-19说明了这个最小化问题。

如果排放量一年后减少，企业为了对冲第二期排放量增加的情形，将持有113吨配额，因此可以卖出87个单位的配额。如果排放量增加，第二

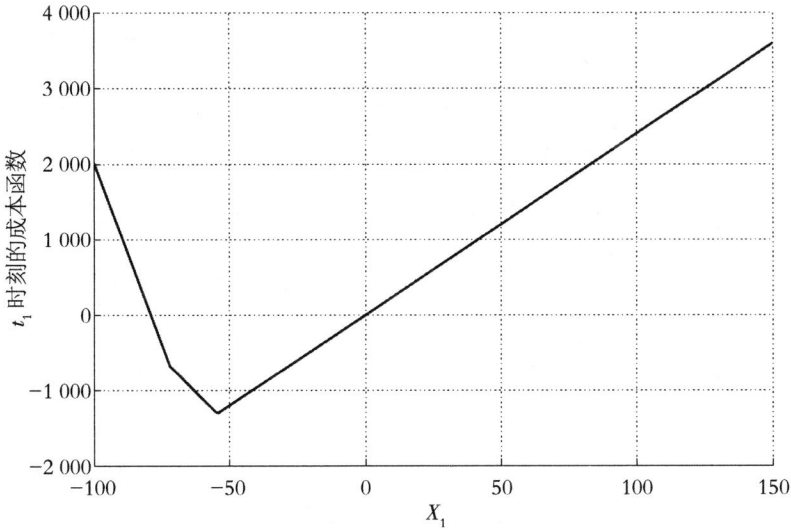

图6-19 排放量增加条件下 t_1 时刻的成本函数

期又减少，累计排放量大致等于113吨（也就是 $40(1+d+1)=113.3$ ）（如图6-20所示）。

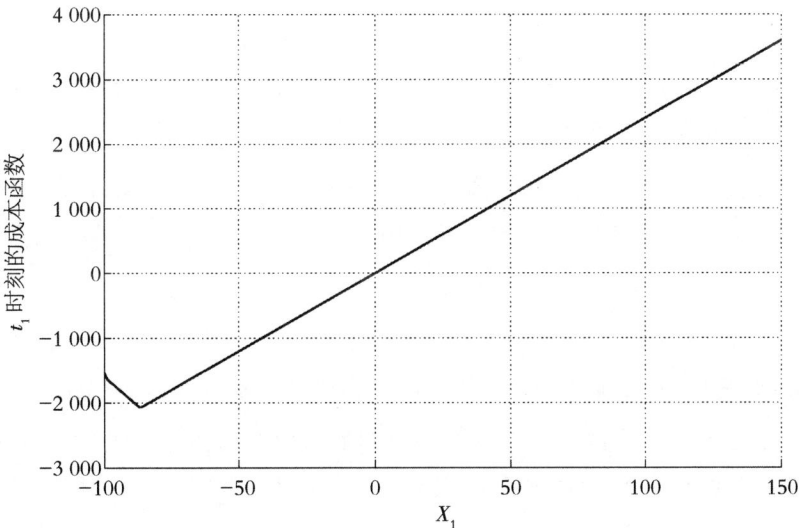

图6-20 排放量减少条件下 t_1 时刻的成本函数

值得注意的是，这些结果在很大程度上依赖于许可证价格的动态性。

在初期的假设下，预期折现价格 $\dfrac{E[P_1]}{1+\eta}$ 比初始价格 P_0 高，因此在初期，购买尽可能多的许可证，将会从两个时期价格的增长中收益。

如果我们考虑折现价格的动态性是一个鞅，也就是 $\dfrac{(pu+(1-p)d)}{1+\eta}=1$。显然，在 0 时期，最小化问题不再考虑 X_0。直观来看，企业不再受益于预期价格的增长演化，也就消除了 0 时期的购买决策。在 $t=0$ 和 $t=1$ 时刻购买，将不会产生预期的差别。然而，在时期 1，很明显将保持对冲策略。

在我们最初的假设下，也就是预期折现价格将高于 P_0，比较 NPV 标准和实物期权将是值得的。按照 NPV 标准，企业首先作出的决策是根据排放许可证的交易是否有利，来决定是否要等待一期。如果企业即刻交易，第二个决策是在时刻 t_1，决定买卖配额的数量，而且企业知道 t_1 时刻的决定不会影响 t_0 时刻的最小化问题。事实上，NPV 标准是基于一系列静态的决策：如果企业选择等待，则排放许可证数量 X_0 是 0，并且第二个决策是为了避免 t_2 时刻的惩罚，应该交易配额数量 X_1。

我们首先需要评估什么样的 NPV 策略能确保成本的最小化：等待一期（NPV_1）或者是即刻交易（NPV_0）。

通过计算 NPV_0，企业将首先决定在时刻 t_0，是否买（或者卖）许可证数量 X_0。最优数量 X_0 将最大化 NPV，如下：

$$\mathrm{NPV}_0(t_0)=-\{P_0 X_0+E[(1+\eta)^{-2}\cdot h(\tilde{Q}_1,\tilde{Q}_2)^+\cdot(\tilde{P}_2+P)]\}$$

只有在时刻 t_1，企业才会决定额外交易的许可证数量 X_1。静态的 NPV 标准应该建议购买 96 个单位的排放配额，而不是初期的 150 个单位。

在这种简单的情形中，企业在不同的负值 NPV 项目间面临着选择，也就是在不同的 X_0 之间选择。NPV 标准没有考虑到在第二个时刻作出决策是一个动态的决策。因此，NPV 标准下的最小成本比实物期权方法的最小成本将稍高（图 6-21 中的 2 000 欧元高于图 6-18 中的 1 500 欧元）。成本函数的最小化，也就是最大化（负的）预期折现利润。

标准的静态NPV方法只考虑当前的投资决策和最大化NPV的许可证交易数量 X_0。给定如上文所述的参数集，这种标准将建议我们购买96个单位的配额，也就是对冲污染物增加两次的最坏情形。

图6-21显示了 t_0 时刻的成本函数（依据NPV标准，采用 NPV_0）。

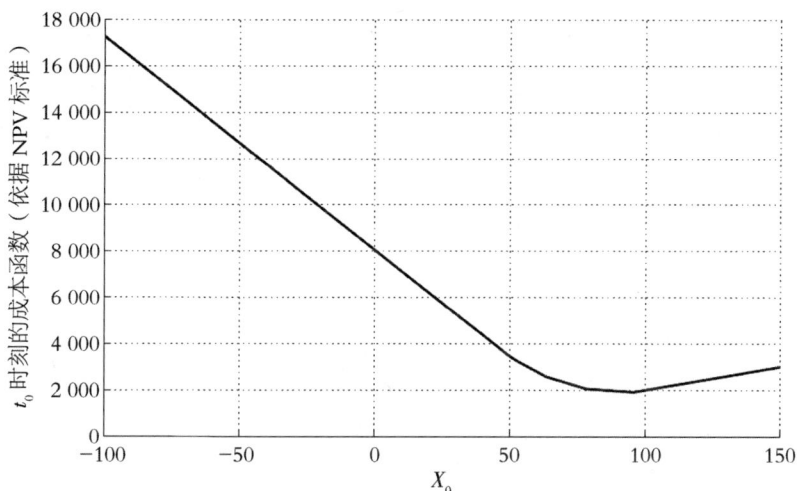

图6-21 t_0 时刻的成本函数（依据NPV标准）

在初期，因为购买96个单位配额，$NPV_0(t_0)$ 是负的。实物期权方法下需要购买150个单位的排放许可证。按照NPV方法，因为之后减少投资的可能性是不存在的，也就是没有正确考虑到一年后卖出多余的配额的可能性。也就是说，动态性没有考虑进去。这种再次交易的可能性，只在它出现后，也就是一年后，才会被考虑。在这个时刻，项目的NPV将是：

$$NPV_0(t_1) = -\{P_1 X_1 + (1 + \eta)^{-1} E[g(\tilde{Q}_2)^{\cdot} \cdot (\tilde{P}_2 + P)]\}$$

企业排放许可证的终期净头寸 $g(\cdot)$，由下式给出为：

$$g(\tilde{Q}_2) = Q_0 + Q_1 + \tilde{Q}_2 - X_0 - X_1 - N$$

给定这个例子使用的参数集，如果第一年排放量减少，NPV标准将要求卖出33个单位配额。在这种情形下，履约企业将拥有146个单位减去33个单位配额，也就是113个单位的配额，因此将对冲最坏的情形，也就是排放水平在第二年增加。

如果排放量在第一年增加，按照NPV标准，企业不应交易配额。全部的146个单位配额形成了对排放水平在第二年继续增加的对冲。

另一个NPV记作$NPV_1(t_1)$,应该是直到等到t_1时刻才开始配额交易。在这种情形下, $X_0=0$,最优解依赖于排放水平增加或减少。如果排放量减少,企业应该购买63个单位的许可证,完全对冲最坏的情形(113个单位)。如果排放量增加,企业需要购买96个单位的配额,以避免最坏情形(146个单位)带来的惩罚。很显然,企业等待一年的决策不是最优的。企业必须保持t_1时刻相同数量的许可证,但是预期为此支付的成本将更高。因此, NPV_0是最优决策。如同这个例子,在NPV方法中,一系列静态决策实施代替了实物期权框架的动态决策过程。在初期实施了一个决策之后,它忽略了一年之后进一步决策的可能性,因此忽略了t_0时刻购买、一年后以稍高价格卖出的可能性。

在NPV标准和实物期权标准下,它们的项目净价值分析存在差异。在NPV标准下,一系列的静态决策导致时刻t_0的成本是1 920欧元(购买配额,也就是96×20)。企业预期能够卖出33个单位配额(排放量下降)或者不能卖出(如果排放量增加), t_1时刻的决策带来的收益如下:

$$\frac{0.5 \times (33 \cdot E[P_1]) + 0.5 \times 0}{1.06} = \frac{0.5 \times \left(33 \times (0.8 \times 20 \times 1.2 + 0.2 \times \frac{20}{1.2})\right)}{1.06} \approx 351$$

在NPV_0标准下,时刻t_0企业的净成本是1 920−351=1 569(欧元)。

在这个简单的模型中,企业应全部对冲,也就是购买96个单位的许可证。而实物期权方法是过度对冲,也就是购买150个单位的许可证。后者包含了全部对冲决策要求的96个单位许可证,但还多出了54个单位的排放权。这些额外的排放权形成了一年后减少投资的权利,也就是以稍高价格卖出这些排放权。因此,从实物期权的角度,最优选择不仅包含初期执行96个单位的看涨期权,也包括多余的54个单位。实物期权产生了较低的成本,来源于购买看跌期权创造的时间价值。因为企业可以持有许可证一年,等待一年后在预期获得利润时再次卖出排放许可证。这种时间价值不存在于NPV标准,因为后者从来没有考虑保留看跌期权并且在一期后减资的时间价值。

这些额外的54个期权将是投资或者减资决策的新维度。它们可以一年后卖出，因此代表了54个单位的看跌期权。这些看跌期权应该一年后执行（到时它们的时间价值将是0），如果未来不存在更多的执行时间的话。它们将增加决策的价值。确实，许可证价格增加的可能性是80%。因此，对应着这些额外期权的预期折现收益是：

$$54 \times \left(\frac{0.8 \times 24 + 0.2 \times 16.7}{1.06} - 20 \right) \approx 68$$

计算结果是正值，说明实物期权方法优于净现值方法。在实物期权方法中，t_0 时刻的净成本将是 1 501 欧元（1 920－351－68）。与 NPV 标准的一系列静态决策相比较，其收益提高了 68 欧元。这些不同似乎很小，但是这是由于我们限制了 t_0 时刻可能购买的排放许可证数量 ($\leq 3N$)。

比较静态　很明显，不同的参数值将获得不同的结果。比如，如果价格过程上升的可能是 20%，而非 80%，那么预期的许可证价格将下降，卖出尽可能多的配额，也就是全部的 50 个单位，这样做更有意义。一期后，一边以较低价格购买需要的许可证，一边在到期时履约。事实上，一期后交易许可证的可能性允许这样的一个决策。后者在图 6-22 中作了分析。

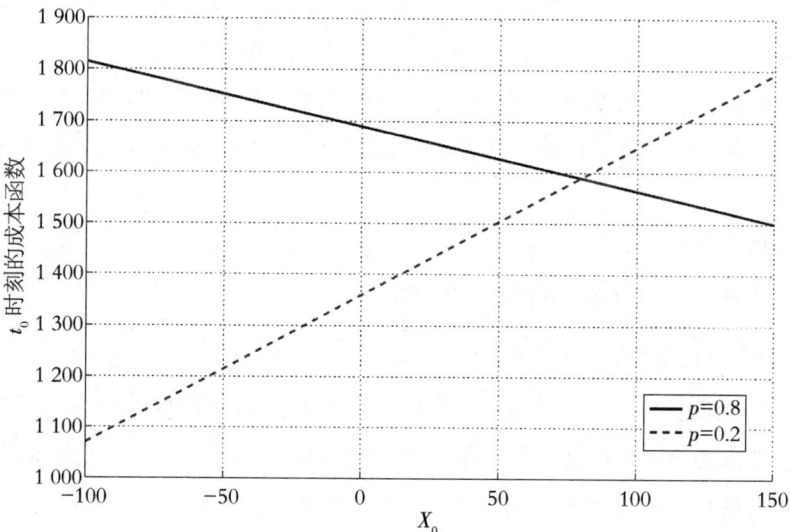

图 6-22　成本函数关于 P 变化的敏感性分析

使用动态决策过程，允许企业在时刻 0 利用预期许可证价格的优势，调整只是基于完全对冲累计排放量的决策。为了从预期价格波动中获取收益，调整后的决策意味着初期的过度或者不足对冲，这取决于直到时刻 1 的预期许可证价格变化过程的趋势。这种扭曲的对冲将转换为时刻 1 的完美决策。很明显，如果假设交易许可证的数量对许可证价格波动没有影响，也就是松弛的，这将增强使用实物期权方法作出决策的优势。

6.7.3　例三：排放量与价格演化过程的单期二叉树模型——在排放权交易中考虑技术转换的最优决策

如同第一个例子，单期二叉树模型假设瞬时排放水平和排放许可证价格均为独立外生过程。与之前提到的类似，单期模型不能区分实物期权方法和 NPV 标准。确实，要想作出这种区分，就必须在模型中纳入推迟交易的可能性。

在第三个例子中，没有交易机会。模型的焦点是技术转换（switch the technology）以使企业履约。假设初期企业可以转换其生产技术（$\theta = 1$），需要总成本 C；或者保留原有技术（$\theta = 0$）。新技术将减少 Γ 吨污染物。

按照第一个例子，给定初期分配配额、技术转换的潜在减排量和预期排放许可证净头寸，企业在初期最小化其成本函数 $f(\cdot)$。

成本函数由初期企业转换技术带来的成本和终期潜在的成本构成。后者由罚金加上许可证价格，再乘以短缺的排放许可证数量得到。最小化问题的结果是：

$$\min_{\theta \in (0,1)} f(\Gamma, \theta)$$

$$f(\Gamma, \theta) = \theta \cdot C + (1 + \eta)^{-1} E[g(\tilde{Q}_1, \theta)^+ \cdot (\tilde{P}_1 + P)]$$

这里 $g(\tilde{Q}_1, \theta) = Q_0 + \tilde{Q}_1 - N - \theta \cdot \Gamma$。

沿着第一个例子的思路，到期时的成本对应看涨期权的收益，期权的执行价格为 $N + \theta \cdot \Gamma$，目标的物价值等于 $Q_0 + Q_1$。因此，运用类似期权定价的思想，企业的目标是，在初期选择合适的执行价格，由于选择技术，也就是 Γ，这样看涨期权将可能在到期时成为平价期权。很显然，在当前的随机环境中，执行价格的最优选择不意味期权将一定成为平价期权。事实上，在初期，Q_1 是一个随机变量。

为了作出最优选择，需要对比两个可能的控制变量形成的两个成本函数 f，其中 $\theta \in (0,1)$，：

$$f(\Gamma,0) = (1+\eta)^{-1} E[g(\tilde{Q}_1,0)^+ \cdot (\tilde{P}_1 + P)]$$

和

$$f(\Gamma,1) = C + (1+\eta)^{-1} E[g(\tilde{Q}_1,1)^+ \cdot (\tilde{P}_1 + P)]$$

定义函数 g，并将上述两个值分解为独立的期望值的乘积的定义和分离两个值成为一个独立的期望值，可以得到：

$$f(\Gamma,0) > f(\Gamma,1) \Leftrightarrow E\left[(Q_0 + \tilde{Q}_1 - N) \cdot 1_{Q_1 \geqslant N - Q_0}\right] \cdot (E[\tilde{P}_1] + P)$$
$$> E\left[(Q_0 + \tilde{Q}_1 - N - \Gamma) \cdot 1_{Q_1 \geqslant N + \Gamma - Q_0}\right] \cdot (E[\tilde{P}_1] + P) + (1+\eta)C$$

期望值移到不等式左边：

$$f(\Gamma,0) > f(\Gamma,1) \Leftrightarrow$$
$$\{(Q_0 - N) \cdot \Pr(Q_1 \in [N - Q_0, N + \Gamma - Q_0]) - \Gamma \cdot \Pr(Q_1 > N + \Gamma - Q_0) + E[Q_1 \cdot 1_{Q_1(\omega) \in [N - Q_0, N + \Gamma - Q_0]}]\}$$
$$\cdot (E[\tilde{P}_1] + P) > C(1+\eta)$$

对于数值算例，仍然使用第一个例子中的部分参数，另外加上 Γ 和 C，见表 6-2。

表 6-2　　　　　　　　　　**数值算例使用的参数**

Parameter	Value
N	50
η	0.06
$P(penalty)$	100
P_0	20
p	0.8
u	1.2
d	$\frac{1}{1.2} \approx 0.8$
Q_0	40
q	0.5
Γ	30(tons)
C	€1 000

图6-23描述了成本函数（对于 $\theta = 0$ 和 $\theta = 1$）和减排量之间的关系：减排量 Γ 以吨为单位，$\Gamma \in [0,50]$ 并且 C = 1 000欧元。

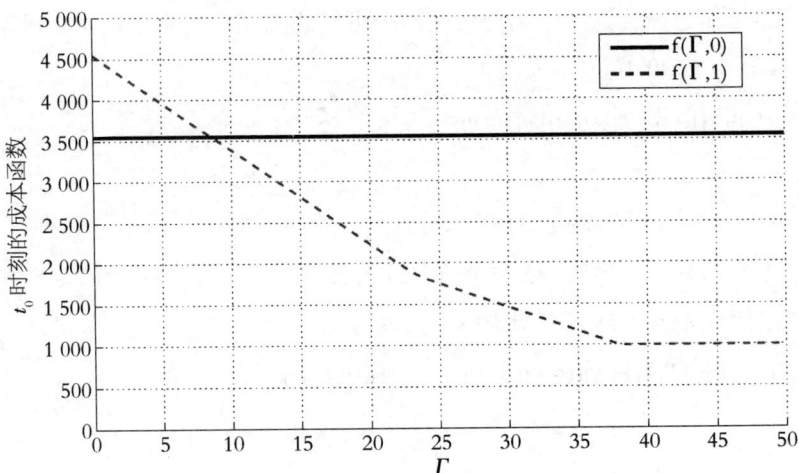

图6-23　减排量 Γ（$\Gamma \in [0,50]$）取不同值时的成本函数

因为 $\theta = 0$ 对应没有技术转换，很明显 $f(0)$ 不依赖于 Γ。在这个例子中，$f(0) = 3\,545$。对于采用的清洁技术，给定的成本是 C，$f(1)$ 是实际减排量的减函数。

对于减排量 Γ 少于9吨，采取新技术是不可取的。相比有限的减排量，转换成本太高。相反，如果 Γ 大于9吨，为了避免将来的罚金，技术转换是最优的选择。在这个案例中，当 $\theta = 1$ 时，成本函数是最小的。

图6-24表示了成本函数（对于 $\theta = 1$ 和 $\theta = 0$）和转换成本 C 之间的关系，其中 $C \in [1\,000, 3\,500]$，$\Gamma = 30$ 吨。

显然，转换成本 C 越低，新生产技术应用的可能性就越大。特别地，如果成本 C 小于3 084欧元，那么企业的最优决策是转换技术。否则，当 $\theta = 0$ 时，成本函数是最小的，也就是维持初期的生产技术。

下面引入转换成本 C 与新技术应用过程中产生的减排量 Γ 之间的关系。采用一个标准的二次成本函数：

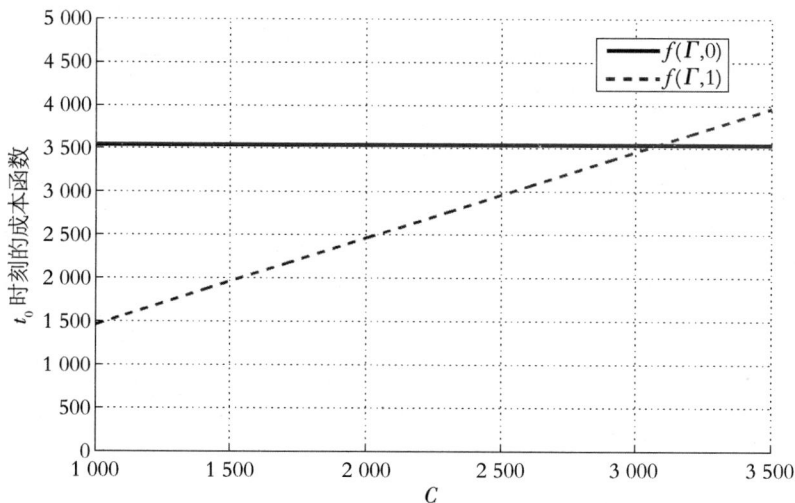

图6-24　转换成本 C($C \in [1\ 000, 3\ 500]$)取不同值时的成本函数

$$C(\Gamma) = (\frac{\alpha}{2})\Gamma^2$$

这样一个情形，为了成本函数最小化，企业的目标是决策最优的温室气体减排量。

最小化问题的结果是：

$$\min_{\Gamma} F(\Gamma)$$

$$F(\Gamma) = C(\Gamma) + (1+\eta)^{-1} E[G(\tilde{Q}_1)^+ \cdot (\tilde{P}_1 + P)]$$

这里，

$$G(\tilde{Q}_1) = Q_0 + \tilde{Q}_1 - N - \Gamma$$

采用解析方法是不可能的，因为如同第一个例子，成本函数 F 不是处处可微分的。因此采用数值方法，解由图形识别获得。

图6-25描述了成本函数和可能的减排量 Γ 之间的关系，污染物以吨为单位计算，$\Gamma \in [0, 50]$，参数 α 的取值不同。

对于 $\alpha = 1$，最优减排量为 $Q_0 + uQ_0 - N = 38$，也就是最坏的情形。事实上，在这种情形下，终期排放量增加，达到了 $uQ_0 = 48$，企业完全对冲了这种情形。总排放量将为88吨，在初期分配配额50个单位的基础上再购买38个单位，就可以避免惩罚。

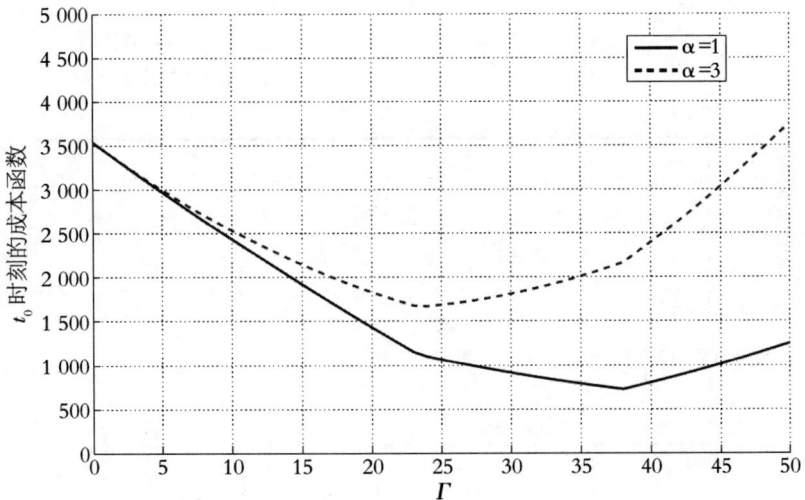

图 6-25　关于不同的转换成本 C 和减排量 Γ 的成本函数

对于 $\alpha = 3$ ，减排成本更高，因此最优减排量只是部分对冲，也就是在下一个周期，排放量将减少，达到32吨。在这种情况下，全部的累计排放量达到72吨，购买 22 $(Q_0 + dQ_0 - N)$ 个单位排放权将会规避惩罚。到期时没有履约的风险，也就是由于排放量增加而在到期时应缴纳的罚金，比减排过量带来的风险，也就是初期过量的减排成本更低。

6.7.4　例四：排放量与价格演化过程的双期二叉树模型——排放权交易中考虑技术转换的最优决策

这个案例结合了上文最后两个例子，履约企业的瞬时排放水平和排放许可证价格是外生独立的过程，按照双期二叉树模型演化。每周期的长度是一年。

在这种更加现实的新环境中，为了履约，企业可以作出两个决策：排放权交易和技术转换。一系列的决策如下：在初期，企业只有排放权交易机会。一个时期后，也就是中期，企业可以转换总成本为 C 的生产技术（ $\theta = 1$ ）或者保留原有技术（ $\theta = 0$ ）。新技术减少了 Γ 吨的污染物排放。

除了这个扩展以外，仍然使用前面例子的条件和符号。

与上文第一个和第三个例子不同的是，通过引进部分延迟和转换投资决策的可能性，这个新例子允许我们对比实物期权方法和 NPV 标准。

这些演化过程遵从一个二叉树模型。市场的不确定性通过三个可能的状态体现，即终期、排放水平和排放许可证价格。下图说明了这些内容。

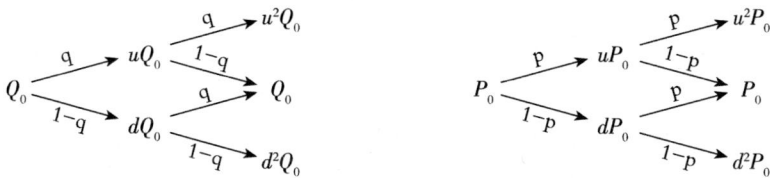

其中：$0 < d < 1 < u = \dfrac{1}{d}$；$Q_0$ 和 P_0 分别表示初始的排放水平和排放许可证价格；参数 q 和 p 分别表示排放量和价格上升的概率；时期 1 和终期的排放水平和许可证价格，分别记为 Q_1、Q_2、P_1、P_2，它们在初期被视为随机变量。

基于上一个例子，我们考虑下面的参数取值（见表 6-3）。

表 6-3　　　　　　　　　　数值算例中使用的参数

Parameter	Value
N	50
η	0.06
$P(penalty)$	100
P_0	20
p	0.8
u	1.2
d	$\dfrac{1}{1.2} \approx 0.8$
Q_0	40
q	0.5
Γ	40(tons)
C	€3 000

在这种新的情形中，两个未知变量需要决策：X_0，即初期企业买或卖的许可证数量，以及一年后企业是否转换新技术的决策 θ。如同第一个例子，N 表示初期分配的排放许可证数量。在到期时，即第二期期末，企业必须拥有充足的许可证。如果企业不能履约，对于每吨没有覆盖的污染物，其必须缴纳罚金 P 加上许可证价格，即 P_2。

沿着上一个例子的思路，初期企业最小化成本函数为：

$$\min_{X_0} f(X_0) \tag{6-6}$$

这里，

$$f(X_0) = P_0 \cdot X_0 + E\left[\frac{\theta C}{1+\eta} + (1+\eta)^{-2} \cdot h\left(\tilde{Q}_1, \tilde{Q}_2\right)^+ \cdot \left(\tilde{P}_2 + P\right)\right] \tag{6-7}$$

函数 $h(\cdot)$ 表示企业排放许可证的终期净头寸：

$$h\left(\tilde{Q}_1, \tilde{Q}_2\right) = Q_0 + \tilde{Q}_1 + \tilde{Q}_2 - N - X_0 - \theta \cdot \Gamma$$

在这个例子中，初期净头寸取决于两个因素。$h(\cdot)^+$ 代表函数 h 的正部。

成本函数由三部分组成：初期交易配额的成本、第一期期末可能的技术转换带来的成本，以及最后到期时的预期折现成本（对每吨没有覆盖的污染物，其成本为罚金加上污染物许可证的价格）。负的成本，也就是收益，由初期卖出许可证得到。

在中期，控制变量 θ 取决于累计排放量 $Q_0 + Q_1$，和实际许可证价格 P_1，以及企业拥有的配额数量 $N + X_0$：

$$\theta = \theta(N + X_0, Q_0 + Q_1, P_1)$$

一年后，履约企业将面对第二次选择：转换技术（$\theta = 1$）或者维持现状（$\theta = 0$）。第二次选择类似于第三个例子中的单期二叉树模型：

$$\min_{\theta \in [0,1]} F(X_0, \theta)$$

这里，

$$F(X_0, \theta) = \theta \cdot C + (1+\eta)^{-1} E\left[G\left(\tilde{Q}_2, \theta\right)^+ \cdot \left(\tilde{P}_2 + P\right)\right]$$

其中：

$$G\left(\tilde{Q}_2, \theta\right) = Q_0 + Q_1 + \tilde{Q}_2 - N - X_0 - \theta \cdot \Gamma$$

为了解决这个问题，需要使用回溯法。这种方法在于从初期的结束点开始，计算 θ ，也就是技术方面的最优决策。这个决策是初期可能交易的许可证数量、可观察到的排放水平以及许可证价格的函数。然后，初期的交易数量就可以获得。

因此，我们认为 θ 是 X_0 、实际排放量 Q_1 和中期排放许可证价格 P_1 的函数：

$$\theta = \theta(X_0, Q_1, P_1)$$

如同之前提到的，一期后，最小化成本函数是一个类似上述第三个例子的单期二叉树模型。我们考虑第一期排放水平和价格的四种可能情况。

情形 1：　$Q_1 = dQ_0$ 和 $P_1 = dP_0$

如果排放水平和许可证价格在第一期期末下降，为了获得技术转换方面的最优决策，需要对比两个可能的控制变量，即 $\theta \in [0,1]$,所带来的不同的成本函数值：

$$F(X_0, 0) = (1 + \eta)^{-1} E[G(\tilde{Q}_2, 0)^+ \cdot (\tilde{P}_2 + P)]$$

和

$$F(X_0, 1) = C + (1 + \eta)^{-1} E[G(\tilde{Q}_2, 1)^+ \cdot (\tilde{P}_2 + P)]$$

定义函数 G（·），并将上述两个值分解为独立的期望值的乘积，得到下面的等价条件：

$$F(X_0, 0) > F(X_0, 1)$$
$$\Leftrightarrow E[(Q_0 + dQ_0 + \tilde{Q}_2 - N - X_0)^+] \cdot (E[\tilde{P}_2] + P)$$
$$> E[(Q_0 + dQ_0 + \tilde{Q}_2 - N - X_0 - \Gamma)^+] \cdot (E[\tilde{P}_2] + P) + C(1 + \eta)$$

也就是，

$$F(X_0, 0) > F(X_0, 1)$$
$$\Leftrightarrow ((1 - q)((1 + d + d^2)Q_0 - N - X_0)^+ +$$
$$q((1 + d + 1)Q_0 - N - X_0)^+)(pudP_0 + (1 - p)d^2 P_0 + P)$$
$$> C(1 + \eta) + (1 - q)(((1 + d + d^2)Q_0 - N - X_0 - \Gamma)^+ + q((1 + d + 1)Q_0 - N - X_0 - \Gamma)^+)$$
$$(pudP_0 + (1 - p)d^2 P_0 + P)$$

将期望移到左边：

$$F(X_0,0) > F(X_0,1)$$

$$\Leftrightarrow C(1+\eta) < ((1-q)\big(\big((1+d+d^2)Q_0-N-X_0\big)^+ - \big((1+d+d^2)Q_0-N-X_0-\Gamma\big)^+\big) +$$

$$q\big(\big(((1+d+1)Q_0-N-X_0\big)^+ - ((1+d+1)Q_0-N-X_0-\Gamma)^+\big)\big)\big(pudP_0+(1-p)d^2P_0+P\big)$$

企业只有在初期购买配额数量有限的情况下，技术转换才是最优决策。给定这个例子使用的参数，可以得到下面的结果：

$$F(X_0,0) > F(X_0,1) \Leftrightarrow X_0 < 30.5$$

也就是，

$$\theta(X_0,dQ_0,dP_0) = 1_{X_0<30.5}$$

也就是说，如果一期后排放量和配额价格都下降，技术转换只有当初期购买排放权数量小于31个单位时，技术转换才是最优的（如图6-26所示）。

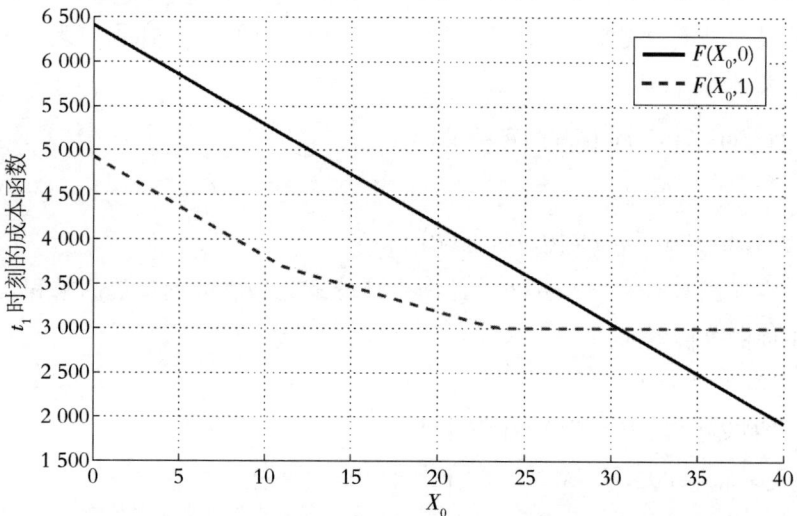

图6-26　t_1 时刻在 $Q_1 = dQ_0$、$P_1 = dP_0$ 的条件下 X_0 取不同值时的成本函数

在这个例子中，如果初始数量是30吨，那么企业将在一期后拥有80个单位的配额，同时决定是否转换为新技术。维持现有技术将是低效的，也就是对冲不足的。这是因为，在到期日拥有80个单位的期权（初期分配的50加上购买的30），和潜在需要量101个$(40+\dfrac{40}{1.2}+\dfrac{40}{1.2^2})$ 或 113个$(40+\dfrac{40}{1.2}+40)$相比，其会太少，而出现这两种需要量的概率各为50%。

　　相反，如果初始数量是40个单位，一期后企业拥有90个单位配额，将决定继续使用旧技术。技术转换成本较为昂贵，这时会产生过度对冲。这是因为，在到期日拥有90个单位的期权（初始分配的50加上购买的40），相较于潜在的需要量73个(113−40)或者61个(101−40)，其显然太多，而出现这两种需要量的概率各为50%。

　　沿着同样的思路，得到其他三种可能情形的结果。

　　情形2　$Q_1 = dQ_0$以及$P_1 = uP_0$

$F(X_0, 0) > F(X_0, 1)$

$\Leftrightarrow C(1 + \eta) < ((1 - q)(((1 + d + d^2)Q_0 - N - X_0)^+ - ((1 + d + d^2)Q_0 - N - X_0 - \Gamma)^+) +$

$\quad q(((1 + d + 1)Q_0 - N - X_0)^+ - ((1 + d + 1)Q_0 - N - X_0 - \Gamma)^+))(u(pu + (1 - p)d)P_0 + P)$

　　在这种情况下，

$F(X_0, 0) > F(X_0, 1) \Leftrightarrow X_0 < 32.5$

　　并且

$\theta(X_0, dQ_0, dP_0) = 1_{X_0 < 32.5}$

　　如果第一期期末价格增加，这将形成到期日的配额短缺，也就会带来较高的成本，这就提高了技术转换的吸引力（如图6-27所示）。

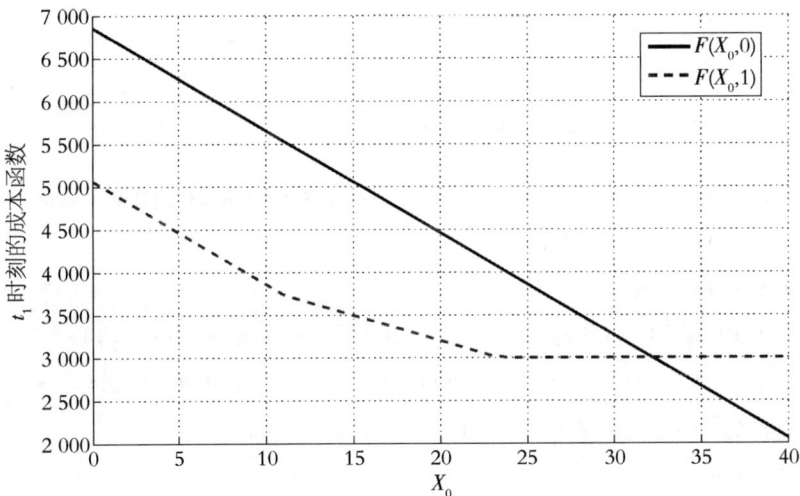

图6-27　t_1时刻在$Q_1 = dQ_0$、$P_1 = uP_0$的条件下X_0取不同值时的成本函数

情形3　　$Q_1 = uQ_0$以及$P_1 = dP_0$

$F(X_0, 0) > F(X_0, 1)$

$\Leftrightarrow C(1 + \eta) < ((1 - q)(((1 + u + ud)Q_0 - N - X_0)^+ - ((1 + u + ud)Q_0 - N - X_0 - \Gamma)^+) +$

$\quad q(((1 + u + u^2)Q_0 - N - X_0)^+ - ((1 + u + u^2)Q_0 - N - X_0 - \Gamma)^+))(d(pu + (1-p)d)P_0 + P)$

译者注：原文公式中$(1 + u + d^2)$应为$(1 + u + ud)$。

在这种情况下，

$F(X_0, 0) > F(X_0, 1) \Leftrightarrow X_0 < 60$

$\theta(X_0, dQ_0, dP_0) = 1_{X_0 < 60}$

第一期排放水平增加，将会形成到期日配额短缺的情况，从而形成了较高的成本，提高了技术转换的吸引力（如图6-28所示）。

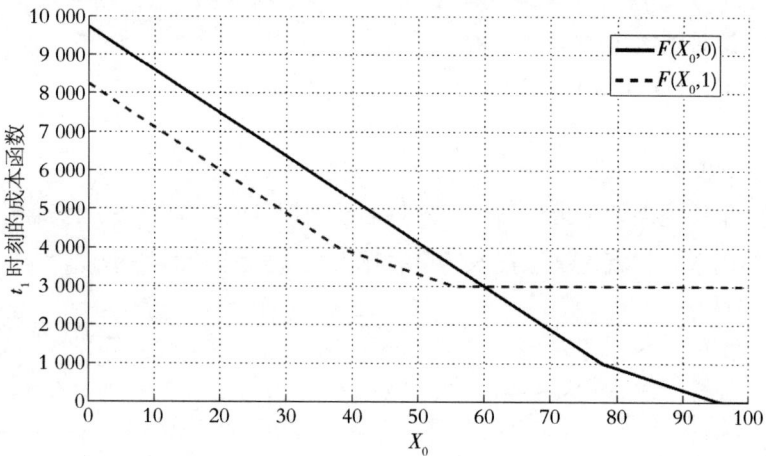

图6-28　t_1时刻在$Q_1 = uQ_0$、$P_1 = dP_0$的条件下X_0取不同值时的成本函数

情形4　　$Q_1 = uQ_0$以及$P_1 = uP_0$

$F(X_0, 0) > F(X_0, 1)$

$\Leftrightarrow C(1 + \eta) < ((1 - q)(((1 + u + ud)Q_0 - N - X_0)^+ - ((1 + u + ud)Q_0 - N - X_0 - \Gamma)^+) +$

$\quad q(((1 + u + u^2)Q_0 - N - X_0)^+ - ((1 + u + u^2)Q_0 - N - X_0 - \Gamma)^+))(u(pu + (1-p)d)P_0 + P)$

译者注：原文公式中$(1 + u + d^2)$应为$(1 + u + ud)$。

在这种情况下，

$F(X_0, 0) > F(X_0, 1) \Leftrightarrow X_0 < 61.5$

并且

$\theta(X_0, dQ_0, dP_0) = 1_{X_0 < 61.5}$

当排放水平和价格都增加时，技术转换的优势更加明确（如图6-29所示）。

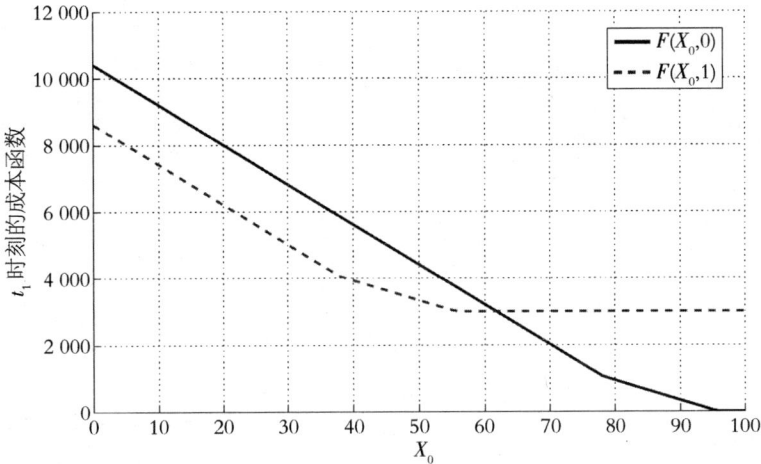

图6-29 t_1 时刻在 $Q_1 = uQ_0$、$P_1 = uP_0$ 的条件下 X_0 取不同值时的成本函数

现已得到 θ 是 X_0、Q_1 和 P_1 的函数。初期的最小化问题，由等式6-6给出，可以写成如下形式：

$$\min_{X_0} f(X_0)$$

这里

$$f(X_0) = P_0 X_0 + E\left[\frac{\theta(X_0, Q_1, P_1)C}{1+\eta} + (1+\eta)^{-2} \cdot h\left(Q_1, Q_2\right)^+ \cdot (P_2 + P)\right]$$

并且函数 $h(\cdot)$ 表示了企业排放许可证的终期净头寸：

$$h(Q_1, Q_2) = Q_0 + Q_1 + Q_2 - N - X_0 - \theta\Gamma$$

因此，根据函数 θ 的取值，考虑排放量和价格路径的16种不同的组合：

$$f(X_0, \Gamma) = P_0 X_0 + p^2 \sum_{i=0}^{1} \sum_{j=0}^{1} q^i (1-q)^{2-i-j} q^j \left[\frac{\theta\left(X_0, u^i d^{1-i} Q_0, u P_0\right)C}{1+\eta} + (1+\eta)^{-2} \cdot h\right.$$

$$\left(u^i d^{1-i} Q_0, u^{i+j} d^{2-j-i} Q_0\right)^+ \cdot \left(u^2 P_2 + P\right)\right] + p(1-p) \sum_{i=0}^{1} \sum_{j=0}^{1} q^i (1-q)^{2-i-j} q^j \left[\frac{\theta\left(X_0, u^i d^{1-i} Q_0, u P_0\right)C}{1+\eta} + \right.$$

$$(1+\eta)^{-2} \cdot h\left(u^i d^{1-i} Q_0, u^{i+j} d^{2-j-i} Q_0\right)^+ \cdot (P_2 + P)\right] + p(1-p) \sum_{i=0}^{1} \sum_{j=0}^{1} q^i (1-q)^{2-i-j} q^j$$

$$\left[\frac{\theta\left(X_0, u^i d^{1-i} Q_0, d P_0\right)C}{1+\eta} + (1+\eta)^{-2} \cdot h\left(u^i d^{1-i} Q_0, u^{i+j} d^{2-j-i} Q_0\right)^+ \cdot (P_2 + P)\right] + (1-p)^2 \sum_{i=0}^{1} \sum_{j=0}^{1} q^i$$

$$(1-q)^{2-i-j} q^j \left[\frac{\theta\left(X_0, u^i d^{1-i} Q_0, d P_0\right)C}{1+\eta} + (1+\eta)^{-2} \cdot h\left(u^i d^{1-i} Q_0, u^{i+j} d^{2-j-i} Q_0\right)^+ \cdot \left(d^2 P_2 + P\right)\right]$$

　　为了解决这个问题，需要数值方法。使用这个案例的参数集，可以得到图6-30。

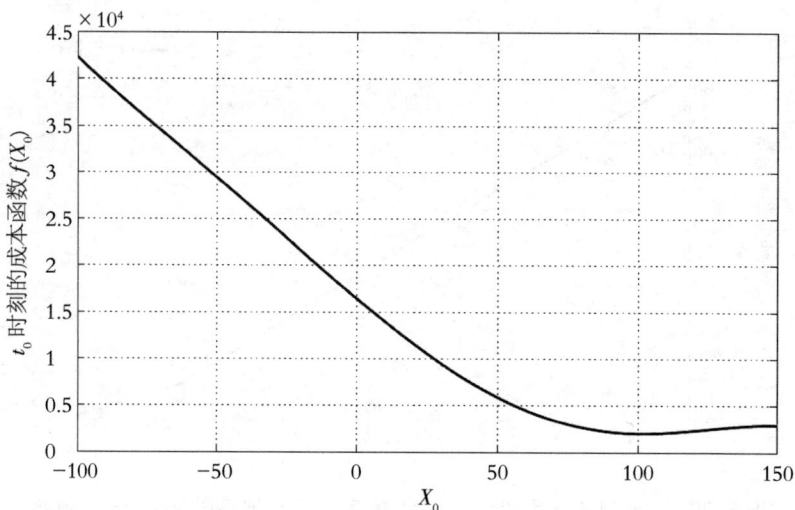

图6-30　t_0 时刻 X_0 取不同值时的成本函数

　　这个最优化问题的决策是，初期企业需要购买96个单位的配额，并且在第一期期末，企业继续使用原来的技术 ($\theta = 0$)。购买这些配额代表对冲最差的情形，也就是排放量增加两次，如例二。很明显，这种策略存在缺陷。事实上，如果这个排放量不是增加两次，这种决策会造成过度对冲，并且不再高效，因为到期日排放许可证价格将是零。然而，这些缺点远远被购买便宜排放许可证的优点抵消。

　　直观来看，初始排放量许可证价格20欧元，相对于技术转换成本75欧元(3 000÷40)或者罚金100欧元来说，是较小的。因此，企业在这种情形下，购买配额和拥有足够多的排放权，与在最理想的情形（排放量减少）下购买配额，以及承担较高的技术转换成本，或者到期日再购买配额或交付罚金相比，这种做法是较为便宜的。

　　在动态过程中，在 t_0 和 t_1 时刻所做的决策均是基于同一变量（排放权数量 X_0），因此在例二中（6.7.2节），比较NPV标准和实物期权更具有意义。其允许出现不足或者过度对冲，但是在其他例子中这些是不可能的。除此之外，这两个决策之间的比较，揭示了在动态环境中的实物期权方法的益处。

在 NPV 标准中，其考虑了一系列静态决策，包括首次购买污染物排放权 (t_0)，但却没考虑接下来在 t_1 时刻第二次决策中的技术转换。这代表了 NPV_0 标准。另一个静态决策（NPV_1，参见例二）将只在 t_1 时刻 进行决策。在实物期权框架中，其实施了一系列动态决策。如同第二个例子显示（6.7.2 节），静态 NPV 方法忽视了这种调整。在 NPV_0 标准和当前参数值条件下，企业完全对冲 t_2 时刻最坏的情形(146 吨)，将在时刻 t_0 购买 96 个单位的许可证（$X_0 = 96$）。NPV_1 决策受其对应决策 NPV_0 的影响。事实上，唯一的技术转换在时期 t_1，对应着 61 吨（最好情形）到 106 吨（最差情形）的污染物，也就是说比 NPV_0 的成本稍高。

NPV_0 标准的结果和实物期权相似，因为在动态情形下，次优的技术转换已经在时刻 t_0 被推导出来。事实上，相对于污染物价格水平（20 欧元每吨）来说，技术转换的成本（75 欧元每吨）太高了。只要决策建议技术改变（如同下面比较静态的案例），实物期权决策将得益于初期的不足对冲，这给了随后转换技术期权更多的价值。在 NPV 标准下，最佳决策仍然是沿着排放水平路径完美对冲，没有考虑技术转换，这会产生一个明确的价值损失。

比较静态　很明显，不同参数值导致了不同的价值。比如，如果转换成本 C 较小，$C = 500$，并且技术转换带来的减排量较高，$\Gamma = 60$ 吨，那么转换技术决策是最优的。决策由初期的不足对冲（$X_0 \approx 63$），和如果排放量增加，在中期进行技术转换构成。在 t_0 时刻，企业拥有 113（50 + 63）个单位的排放权，完全符合到期日排放水平分别下降和上升一次需要的许可证数量。相对于污染物价格水平（20 欧元每吨）来说，技术转换的成本（8.33 欧元每吨）是相对便宜的。因此，为了达到利用这种便宜机会来履约的目标，决策过程的延迟将非常有意义。换句话说，如果 t_1 时刻的排放增加，这将导致技术转换。否则，企业将维持现有技术。

可以得到图6-31。

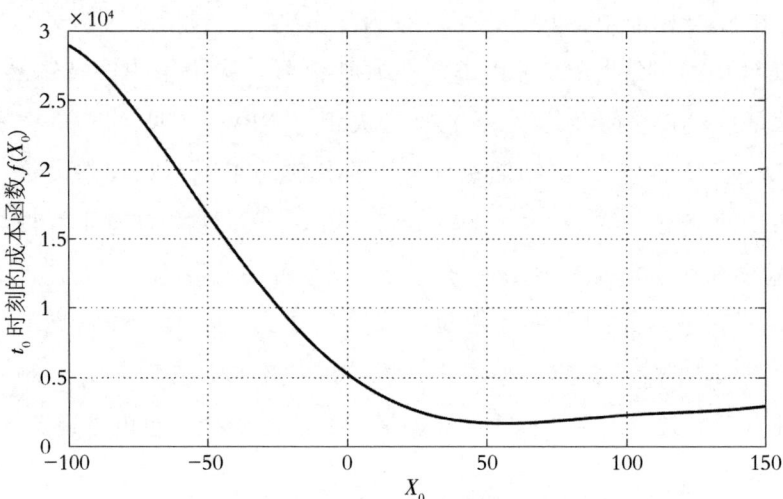

图6-31 t_0 时刻 X_0 取不同值时的成本函数

6.7.5 例五：排放量演化过程的单期二叉树模型——价格演化过程内生驱动条件下排放权交易中的最优决策

在之前的例子中，配额价格是给定的，因此独立于供给和需求。在最后的这个例子中，我们更进一步地通过内生变量来驱动这些过程。这种更加现实的模拟让我们能够阐明有趣的特征，尤其是企业的决策行为对价格过程的影响。

在这种新的情况下，引入第二个企业。两个企业的相互影响是解释价格形成的关键因素。沿着第一个和第三个例子的相同思路，排放水平按照单期二叉树模型演变。瞬时排放水平仍然是外生的，但是现在排放许可证价格是由供求关系决定的平衡价格。

$X_{i,0}$ 和 $N_{i,0}$ 分别表示企业 i，$i \in \{1,2\}$，在初始 t_0 时刻配额的交易量和分配许可证的数量。在类似 EU ETS 的总量限制交易中，减排目标在每个时期的开始阶段已经设定。因此，污染物排放许可证的供应量确实是固定的：

$N = N_{1,0} + N_{2,0}$

企业 i 在 t 时刻，拥有的排放许可证的净头寸是：

$\delta_{i,0} = N_{i,0} + X_{i,0}$

全部许可证的数量是固定的，市场出清条件是：

$\delta_{1,0} + \delta_{2,0} = N$　　　或者　　　$X_{1,0} = -X_{2,0}$

这个条件显示均衡条件下的许可证头寸净供应量是零。因此，满足了市场排放许可证数量供求的竞争平衡条件。

在周期期末，我们预期拥有的配额和实际排放水平之间，存在剩余或者短缺的情况。事实上，给定排放过程固有的随机性，在大部分情形下，企业要么将拥有大量无价值的配额，要么将对没有覆盖的污染物支付罚金。表达式如下：

$Q_{i,0} + Q_{i,1} - X_{i,0} - N_{i,0}$

其表示了当交易机会只存在于 t_0 时刻的单期模型时，企业 i 的排放权许可证的终期净头寸。

我们考虑第一个企业（$i = 1$）。在 t_0 时刻，企业完全了解分配给自己的配额数量和初期排放量，其分别是 $N_{1,0}$ 和 $Q_{1,0}$，同时企业了解第二个企业拥有的配额数量 $N_{2,0}$，以及第二个企业排放水平 $Q_{2,0}$ 的部分信息。更确切地说，假定从第一个企业的角度来看，$Q_{2,0}$ 可能有两个取值：值 $uQ_{2,-1}$ 和 $dQ_{2,-1}$，它们的概率分别是 q_2 和 $1 - q_2$。

从第一个企业的角度来看，$Q_{2,-1}$ 是一个参数，用它可以在初期建立一个单期二叉树模型，可以引入第二个企业排放量演化的不确定性。然而，在这种简单的设置中，这个参数不是第二个企业的累计排放水平，即不是终期 $Q_{2,0} + Q_{2,1}$ 的参数。

不对称信息的出现，引发了其他企业排放量动态演化的滞后效应。事实上，$Q_{2,0}$ 只在第一期期末才会公布。从第一个企业的角度来看，图 6-32 可以说明这种情形，在这里，之前的符号仍然被使用。

对第二个企业来说，问题是对称的，因此从第二个企业的角度来看，图 6-33 可以说明这种情形：

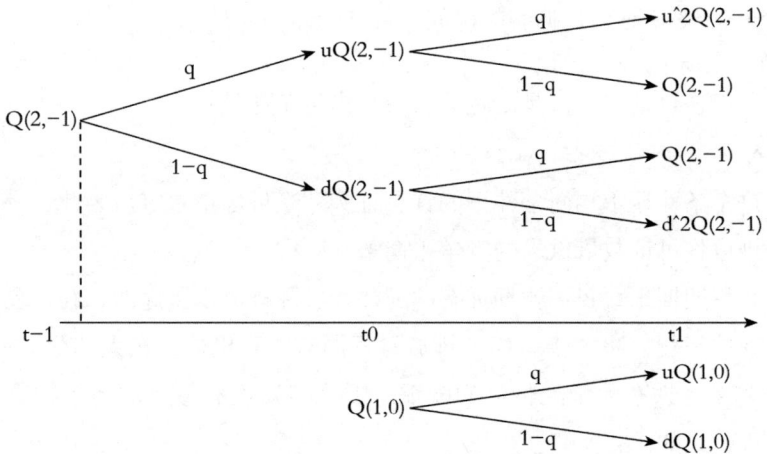

图 6-32　从企业 1 的角度观察企业 2 的可能排放量

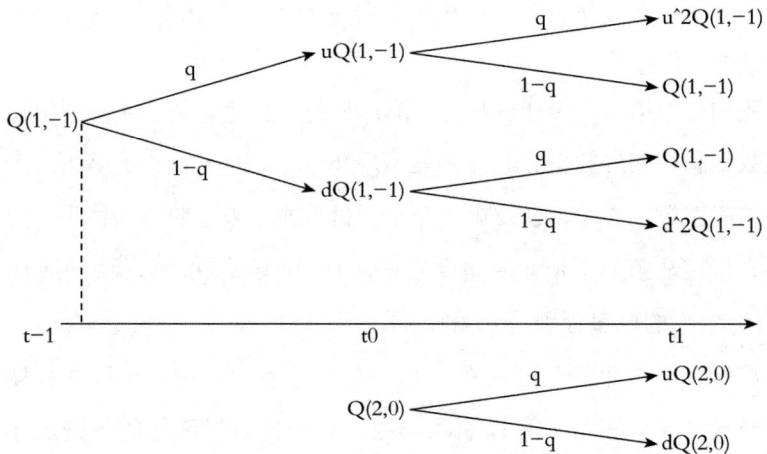

图 6-33　从企业 2 的角度观察企业 1 的可能排放量

在终期 t_1 时刻，每个企业应该拥有足够的许可证。为了简化设置，假设如果企业没有履约，每吨没有覆盖的污染物将面临罚金 P，但企业不必购买许可证。

为了避免罚金，企业在终期也可以购买配额。假设如果在到期日，至少有一个企业需要购买配额，最后的配额价格将是罚金 P。因此，第一个企业的终期成本将是 $X_{1,1} \cdot P$，这里：

$$X_{1,1} = (Q_{1,0} + Q_{1,1} - X_{1,0} - N_{1,0})^+ - \Gamma_1$$

并且

$$\Gamma_1 = \min\{(X_{1,0} + N_{1,0} - Q_{1,0} - Q_{1,1})^+, (Q_{1,2} + Q_{2,1} - X_{2,0} - N_{2,0})^+\}$$

事实上，如果企业排放许可证短缺，其将面临罚金 P 或者对每吨没有覆盖的污染物购买配额。这两种办法在财务上等价。因为如果企业在终期处于盈余状态，其出售配额数量将受另一家企业需要购买的配额数量所限。更确切地说，企业可以出售的配额数量等于其盈余的数额和其他企业需要购买的数额之间的较小者。

值得注意的是，在两个企业的情形下，到期日企业将可能出售配额，终期的成本也有可能是负的，也就是可以形成收益。

给定初期分配的许可证数量和排放量动态演化过程，第一个企业在 t_0 时刻最小化其成本函数。预期成本仅仅由 t_0 时刻的成本以及 t_1 时刻的潜在罚金构成。因此，最小化问题是：

$$\min_{X_{1,0}} f_1(X_{1,0})$$

这里，

$$f_1(X_{1,0}) = P_0 \cdot X_{1,0} + E[(1+\eta)^{-1} P \cdot \tilde{X}_{1,1}]$$

因为罚金水平是常数，它可以移出期望算式：

$$f_1(X_{1,0}) = P_0 \cdot X_{1,0} + (1+\eta)^{-1} P \cdot E[\tilde{X}_{1,1}]$$

相似地，企业 2 在初期最小化其成本函数。它的全部预期成本仅仅由 t_0 时刻的成本以及 t_1 时刻的潜在罚金构成：

$$\min_{X_{2,0}} f_2(X_{2,0})$$

这里

$$f_2(X_{2,0}) = P_0 \cdot X_{2,0} + (1+\eta)^{-1} P \cdot E[\tilde{X}_{2,1}]$$

并且

$$X_{2,1} = (Q_{2,0} + Q_{2,1} - X_{2,0} - N_{2,0})^+ - \Gamma_2$$

同时

$$\Gamma_2 = \min\{(X_{2,0} + N_{2,0} - Q_{2,0} - Q_{2,1})^+, (Q_{1,0} + Q_{1,1} - X_{1,0} - N_{1,0})^+\}$$

简单起见，两个企业使用同样的折现因子。将两种不同的贴现因子统一是为了简化。

为了找到 P_0、$X_{1,0}$ 和 $X_{2,0}$ 的均衡解，我们使用数值网格方法来找到企业1和企业2之间的固定点。这样，它们各自的最优决策（知道另一家公司的最优响应）确保了交易数量最大化。

　　因为问题是采用数值解法，我们对变量选取特定的参数和边界值。

　　两个企业的初期分配配额分别是 $N_{1,0}=50$ 和 $N_{2,0}=60$；折现率 η 等于6%；罚金 P 等于100欧元；从企业1的角度来看，初始 CO_2 排放量分别是 $Q_{1,0}=37.8$ 吨 和 $Q_{2,-1}=21.9$ 吨；从企业2的角度来看，初始 CO_2 排放量分别是 $Q_{2,0}=18.2$ 吨 和 $Q_{1,-1}=45.4$ 吨。值得注意的是，每个企业的实际排放量事实上是另一家企业的一个可能预期值（$18.2=21.9\times d$ 和 $37.8=45.4\times d$）。两个企业排放水平上升的概率分别为 q_1 和 q_2，其均等于0.5。

　　因子 u 和 d 分别描述排放水平上升和下降的程度，其分别是1.2和 $\dfrac{1}{1.2}$（大约是0.8）。

　　在这个例子中，存在一个均衡价格 $P_0=80$（如图6-34所示），这样企业1需要购买20个单位配额（$X_{1,0}=+20$），而企业2最优的决定是卖出同样数目的配额（$X_{2,0}=-20$）。在这样的价格点，供求是相交的。图6-34描述了两个企业在已选择参数情况下的成本函数：在已选择参数情况下，初期企业1的许可证短缺而企业2盈余。企业1额外购买20个单位的许可证，在最佳情形下，其完全覆盖过量排放。因为，在最佳情形下，排放量在时期1减少（$（37.8+\dfrac{37.8}{1.2}-50-20）\approx 0$）。对于企业2，出售20个单位的许可证意味着完全覆盖最差的情形，也就是在时期1排放增加（$18.2+18.2\times 1.2-60+20\approx 0$）。值得注意的是，对比企业2预期的排放，其得到了较多的配额，创造了多余的排放权（形成了出售的刺激），而企业1处于相反的情形，其排放水平高并且初期分配的排放权有限（形成了购买的刺激）。

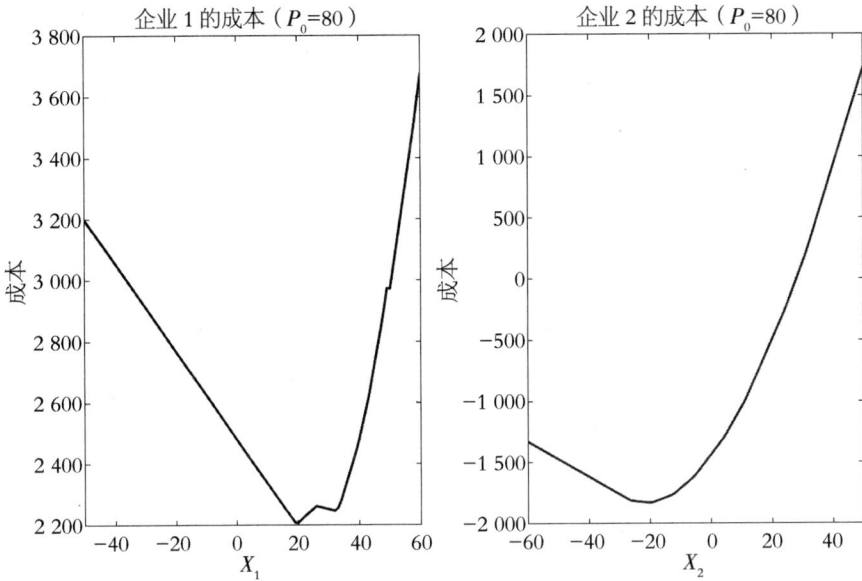

图6-34　当 $P_0 = 80$ 时企业1和企业2的成本

我们考虑较低的许可证价格 $P_0 = 60$ 时，两个企业的交易量（如图6-35所示）。按照这个价格，企业1的最优决策是购买33吨配额（ $X_{1,0} = +33$ ，覆盖其最差的情形）。然而，企业2不愿意出售这个数量的配额（由于价格过低），其最优的决策就是出售20个单位的配额（ $X_{2,0} = -20$ ）。在这种情形下，企业2的目标是覆盖其最佳的情形（其排放量下降），也就是将剩余的20个单位的许可证出售。这说明了价格 P_0 不再允许市场出清。相反，当价格 $P_0 = 80$ 时，两个企业的成本函数被最小化。

如果初始许可证价格较高($P_0 = 90$)，我们将得到不同的结果。在这种情形下，企业1愿意以这个价格购买20个单位的配额（覆盖其最佳情形）。企业2则愿意卖出27个单位的许可证（覆盖其最佳情形），但市场仍然不能出清（如图6-36所示）。

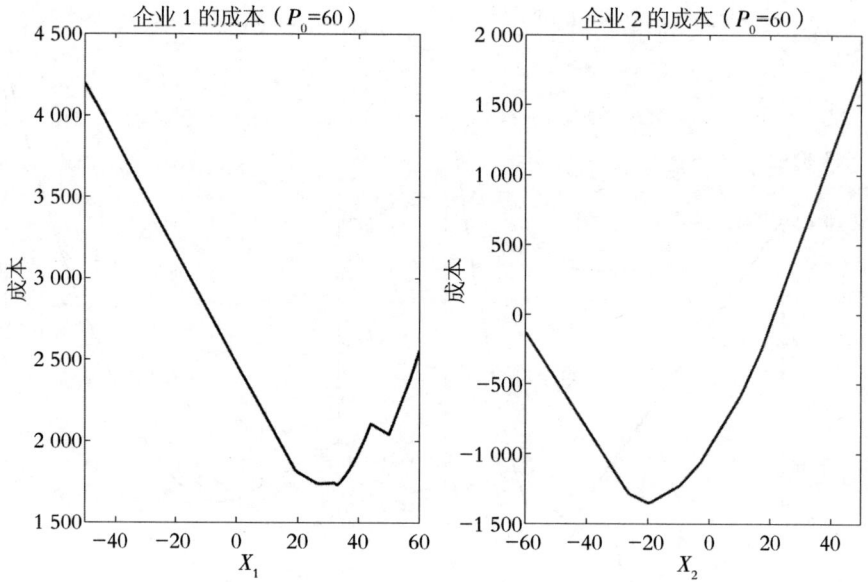

图6-35　当 $P_0 = 60$ 时企业1和企业2的成本

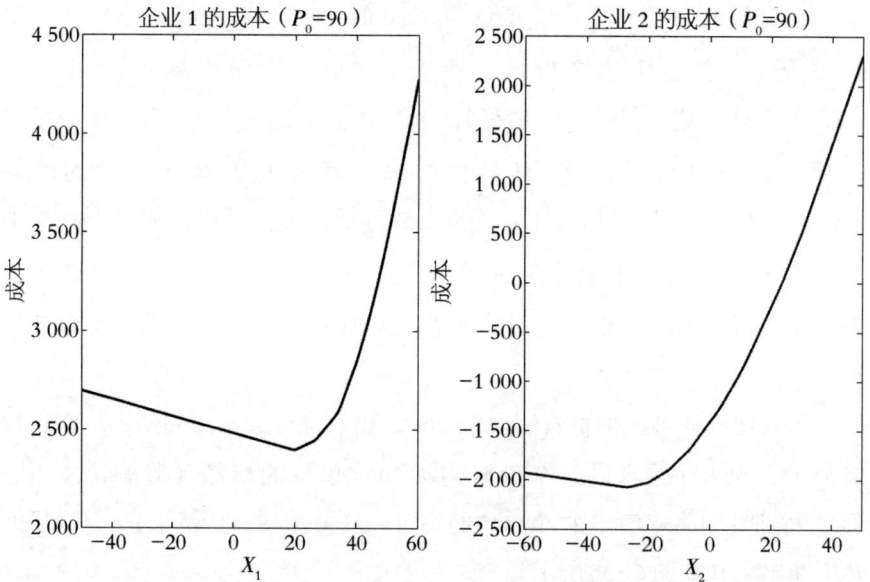

图6-36　当 $P_0 = 90$ 时企业1和企业2的成本

第 7 章

排放权价格动力学

7.1   EUA 价格的计量经济学分析

为了解释配额理论价格与实际价格的差异，最近越来越多的实证研究对排放配额的历史价格序列进行研究。

这类文献的首要任务是识别配额价格序列的特征，特别是价格的产生过程。早期的文献对 EU ETS 第一阶段（2005—2007 年）的配额价格进行研究，发现基于单变量的 ARMA-GARCH 过程对数据的拟合最好，详见 Paolella 和 Taschini（2008）和 Benz 和 Trück（2008）的文献。这些模型对基于过去信息的方差的演化进行了描述，并区分了波动的条件成分与非条件成分。特别地，Paolella 和 Taschini（2008）研究了碳市场对不同冲击的不对称响应，并提出参数模型。该模型对近期的收益和负向收益赋予了较大的权重。

这类文献的第二个任务是对价格序列中的跳跃进行建模。如果时间序列呈现跳跃，很自然地，在对序列进行建模时要把这种现象包含进来。例如，可以使用带有跳跃的几何布朗运动来捕捉时间序列中的跳跃，详见 Daskalakis 等（2009）的文献。

最近，有大量的文献提出用更复杂的过程来研究碳价。[①]对这类较新

---

① 虽然下面的文献不全，但包括了文献中使用的主要过程：Alberola 和 Chevallier（2009），Bunn 和 Fezzi（2009），Hintermann（2010），Gronwald 等（2011），Creti 等（2012）。

的文献的详细描述超出了本章的范围，读者可以参考 Chevallier（2011）出版的图书，该书对此类计量经济学研究进行了详细讨论。下面我们将对 EUA 价格的主要统计特征进行展示，并提出一个简单的建模实例。该实例既可以被当做练习，也可以用于其他建模过程中。

7.1.1 EUA 价格的主要统计量

表 7-1 展示了 EUA2010 年 12 月到期的期货价格和 2012 年 12 月到期的期货价格，以及第一阶段与第二阶段的现货价格的主要统计量。类似地，表 7-2 展示了这 4 个价格序列对数收益的主要统计量。图 7-1 展示了从 2005 年 6 月 24 日到 2007 年 11 月 2 日在 Bluenext 交易的第一阶段的 EUA 现货价格走势，以及从 2008 年 4 月 21 日到 2011 年 5 月 1 日期间第二阶段的 EUA 现货价格走势。类似地，图 7-2 展示了 2008 年 4 月 22 日到 2010 年 11 月 29 日在 ECX 交易的 2010 年 12 月到期的 EUA 期货价格，以及在 2008 年 4 月 22 日到 2011 年 5 月 9 日期间的 2012 年 12 月到期的 EUA 期货价格。所有的价格单位均是欧元每吨 CO_2。在 2006 年 5 月，期货价格和第一阶段的现货价格出现了大幅下滑。当时，人们意识到之前对 CO_2 实际排放量的预期过高，从而对市场价格进行重大调整。另外，由于禁止将未用完的配额带到第二阶段，第一阶段的 EUA 现货价格逐步降到零。不管在第一阶段还是在第二阶段，EUA 现货与期货价格都表现出较高的波动性。但是，EUA 现货市场与期货市场的流动性都不高。

表 7-1　　　**EUA 现货价格与期货价格的主要统计量**

	EUA 10	EUA 12	Spot I	Spot II
均值	16.79	17.99	10.36	15.92
标准差	5.13	5.17	10.32	4.25
偏度	1.30	1.49	0.33	1.37
峰度	0.37	0.97	-1.51	0.95

注：EUA10 是指 2010 年 12 月到期的期货合约；EUA12 是指 2012 年 12 月到期的期货合约；Spot I 是指第一阶段的现货价格；Spot II 是指第二阶段的现货价格。

资料来源：ECX 和 Bluenext。

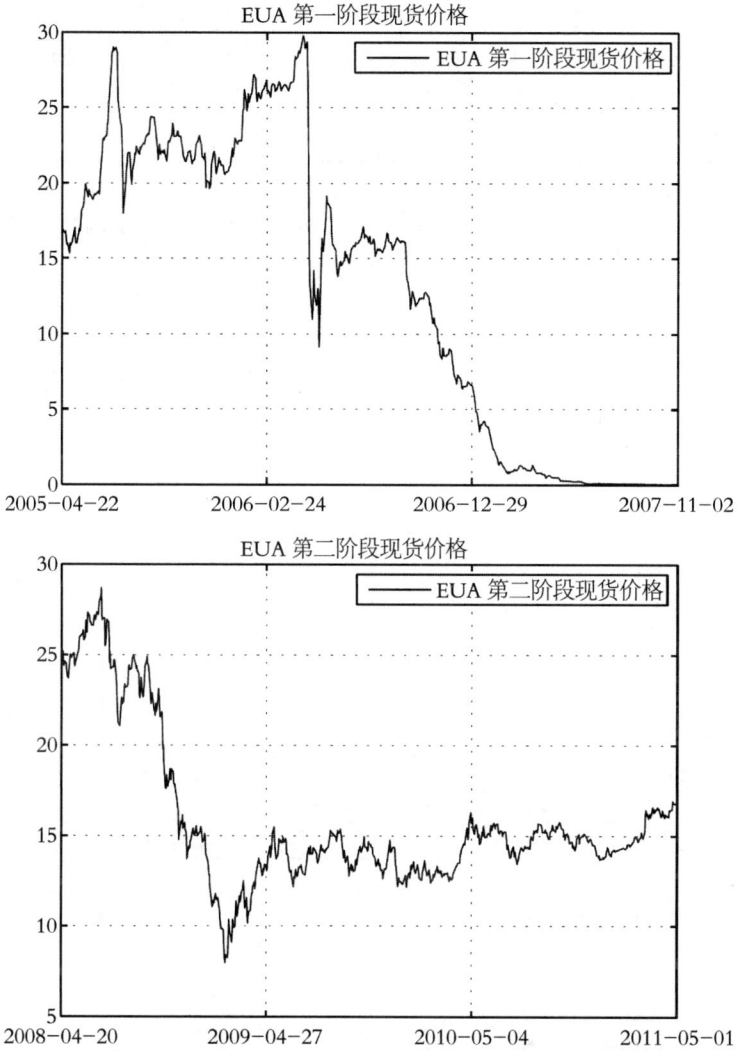

图 7-1　EUA 第一阶段（2005 年 4 月—2007 年 11 月）的现货价格（上图）；EUA
第二阶段（2008 年 4 月—2011 年 5 月）的现货价格（下图）

资料来源：Bluenext。

表 7-2　　　　EUA 现货价格和期货价格对数收益序列的主要统计量

	EUA 10 LR	EUA 12 LR	Spot I LR	Spot II LR
均值	0	0	−0.01	0
标准差	0.02	0.02	0.1	0.02
偏度	−0.13	−0.15	−0.67	−0.19
峰度	1.91	2.53	15.82	2.31

注：EUA10 LR 是指 2010 年 12 月到期的期货价格的对数收益；EUA12 LR 是指 2012 年 12 月到期的期货价格的对数收益；Spot I LR 是指第一阶段的现货价格的对数收益；Spot II LR 是指第二阶段的现货价格的对数收益。

资料来源：ECX 和 Bluenext。

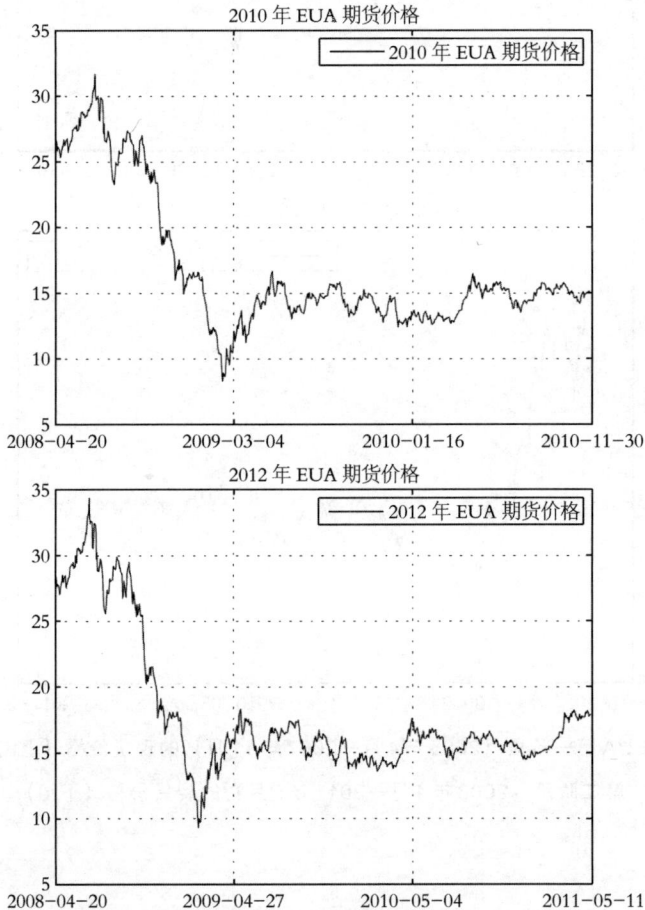

图 7-2　2010 年 12 月到期的 EUA 期货价格（时间跨度是 2008 年 4 月—2010 年 11 月）（上图）；2012 年 12 月到期的 EUA 期货价格（时间跨度是 2008 年 4 月—2011 年 5 月）（下图）

资料来源：ECX。

7.1.2 燃料转换

从Montgomery（1972b）开始，对排放配额的价格动力学理论研究集中于排放配额与减排技术之间的替代关系。在Montgomery（1972b）之后，Tietenberg（1985）、Cronshaw和Kruse（1996）、Rubin（1996）也表明在确定性条件下，配额价格与（最低的）边际减排成本相等[1]。

在EU ETS中，燃料转换是最便宜的减排技术，该技术很容易在短期内实施。燃料转换是指发电厂可以在用煤发电还是用天然气发电之间进行选择。同样生产1兆瓦的电，燃气电厂比燃煤电厂排放的CO_2少。因此，将燃料从煤转化为天然气可以降低CO_2的排放量。由于煤与天然气的相对碳强度不同，碳配额价格升高，会使燃气电厂比燃煤电厂更具竞争力。同样生产1兆瓦的电，使用天然气要比使用煤排放更少的CO_2，这意味着需要较少的碳配额。天然气与煤的相对价格会影响发电厂的运行决策。与天然气价格相比，如果煤的价格较低，电厂就会使用更多的煤。生产1兆瓦的电，由于煤比天然气的CO_2排放量高，这就会导致较高碳配额的需求。与煤价相比，如果天然气的价格较低，电厂就会使用天然气发电，这会使电厂减少对碳配额的需求。

将e_c和e_g分别定义为表示煤与天然气的排放因子。另外将h_c和h_g分别定义为表示煤与天然气的热耗率，即生产1兆瓦的电所消耗的燃料量。煤价为C_t，天然气价格为G_t，由此可以得出煤到天然气的历史转换价格E_t：

$$E_t = \frac{h_g G_t - h_c C_t}{h_c e_c - h_g e_g} \qquad t = 0, \cdots, T \tag{7-1}$$

结合环境经济学中的常用结果，假定E_t代表中期与长期的基准碳价，这样可以把它（粗略地）当做近似于从煤转化为天然气的边际成本。图7-3展示了E_t取对数后的走势及第一阶段配额价格对数的走势。因为不是所有电厂都是等效的，所以（理论）燃料转换价格E_t与配额的实际价格之间存在差异。换句话说，由于不同电厂的能效不同，所以不同电厂的燃料转换价格水平也不同。但是，E_t可以作为煤转换为天然气的（代

---

① 下一部分将详细介绍其中的一些模型。

表性）边际成本。

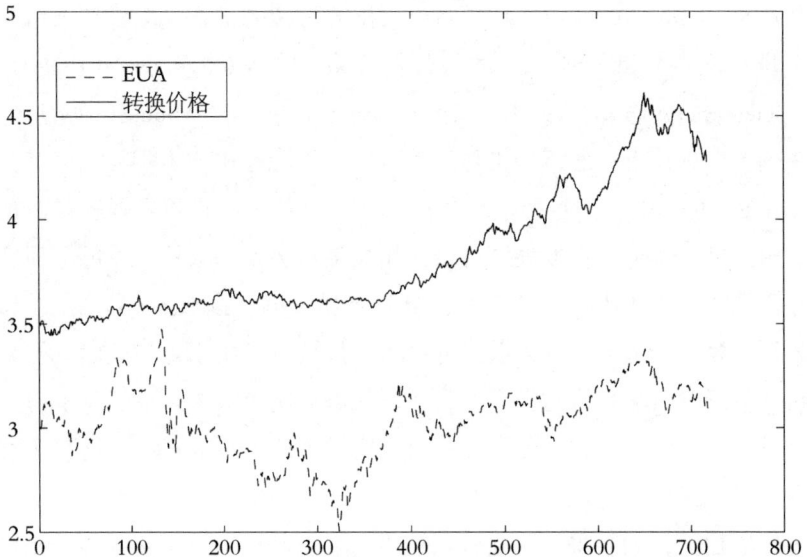

**图7-3　2005年9月29日—2008年10月6日期间燃料转换对数价格
与配额现货对数价格**

我们使用NBP的天然气期货价格与API#2的2008年12月到期的煤炭期货价格来计算燃料转换价格。[①]NBP的天然气价格单位从便士每克卡转换成欧元每克卡。[②]API#2煤炭价格单位从美元/吨转换为欧元/吨。转换时使用的汇率来自欧洲中央银行。时间序列的长度为717，时间从2005年9月29日到2008年10月6日。

如7.1.2所述，燃料转换是EU ETS中电厂使用的最重要的短期减排手段。连续的燃料转换价格过程可以用两个过程的和来建模：

$$\varepsilon_t = P_t + X_t \tag{7-2}$$

其中：P_t是确定性过程；X_t是随机过程。

确定性过程对趋势与季节性波动建模。天然气价格有很显著的冬

[①]　NBP是英国天然气的虚拟交易平台。它是洲际交易所天然气期货合约的定价与交付地点，是目前欧洲流动性最强的天然气交易平台。API价格源于Argus-McCloskey煤炭价格指数服务。API价格是国际煤炭现货与衍生品价格的重要参考指标。API#2指数是欧洲西北地区进口煤炭的工业标准价格。API#2指数是Argus鹿特丹到岸价格与McCloskey欧洲西北部动力煤价格的平均数。

[②]　克卡代表100 000英国热单位（Btu）。

季-夏季的季节性。天然气的价格在冬天一般要高于夏天,这是由于冬天取暖推高了对天然气的需求。另外,冬天也使天然气的生产与供给更加困难。因此,一般来说,转换价格在冬天较高,而且冬天从煤转换为天然气的可能性较低。我们使用Cleveland等(1990)提出的局部加权回归散点平滑法(STL)去掉燃料转换价格的季节性,由此得到的趋势项与季节项均对异常值稳健。图7-4展示了使用STL算法把该序列分解为三个序列,即季节项、趋势项和剩余部分。表7-3给出了STL中使用的参数。

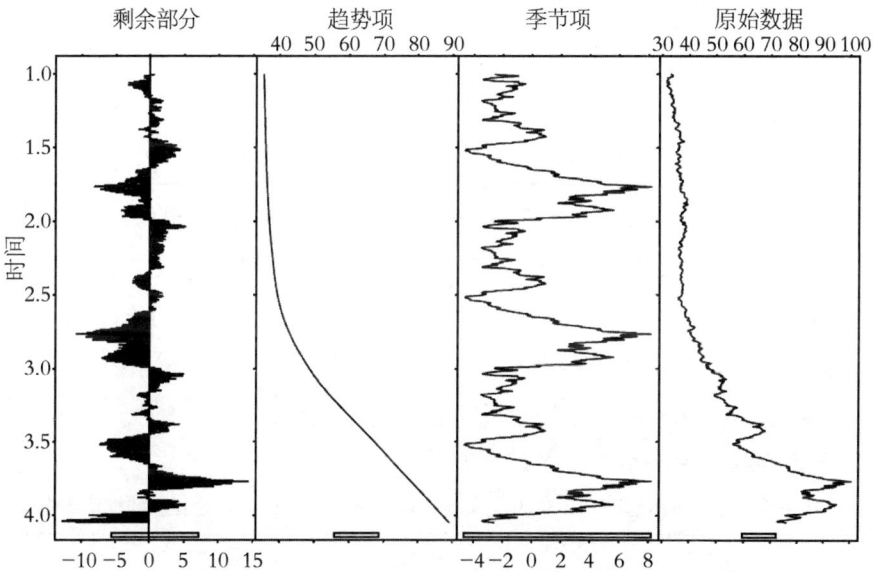

图7-4 燃料转换价格季节项、趋势项与剩余部分的时间序列

表7-3   **R中STL函数中使用的参数**

STL算法中的参数设置	值
提取季节性的局部加权法的跨度(滞后阶数)	7 171
提取趋势的局部加权法的跨度(滞后阶数)	353
低频滤波的局部加权法的跨度(滞后阶数)	235

  去除序列中的季节成分与趋势成分后,我们得到残差序列 X_t:

$$X_t = \varepsilon_t - P_t \qquad t = 0, \cdots, T \tag{7-3}$$

表7-4给出了 X_t 的主要统计量。不出所料，Jarque-Bera 与 Shapiro-Wilk 的检验表明研究的时间序列不具有正态性的特征。

表7-4   消除季节效应的对数收益 X_t 的统计量

	对数价格	对数收益
样本量	717	716
均值	−0.01	0
标准差	0.05	0.01
偏度	−0.15	−0.16
峰度	3.4	3.82
Jarque-Bera(p值)	0.02	0
Shapiro检验(p值)	0	0

我们分别使用几何布朗运动（GBM）（公式7-4）和奥恩斯坦-乌仑贝克（OU）过程（公式7-5）对时间序列 X_t 进行建模。其中，W_t 是标准的布朗运动；μ_1 是漂移项；σ_1 和 σ_2 是波动项；λ 度量了向长期均值 μ_2 调整的速度。[①]表7-5给出了校准结果。

$$dX_t = \mu_1 X_t dt + \sigma_1 X_t dW_t \tag{7-4}$$

$$dX_t = \lambda(\mu_2 - X_t)dt + \sigma_2 dW_t \tag{7-5}$$

表7-5   几何布朗运动（GBM）与奥恩斯坦-乌仑克（OU）过程中的模型参数

参数	几何布朗运动过程	OU过程
λ		2.2520
μ	−0.0002	−0.0030
σ	0.0114	0.0243

由于相对价格的存在以及配额短缺，工业生产部门通常会进行燃料替换。燃料替换是一种中期的减排手段，因此可以在这个时间范围内把燃料转换价格作为配额价格的近似。这样，可以将燃料转换过程用于对冲和定

---

① 详细的校准过程详见 Brigo 等（2009）的文献。读者可以参考 Daskalakis 等（2009）与 Chevallier（2011）对模型扩展的讨论。

价。关于电力部门的定价与对冲的综述请见 Fusai 和 Roncoroni（2008）的
文献。如何使用这种建模方法来评价由燃煤电厂与燃气电厂组成的发电系
统的价值与激活频率的实例可见 Taschini 和 Urech（2010）的文献。

7.2　确定性与随机均衡模型

本节对现有文献中的确定性与随机的配额均衡定价模型进行综述。本
节的目的是强调这些模型之间的关系并讨论它们的通用结论。为了便于比
较，我们对符号作了变动。本章结尾部分的表7-6与表7-7对该部分使用
的变量进行了总结。①

7.2.1　确定性均衡模型

在下面的确定性模型中，我们假定履约公司追求的是利润最大化或成
本最小化。履约公司必须通过最优的生产策略与最优的配额交易策略严格
履约。

7.2.2　Montgomery（1972b）

对可交易配额的研究最早出现在 Crocker（1966）和 Dales（1968）的
论文中，他们的论文具有很强的影响力，他们用经济学的成本收益分析框
架来分析减排问题，并且融入了产权的概念。基于这一想法，
Montgomery（1972b）就可交易的排放配额如何实现减排成本在不同"排
污源"之间有效地分配给出了严格的理论证明。在多个追求利润最大化的
公司试图最小化履约成本的条件下，该论文推导出市场均衡和市场有效的
充分必要条件。

现在我们介绍经略微修改与简化的 Montgomery 模型。通过忽略原论
文中污染问题的空间维度，我们对原始模型进行简化。由于我们对控制温
室气体排放感兴趣，而温室气体属于全球污染物的一种，因此这种简化是
合理的。正如第2章的讨论，全球污染物的排放问题不受排放源所在地的
影响。只有在污染物是局部的情况下，排放源的所在地才重要。特别地，

①　这部分与 Georg Grüll 合著。

原始模型将分散因子与相应的排放量相乘，得到与所在地有关的污染物浓度。把这种分析简化成一个地区，并假定分散因子在所有地区是相同的——全球性的污染物如 CO_2 正是这种情况——污染物浓度就是不变的分散因子与排放量的乘积。不变的分散因子允许我们以排放量而不是污染浓度来构建最优化问题。

Montgomery 求解一个离散的、有限时间条件下的确定性问题。在该问题中，n 个追求利润最大化的公司最小化遵守规定的成本（此后称为履约成本）。

令 G^r 表示商品 r 的价格，假定公司 i 生产商品 $1, \cdots, R$ 的产量为 $y^i = (y^{i,1}, \cdots, y^{i,R})$。当排放量为 Q^i 时，生产成本是二阶可导的凸函数 $C_{good}^i(y^i, Q^i)$。给定 y^i 和 Q^i，公司 i 的利润为：

$$\pi^i(y^i, Q^i) = R_{good}^i(y^i) - C_{good}^i(y^i, Q^i) = \sum_{r=1}^{R} G^r y^{i,r} - C_{good}^i(y^i, Q^i)$$

其中：Q^i 表示排放量；$R_{good}^i(y^i)$ 是总收益。

在排放限制条件下，该公司必须选择一个排放水平 Q^i 并调整其产出，以实现在排放量既定条件下的利润最大化。

通过求解不同产量限制下的最大化问题，Montgomery 得到公司 i 为履约所付出的成本 $C^i(Q^i)$。该成本等于公司 i 在不受约束时的最大利润与受约束时的最大利润之差。在数学上可以把 $C^i(Q^i)$ 表示成：

$$C^i(Q^i) = \max_{y^i} \{\pi^i(y^i, Q^i)\} - \max_{y^i, Q^i} \{\pi^i(y^i, Q^i)\}$$

Montgomery（1972b）表明 $C^i(Q^i)$ 是二阶可导的、单调递增的凸函数。

令 N^i 表示配额量，θ^i 表示配额的净头寸（正值与负值分别代表买卖的头寸），$\bar{S}$ 表示配额价格。首先，Montgomery 就初始配额分配定义一个市场均衡，并推导出该均衡存在的充分必要条件。其次，定义一个辅助回归，称为联合成本最小，并证明其存在。Montgomery 推导出联合成本最小存在的充分必要条件。结果表明对于给定的初始配额量，满足联合成本最小条件的排放向量与影子价格，同时满足在初始配额量完全分配下任何初始分配情形下的竞争性均衡条件。最后，为了证明竞争性均衡能够达到下面定义的联合成本最小，Montgomery证明当给定配额总量等于人们希望达到的空气质量时，任何满足均衡条件的排放向量与价格向量同时满足有效的条件。首先介绍市场均衡的定义。

定义 7.1 （市场均衡）令 $\bar{Q} = (\bar{Q}^1, \cdots, \bar{Q}^n) \geq 0$，$\bar{\theta} = (\bar{\theta}^1, \cdots, \bar{\theta}^n)$，$\bar{S} \geq 0$。市场均衡是 $(2n+1)$ 个元组 $(\bar{Q}, \bar{\theta}, \bar{S})$，其中 $\bar{Q}$ 和 $\bar{\theta}$ 是以下 n 个最大化问题的解：[①]

$$\max_{Q^i, \theta^i} \{-C^i(Q^i) - \bar{S}\theta^i\}$$

满足 $N^i + \theta^i - Q^i \geq 0$

该问题也满足市场出清条件

$$\sum_{i=1}^{n} \bar{\theta}^i \leq 0 \text{ 和 } \bar{S}\sum_{i=1}^{n} \bar{\theta}^i = 0$$

联合成本最小的定义如下。

定义 7.2 （联合成本最小）联合成本最小是 n 个元组 $\tilde{Q} = (\tilde{Q}^1, \cdots, \tilde{Q}^n) \geq 0$，该元组是以下最大化问题的解：

$$\max_{Q^1, \cdots, Q^n} \{-\sum_{i=1}^{n} C^i(Q^i)\} \tag{7-6}$$

满足 $\sum_{i=1}^{n}(N^i - Q^i) \geq 0$

下面的定理说明市场均衡的存在性。

定理 7.1 （市场均衡的存在性）市场均衡 $(\bar{Q}, \bar{\theta}, \bar{S})$ 存在的充要条件，是当且仅当存在 $\bar{u} = (\bar{u}_1, \cdots, \bar{u}_n) \geq 0$ 和 $\bar{S} \geq 0$，使得 $(\bar{u}, \bar{S})$ 满足 n 个最大化问题的 Karush-Kuhn-Tucker条件（公式7-7、公式7-8和公式7-9）和市场出清条件（公式7-10）。

$$-\frac{\partial C^i}{\partial Q^i}(Q^i) - \bar{u}_i \geq 0, \quad \bar{Q}^i[\frac{\partial C^i}{\partial Q^i}(Q^i) + \bar{u}_i] = 0, \quad \bar{Q}^i \geq 0 \tag{7-7}$$

$$-\bar{S} + \bar{u}_i = 0, \tag{7-8}$$

$$N^i + \theta^i - \bar{Q}^i \geq 0, \quad \bar{u}_i[N^i + \theta^i - \bar{Q}^i \geq 0] = 0, \quad \bar{u}_i \geq 0 \tag{7-9}$$

$$\sum_{i=1}^{n} \bar{\theta}^i \leq 0 \text{ 和 } \bar{S}\sum_{i=1}^{n} \bar{\theta}^i = 0 \tag{7-10}$$

---

① 为了便于与其他研究中的模型比较，我们对该最大化问题的规划进行了简化。

证明 1　$C^i(Q^i)$ 在 Q^i 上是二阶可导的凸函数。$\bar{S}\theta^i$ 和 $N^i + \theta^i - Q^i$ 是线性函数。由此可知 $-C^i(Q^i) - \bar{S}\theta^i$ 和 $N^i + \theta^i - Q^i$ 是二阶可导的凹函数。附录中的定理7.5完成了该证明。

下面的定理表明联合成本最小的存在性。

定理7.2　（联合成本最小的存在性）联合成本最小 $\tilde{Q}$ 存在的充要条件，是当且仅当存在 $\tilde{u} \geqslant 0$ 满足公式（7-6）中最大化问题的 Karush-Kuhn-Tucker 条件：

$$-\frac{\partial C^i}{\partial Q^i}(\tilde{Q}^i) - \tilde{u} \geqslant 0, \quad \sum_{i=1}^{n} \tilde{Q}^i[\frac{\partial C^i}{\partial Q^i}(\tilde{Q}^i) + \tilde{u}] = 0, \quad \overline{Q}^i \geqslant 0 \tag{7-11}$$

$$\sum_{i=1}^{m}(N^i - \tilde{Q}^i) \geqslant 0, \quad \tilde{u}[\sum_{i=1}^{n}(N^i - \tilde{Q}^i)] = 0, \quad \tilde{u} \geqslant 0 \tag{7-12}$$

证明 2　约束条件是线性的，$C^i(Q^i)$ 在 Q^i 上是二阶可导的凸函数。这说明 $-\sum_{i=1}^{n} C^i(Q^i)$ 是二阶可导的凹函数。附录中的定理7.5完成了该证明。

Montgomery 表明，如果正确选择排污许可证的数量，任何市场均衡都是联合成本最小。本章结尾的附录对最优条件之间的关系进行了详细解释。

结论　Montgomery（1972b）证明了当污染排放量为正值 $(\overline{Q}^i > 0)$ 时的均衡配额价格 $\bar{S}$ 等于边际减排成本 $-\frac{\partial C^i}{\partial Q^i}(\overline{Q}^i)$。这是文献中的一个重要结果。同时，Montgomery（1972b）证明了市场均衡与联合成本最小是等价的。因此，排放权交易体系是成本最优的，这是排放权交易体系的一个本质属性。

7.2.3　Rubin（1996）

Rubin（1996）拓展了 Montgomery（1972b）的研究，证明了排放权交易体系在连续有限时间内是成本最优的。通过求解 n 个追求利润最大化的公司最小化履约成本的确定性问题，Rubin 分析了配额价格随时间的演化。另外，Rubin 研究了存储和预借机制对配额价格的影响。但是，接下来我们集中于排放权交易体系成本最优的证明。

首先，令 N^i 表示配额量，θ^i 表示配额的净头寸（正值与负值分别代表买卖的头寸），$\bar{S}$ 表示配额价格。然后，令 Q_t^i 表示在时刻 t 的排放量，$C^i(Q^i)$ 表示公司 i 在排放量水平为 Q_t^i 时的成本。$C^i(\cdot)$ 和 Montgomery 模型中的定义一样，是二阶可导的、递减的凸函数。最后，定义 B_t^i 表示 t 时刻可获得的配额量。一个正值（或负值）表示时刻 t 许可证的留存（或预借）量。与 Montgomery 模型类似，Rubin 首先定义市场均衡与联合成本最小，然后证明这两者是等价的。和上一节一样，我们首先介绍市场均衡的定义。

定义 7.3 （市场均衡）令 $\bar{Q} = (\bar{Q}^1, \cdots, \bar{Q}^n) \geqslant 0$，$\bar{\theta} = (\bar{\theta}^1, \cdots, \bar{\theta}^n)$，$\bar{S} \geqslant 0$。给定 $\bar{S}_t$，市场均衡是 $\bar{Q}$ 和 $\bar{\theta}$，使每个公司最大化以下问题：

$$\max_{Q_t^i, \theta_t^i} \left\{ \int_0^T e^{-rt} [-C^i(Q_t^i) - \bar{S}_t \theta_t^i] dt \right\}$$

对于任何 $t \in [0, T]$，每个公司都满足约束条件：

$$\dot{B}_t^i := \frac{\partial B_t^i}{\partial t} = N_t^i + \theta_t^i - Q_t^i$$

$$B_0^i = 0, \quad B_t^i \geqslant 0, \quad Q_t^i \geqslant 0$$

同时满足市场出清条件和配额最终存量条件：

$$\sum_{i=1}^n \bar{\theta}_t^i = 0, \quad \forall t$$

$$\bar{S}_T \sum_{i=1}^n \bar{B}_T^i = 0$$

接下来定义联合成本最小。

定义 7.4（联合成本最小）联合成本最小 $\tilde{Q}_t = (\tilde{Q}_t^1, \cdots, \tilde{Q}_t^n) \geqslant 0$ 是以下最大化问题的解：

$$\max_{Q_t^1, \cdots, Q_t^n} \left\{ \int_0^T e^{-rt} [-\sum_{i=1}^n C^i(Q_t^i)] dt \right\}$$

对于任何 $t \in [0, T]$，每个公司都满足约束条件：

$$\dot{B}_t^i := \frac{\partial B_t^i}{\partial t} = \sum_{i=1}^n (N_t^i - Q_t^i)$$

对于所有的 $i = 1, \cdots, n$，有：

$$B_0 = 0, \quad B_t \geqslant 0, \quad Q_t^i \geqslant 0$$

Rubin 证明了市场均衡与联合成本最小的存在性。他推导出了多个充分必要条件，并证明对于给定的初始配额量，当排放向量与影子价格满足联合成本最小条件时，同时满足在初始配额完全分配下任何初始分配情形下的竞争性均衡条件。下面两个定理证明了市场均衡与联合成本最小的存在性。每个定理之后附有简要的解释。

定理 7.3　（市场均衡的存在性）假定履约公司不以最小或者最大的速率买卖配额，市场均衡 $(\bar{Q}_t, \bar{\theta}_t, \bar{S}_t)$ 存在的充要条件，是当且仅当对任何 $t \in [0,T]$，存在非负乘子 $\bar{\beta}_t = (\bar{\beta}_t^1, \cdots, \bar{\beta}_t^n)$，以及最优的配额价格 $\bar{S} \geqslant 0$，对于所有的 $i = 1, \cdots, n$，满足如下条件：

$$e^{-rt}\frac{\partial C^i}{\partial Q_t^i}(\bar{Q}_t^i) - \bar{u}_t^i \geqslant 0, \quad \frac{\partial \bar{u}_t^i}{\partial t} = \bar{\beta}_t^i, \quad e^{-rt}\bar{S}_t + \bar{u}_t^i = 0 \tag{7-13}$$

$$\bar{Q}_t^i\left[e^{-rt}\frac{\partial C^i}{\partial Q_t^i}(\bar{Q}_t^i) - \bar{u}_t^i\right] = 0, \quad \bar{B}_t^i\bar{\beta}_t^i = 0, \quad \bar{B}_T^i\bar{u}_T^i = 0 \tag{7-14}$$

$$\bar{Q}_t^i \geqslant 0, \quad \bar{B}_t^i \geqslant 0, \quad \frac{\partial \bar{B}_t^i}{\partial t} = N_t^i + \bar{\theta}_t^i - \bar{Q}_t^i \tag{7-15}$$

并满足市场出清条件和最终配额存量条件：

$$\sum_{i=1}^n \bar{\theta}_t^i = 0, \quad \bar{S}_T \sum_{i=1}^n \bar{B}_T^i = 0 \tag{7-16}$$

证明 3　（思路）对相应的最小化问题构建拉格朗日算子：

$$L^i = e^{-rt}(C^i(Q_t^i) + \bar{S}_t\theta_t^i) + u_t^i(N_t^i + \theta_t^i - Q_t^i) - \beta_t^iB_t^i$$

使用定理 7.6（见附录）中公式（A-13）～（A-16）给出的条件和 Karush-Kuhn-Tucker 条件完成证明。条件可由下面的式子得出：

$$\frac{\partial L^i}{\partial Q_t^i} \geqslant 0, \quad \frac{\partial \bar{u}_t^i}{\partial t} = -\frac{\partial L^i}{\partial B_t^i}, \quad \frac{\partial L^i}{\partial \theta_t^i} = 0$$

$$\bar{Q}_t^i\frac{\partial L^i}{\partial Q_t^i} = 0, \quad \bar{B}_t^i\frac{\partial L^i}{\partial B_t^i} = 0, \quad \bar{B}_t^i\bar{u}_T^i = 0$$

$$\bar{Q}_t^i \geqslant 0, \quad \bar{B}_t^i \geqslant 0, \quad \frac{\partial L^i}{\partial u_t^i} = \frac{\partial B_t^i}{\partial B}$$

解释

（a）如果 $\bar{Q}_t^i > 0$，有：

$$\bar{u}_t^i = e^{-rt}\frac{\partial C^i}{\partial Q_t^i}(\bar{Q}_t^i), \quad \bar{S}_t = -\frac{\partial C^i}{\partial Q_t^i}(\bar{Q}_t^i)$$

这表明配额价格与边际减排成本相等。另外，存储下来的配额的边际价值（影子价格）与经折现后的边际减排成本相等。

（b）Rubin（1996）证明如果不存在存储以及预借机制没有任何限制，配额价格将以无风险利率的速度增长。但是，如果预借机制是不允许的，配额价格的增长速度将低于无风险利率，然而履约公司希望如此。

（c）横截条件 $\bar{B}_T^i \bar{u}_T^i = 0$ 表明存储下来的配额在时间 T 的价值为 0。

定理 7.4　（联合成本最小的存在性）联合成本最小存在的充要条件，是当且仅当对任何 $t \in [0, T]$，存在非负乘子 $\tilde{u}_t$、$\tilde{\beta}_t$，对于所有的 $i = 1, \cdots, n$，满足如下条件：

$$e^{-rt}\frac{\partial C^i}{\partial Q_t^i}(\tilde{Q}_t^i) - \tilde{u}_t \geq 0, \quad \frac{\partial \tilde{u}_t}{\partial t} = \tilde{\beta}_t, \quad \frac{\partial B_t}{\partial t} = \sum_{i=1}^{n}(N_t^i - \tilde{Q}_t^i) \tag{7-17}$$

$$\tilde{Q}_t^i[e^{-rt}\frac{\partial C^i}{\partial Q_t^i}(\tilde{Q}_t^i) - \tilde{u}_t] = 0, \quad \tilde{B}_t\tilde{\beta}_t = 0, \quad \tilde{B}_T\tilde{u}_T = 0 \tag{7-18}$$

$$\tilde{Q}_t^i \geq 0, \quad \tilde{B}_t \geq 0 \tag{7-19}$$

证明 4　与定理 7.3 类似。条件可由下式得出：

$$\frac{\partial L}{\partial Q_t^i} \geq 0, \quad \frac{\partial \tilde{u}_t}{\partial t} = -\frac{\partial L}{\partial B_t}, \quad \frac{\partial L}{\partial u_t} = \frac{\partial B_t}{\partial t}$$

$$\tilde{Q}_t^i\frac{\partial L}{\partial Q_t^i} = 0, \quad \tilde{B}_t\frac{\partial L}{\partial B_t} = 0, \quad \tilde{B}_T\tilde{u}_T = 0$$

$$\tilde{Q}_t^i \geq 0, \quad \tilde{B}_t \geq 0$$

其中拉格朗日算子为：

$$L = e^{-rt}\sum_{i=1}^{n}C^i(Q_t^i) + u_t\sum_{i=1}^{n}(N_t^i - Q_t^i) - \beta_t B_t$$

解释

如果 $\tilde{Q}_t^i > 0$，有：

$$-\tilde{u}_t = -e^{-rt}\frac{\partial C^1}{\partial C_t^1} = \cdots = -e^{-rt}\frac{\partial C^n}{\partial C_t^n}(\tilde{Q}_t^n) \tag{7-20}$$

这表明存储下来的配额的边际成本与经过折现的边际减排成本相等。特别地，对所有的排污公司而言，边际减排成本均相等。

结论　与 Montgomery（1972b）的结论类似，Rubin（1996）的结论表明，在连续时间条件下配额的均衡价格 $\bar{S}$ 也与边际减排成本 $-\frac{\partial C^i}{\partial Q^i}(\bar{Q}^i)$ 相

等。另外，Rubin证明市场均衡与联合成本最小是等价的。

7.2.4 Kling 和 Rubin（1997）

Kling 和 Rubin（1997）研究社会最优性，从而拓展了 Rubin（1996）的研究。Montgomery（1972b）与 Rubin（1996）证明排放权交易体系最终导致成本最小，而 Kling 和 Rubin（1997）把与排放量有关的损失函数包含进来以分析社会最优。下面我们展示 Kling 和 Rubin（1997）的主要结论。这里不讨论相关的数学推导。

令凸函数 $D(Q,t)$ 表示对社会的损失成本，它与污染物的排放量 Q 有关。另外，我们假定公司 i 以单价 G_t 生产商品的数量为 y_t^i。在时间 t 生产产品的收益为：

$$R_{good}^i(y_t^i) = G_t y_t^i$$

同时，成本函数 $C_{good}^i(Q,y)$ 表示当排放量水平为 Q、产量为 y 时的总成本。假定 $C_{good}^i(Q,y)$ 在 (Q,y) 上是严格凸的，即：

$$\frac{\partial C_{good}^i}{\partial y} > 0, \quad \frac{\partial C_{good}^i}{\partial Q} < 0, \quad \frac{\partial^2 C_{good}^i}{\partial y \partial Q} < 0,$$

$$\frac{\partial^2 C_{good}^i}{\partial y^2} > 0, \quad \frac{\partial^2 C_{good}^i}{\partial Q^2} > 0$$

Kling 和 Rubin（1997）首先求解履约公司的利润最大化问题，然后考虑中央计划者的最优化问题。[①]我们首先介绍公司的利润最大化问题。

定义 7.5　（公司 i 的利润最大化问题）给定配额价格 $\bar{S}_t$，公司 i 选择最优的排放水平 $\bar{Q}_t^i \geq 0$，购买、出售最优的配额量 θ_t^i，生产最优的产量 $\bar{y}_t^i$：

$$\max_{Q_t^i, \theta_t^i, y_t^i} \{ \int_0^T e^{-rt} [R_{good}^i(y_t^i) - C_{good}^i(Q_t^i, y_t^i) - \bar{S}_t \theta_t^i] dt \}$$

对任何 $t \in [0,T]$，每个公司都满足如下约束条件：

$$\dot{B}_t^i := \frac{\partial B_t^i}{\partial t} = N_t^i + \theta_t^i - Q_t^i$$

$$B_0^i = 0, \quad B_T^i \geq 0, \quad Q_t^i \geq 0$$

中央计划者的最优化问题定义如下。

定义 7.6　（中央计划者的最优化问题）中央计划者选择最优的排放水平

---

① 公司的目标函数与随机模型中的目标函数类似，未履约要面临的罚款也在目标函数中表示出来。

$\overline{Q}_t = (\overline{Q}_t^1, \cdots, \overline{Q}_t^n) \geq 0$ 和产出水平 $\overline{y}_t = (\overline{y}_t^1, \cdots, \overline{y}_t^n)$ ：

$$\max_{Q_t^1, \cdots, Q_t^n, y_t^1, \cdots, y_t^n} \left\{ \int_0^T e^{-rt} [\sum_{i=1}^n R_{good}^i(y_t^i) - \sum_{i=1}^n C_{good}^i(Q_t^i, y_t^i) - D(\sum_{i=1}^n Q_t^i, t)] \right\}$$

对任何 $t \in [0, T]$ ，每个公司都满足如下约束条件：

$$\dot{B}_t := \frac{\partial B_t}{\partial t} = \sum_{i=1}^n (N_t^i - Q_t^i)$$

对所有的 $i = 1, \cdots, n$ ，满足：

$$B_0 = 0, \quad B_T \geq 0, \quad Q_t^i \geq 0$$

结论　Kling 与 Rubin 证明了均衡的配额价格与边际减排成本相等：

$$\overline{S}_t = -\frac{\partial C^1}{\partial Q_t^1}(\overline{Q}_t^1, \overline{y}_t^1) = \cdots = -\frac{\partial C^n}{\partial Q_t^n}(\overline{Q}_t^n, \overline{y}_t^n)$$

　　通过研究公司存储或预借配额的激励机制，Kling 与 Rubin 发现，在非约束性条件下，公司会作出次优决策，即在早期排放过多的污染物、生产较多的产品，相应地在后期排放较少的污染物、生产较少的产品。如果社会损失是线性的，Kling 与 Rubin 发现引入经修正的配额存储机制可以实现社会最优，即对预借的配额进行折现，从而对预借配额进行惩罚。在 Rubin（1996）的论文中，公司无论何时排放污染物都要清缴与排放量相等的配额。这样的配额存储规则可由以下限制表示：

$$\dot{B}_t := \frac{\partial B_t}{\partial t} = \sum_{i=1}^n (N_t^i - Q_t^i) \tag{7-21}$$

　　Kling 与 Rubin（1997）提出的修正过后的存储规则，要求预借配额的公司必须在时刻 t 清缴 $e^{rt}(e^{rt} > 1)$ 个配额。用数学公式表达，即对应以下新的约束：

$$\dot{B}_t := \frac{\partial B_t}{\partial t} = e^{-rt} \sum_{i=1}^n (N_t^i - Q_t^i) \tag{7-22}$$

　　现在我们介绍由 Seifert 等（2008）、Carmona 等（2009）、Chesney 和 Taschini（2012）提出的随机均衡模型。以上文献的共同特征是假定（或约束）所有公司均完成履约。在下面要介绍的模型中，我们放宽公司一定要完成履约的假定，即未完成履约也是有可能的。如果履约公司未完成履约，那么它就得为多余的排放量支付一定的罚金。

7.2.5　Seifert等（2008）

Seifert等（2008）求解代表性厂商的成本最小化问题。市场均衡与联合成本最小的等价关系说明代表性厂商的分析框架是合理的，且大大简化了要考察的问题。

下面我们介绍Seifert等（2008）使用的一些数学符号与定义。令随机过程 β_t^i 表示在实施减排措施前公司 i 的排放率。给定常数 β_0^i 与 σ_i^2，排放率 β_t^i 假定符合以下过程：

- 白噪声过程，即 $\beta_t \sim N(\beta_0, \sigma^2)$；
- 算术布朗运动的形式：$\beta_t = \beta_0 + \sigma W_t$。

令随机过程 σ_t^i 表示减排率，随机过程 θ_t^i 表示购买（正）或出售（负）的配额量。履约策略决定于时间 $[0, T]$ 上的预期排放量、减排量与购买或出售的配额量：[①]

$$q_t^i = \mathbf{E}\left(\int_0^t \beta_s^i ds | \mathbf{F}\right) - \int_0^t \alpha_s^i ds - \int_0^t \theta_s^i ds$$

其中：N^i 表示公司 i 分配到的配额；P 表示多余排放量的单位罚金。

Seifert等（2008）把边际减排成本函数设定为确定性的、单调递增的函数。特别地，瞬时的减排成本是：

$$C^i(\alpha_t^i) = \frac{1}{2} c_i (\alpha_t^i)^2$$

其中：c_i 是一个正常数。

履约公司可以买卖配额。与交易策略相关的每期成本与利润等于 $S_t \theta_t^i$，其中 S_t 表示时刻 t 的配额价格。如果未履约，可能的最终罚金为 $P(q_T^i - N^i)^+$。

定义 7.7　（公司 i 的最优化问题）给定配额价格 S_t，公司 i 通过选择最优减排策略、买卖最优的配额数量来最小化期望成本，即：

$$\max_{\alpha_t^i, \theta_t^i} \mathbf{E}[-\int_0^T e^{-rt} C^i(\alpha_t^i) dt - \int_0^T e^{-rt} S_t \theta_t^i dt - e^{-rT} P(q_T^i - N^i)^+]$$
$$= \max_{\alpha_t^i, \theta_t^i} \mathbf{E}[-\int_0^T e^{-rt}(\frac{1}{2} c_i (\alpha_t^i)^2) dt - \int_0^T e^{-rt} S_t \theta_t^i dt - e^{-rT} P(q_T^i - N^i)^+] \tag{7-23}$$

下面的引理描述了公司累积排放量的动力学。

---

① Seifert等（2008）的模型选择与Chesney和Taschini（2012）、Carmona等（2009）不同。特别地，排放量分为两部分，即进行减排活动前的排放量与进行减排活动后的排放量。

引理 7.1 （公司 i 累积排放量 q_t^i 的随机微分方程）假定进行减排活动之前排放率 β_t^i 遵循白噪声过程，或者算术布朗运动，则公司 i 累积排放量 q_t^i 的随机微分方程为：

$$dq_t^i = -(\alpha_t^i + \theta_t^i)dt + H_t^i dW_t$$

其中：在白噪声过程中，$H_t^i = \sigma_i$；在算数布朗运动中，$H_t^i = \sigma_i(T - t)$。

证明 5 见 Seifert 等（2008）的在线附录。

下面的引理描绘了均衡配额价格 S_t 的动力学。

引理 7.2 （公司 i 最优化问题的一阶条件）令 $V^i(t, q_t^i)$ 表示在时刻 t 和 T 之间，公司 i 成本最小化问题（见定义 7.7）中某个最优策略的期望价值。用 V_t^i、V_q^i、V_{qq}^i 分别代表对相应变量的偏导数，则该最优化问题的一阶条件为：

$$\alpha_t^i = -\frac{1}{c_i}e^{rt}V_q^i$$

$$S_t = -e^{-rt}V_q^i = c_i\alpha_t^i = -\frac{\partial C^i(\alpha_t^i)}{\partial \alpha_t^i}$$

证明 6 （思路）根据最优化原理，有：

$$V^i(t, q_t^i) = \max_{\alpha_t^i, \theta_t^i}\mathbf{E}[-e^{-rt}C^i(\alpha_t^i)dt - e^{-rt}S_t\theta_t^i dt + V^i(t + dt, q_t^i + dq_t^i)] \tag{7-24}$$

对 $V^i(t, q_t^i)$ 运用 $It\hat{o}$ 引理，得：

$$V^i(t + dt, q_t^i + dq_t^i) - V^i(t, q_t^i)$$

$$= V_t^i dt + V_q^i dq_t^i + \frac{1}{2}V_{qq}^i dq_t^i dq_t^i$$

$$= V_t^i dt - V_q^i(\alpha_t^i + \theta_t^i)dt + H_t^i V_q^i dW_t + \frac{1}{2}(H_t^i)^2 V_{qq}^i dt$$

$$= (V_t^i - V_q^i(\alpha_t^i + \theta_t^i) + \frac{1}{2}(H_t^i)^2 V_{qq}^i)dt + H_t^i V_q^i dW_t$$

这表明：

$$\mathbf{E}[V^i(t + dt, q_t^i + dq_t^i) - V^i(t, q_t^i)|\mathbf{F}_t] = (V_t^i - V_q^i(\alpha_t^i + \theta_t^i) + \frac{1}{2}(H_t^i)^2 V_{qq}^i)dt$$

在方程（7-24）两边减去 $V^i(t, q_t^i)$，得：

$$0 = \max_{\alpha_t^i, \theta_t^i}[-e^{-rt}C^i(\alpha_t^i) - e^{-rt}S_t\theta_t^i + V_t^i - V_q^i(\alpha_t^i + \theta_t^i) + \frac{1}{2}(H_t^i)^2 V_{qq}^i] \tag{7-25}$$

另有边界条件：

$$V^i(T, q_T^i) = -e^{-rT}P(q_T^i - N^i)^+$$

分别对公式 7-25 右边的 α_t^i 和 θ_t^i 求偏导并使其为 0，得公式 7-25 右边式子最大化的条件：

$$\alpha_t^i = -\frac{1}{c_i}e^{rt}V_q^i$$

$$S_t = -e^{-rt}V_q^i = c_i\alpha_t^i = \frac{\partial C^i(t, \alpha_t^i)}{\partial \alpha_t^i}$$

在附录中，我们给出了 Seifert 等（2008）模型中代表性厂商的最优化问题。

结论　若排放率遵循算术布朗运动，则不可能求出封闭解。但是，Seifert 等（2008）给出配额价格在这种情况下的图解。有趣的是，该图的形状与以过程 q_t 为标的的二叉树看涨期权的收益图相同，该期权在到期日 T 的执行价格为 N。因为二叉树期权的价值可以解释成标的物过程在时刻 T 大于行权价格的概率，所以配额价格可以看成罚金率 p 与配额短缺概率的乘积，即 $q_T > N$。对这种相似性的详细讨论可参见 Chesney 与 Taschini（2012）的论文。

7.2.6　Carmona 等（2009）

Carmona 等（2009）的随机均衡模型可以捕捉一般排放权交易体系的几个特征。该模型研究由 n 个公司组成的经济体，利润与成本均由时刻 T 上的货币价值表示。因此，在公式中没有折现因子。公司追求利润最大化，选择最优的生产策略和最优的配额交易策略。公司 i 在时间 $[0, T]$ 上生产商品的利润为：

$$R_{good}^i(y^i) - C_{good}^i(y^i) = \sum_{t=0}^{T-1}(\sum_{j,k}G_t^k y_t^{i,j,k}) - \sum_{t=0}^{T-1}(\sum_{j,k}\kappa_t^{i,j,k} y_t^{i,j,k})$$

其中：随机过程 $y_t^{i,j,k}$ 表示商品 κ 在时刻 t 使用技术 j 的产量；随机过程 G_t^k 表示商品 κ 在时刻 t 的单价；随机过程 $\kappa_t^{i,j,k}$ 表示使用技术 j 生产商品 κ 的边际成本；边际成本是外生的。

源自配额交易的收益与损失为：

$$T^i(\Theta^i) = \sum_{t=0}^{T-1}\Theta_t^i(A_{t+1} - A_t) - \Theta_T^i A_T$$

其中：随机过程 $\Theta_t^{i,j,k}$ 表示买入和出售的配额总量；正（负）值表明公司 i 是净买（卖）方；随机过程 A_t 表示到期日为 T 的期货合约在时刻 t 的价格。

如果没有履约，最终的罚金为：

$$P \cdot (q^i(y^i) + \Delta^i - N^i - \Theta^i_T)^+$$

它取决于公司 i 在时期 $[0, T]$ 上的累积排放量：

$$q^i(y^i) + \Delta^i = \sum_{t=0}^{T-1} Q^i_t + \Delta^i = \sum_{t=0}^{T-1} (\sum_{j,k} e^{i,j,k} y^{i,j,k}_t) + \Delta^i$$

其中：$e^{i,j,k}$ 是不变的排放因子，它表示使用技术 j 生产每单位产品 k 的排放量；随机变量 Δ^i 表示不可控制的排放量。它取决于政策参数：清缴配额的量与初始分配的配额量、不变的罚金率 P、总共分配的配额量 $N^i = \sum_{t=0}^{T-1} N^i_t$，即排放上限。

在 Carmona 等（2009）的论文中，以下的约束条件必须满足：

1.产量不能超过产能：

$$0 \leqslant y^{i,j,k}_t \leqslant K^{i,j,k}$$

2.需求总是小于总的产能：

$$0 \leqslant D^k_t \leqslant \sum_i \sum_j K^{i,j,k}$$

其中：D^k_t 表示对商品 k 的随机需求；$K^{i,j,k}$ 表示公司用技术 j 生产商品 k 的不变产能。

请注意总的罚金用 Θ^i_t 即公司拥有的配额量表示。可以把 Θ^i_t 用 θ^i_t 表示：

$$\theta^i_0 = \Theta^i_0$$

$$\theta^i_t = \Theta^i_t - \Theta^i_{t-1}$$

这样，收益与损失为：

$$
\begin{aligned}
T^i(\Theta^i) &= -\sum_{t=0}^{T} \theta^i_t A_t \\
&= -\Theta^i_0 A_0 - \sum_{t=1}^{T} (\Theta^i_t - \Theta^i_{t-1}) A_t \\
&= -\Theta^i_0 A_0 + \Theta^i_0 A_1 - \Theta^i_1 A_1 + \Theta^i_1 A_2 - \Theta^i_2 A_2 + \cdots + \Theta^i_{T-2} A_{T-1} - \Theta^i_{T-1} A_{T-1} + \Theta^i_{T-2} A_T - \Theta^i_T A_T \\
&= \Theta^i_0 (A_1 - A_0) + \Theta^i_1 (A_2 - A_1) + \cdots + \Theta^i_{T-1} (A_T - A_{T-1}) - \Theta^i_T A_T \\
&= \sum_{t=0}^{T-1} \Theta^i_t (A_{t+1} - A_t) - \Theta^i_T A_T
\end{aligned}
$$

最后，未受控制的排放量必须满足技术条件：基于 $T-1$ 时刻可获得的信息，总的未受控制的排放量之和 $\sum_i \Delta^i$ 必须有连续分布。引入这一技术假定是为了避免均衡解的非连续性。

接下来，我们首先介绍公司的最优化问题。

定义 7.8　（公司 i 的最优化问题）给定配额价格的远期价格 A 及产品的价格 G，公司 i 通过买卖最优配额量及生产最优产量的产品，来最大化其最终期望财富，即：

$$\sup_{\Theta^i, y^i} \mathbf{E}[L^i(\Theta^i, y^i | A, G)] \tag{7-26}$$

其中，最终财富为：

$$
\begin{aligned}
&L^i(\Theta^i, y^i | A, G) \\
&= [R^i_{good}(y^i | G) - C^i_{good}(y^i) + T^i(\Theta^i | A) - P \cdot (q^i(y^i) + \Delta^i - N^i - \Theta^i_T)^+]
\end{aligned} \tag{7-27}
$$

下面给出了全局最优化问题的定义。

定义 7.9　（全局最优化问题）假想的中央计划者通过生产最优数量的产品来最小化总的期望成本，即面临以下最优化问题：

$$\inf_y \mathbf{E}[C_{good}(y) + P(q(y) + \Delta - N)^+] \tag{7-28}$$

其中：

$$C_{good}(y) = \sum_i C^i_{good}(y^i),$$

$$q(y) = \sum_i q^i(y^i),$$

$$\Delta = \sum_i \Delta^i,$$

$$N = \sum_i N^i$$

下面的定义与引理有助于理解市场均衡与全局最优之间的关系。

定义 7.10　（市场均衡）$(\bar{A}, \bar{G})$ 是与策略 $\bar{\Theta}$ 和 $\bar{y}$ 对应的市场均衡，给定：

- $\bar{A}$（表示配额远期价格的一维随机过程）；
- $\bar{G}$（表示产品价格的多维随机过程）；

相应的最优策略为：

- $\bar{\Theta}$（表示最优交易策略的多维随机过程）；

- $\bar{y}$（表示最优生产策略的多维随机过程）。

使得所有公司通过策略实现利润最大化，即对所有 i 和 (Θ^i, y^i) 有：

$$\mathbf{E}[L^i(\bar{\Theta}^i, \bar{y}^i | \bar{A}, \bar{G})] \geq \mathbf{E}[L^i(\Theta^i, y^i | \bar{A}, \bar{G})]$$

并且满足如下两个条件：

- 配额市场出清的条件：

$$\sum_i \bar{\Theta}^i_t = 0$$

- 每种商品的供需相等：

$$\sum_{i,j} \bar{y}^{i,j,k}_t = D^k_t$$

注意在 BAU 情景下（即 $P = 0$），商品的均衡价格为：

$$\bar{G}_t = \max_{i,j} \{\kappa^{i,j,k}_t \mathbf{1}_{\{y^{i,j,k}_t > 0\}}\}$$

因此，均衡价格与均衡的最优顺序相对应，其中所有的生产方式按照成本 $k^{i,j,k}_t$ 升序排序，使用成本最低的生产方式满足需求。商品 k 的最终均衡价格与使用成本最高的生产技术满足需求 D^k_t 的边际生产成本相等。

相反，如果有罚金 $P > 0$，商品的均衡价格为：

$$\bar{G}_t = \max_{i,j} \{(\kappa^{i,j,k}_t + e^{i,j,k} \bar{A}_t) \mathbf{1}_{\{y^{i,j,k}_t > 0\}}\}$$

因此，均衡价格与均衡的最优次序相对应，其中成本与和生产相关的排放量有关，即 $k^{i,j,k}_t + e^{i,j,k} \bar{A}_t$。

结论　Carmona 等（2009）表明市场均衡与联合成本最小等价。商品的价格与经成本调整的最优均衡次序相对应。因此，在排放权交易体系下，商品价格变高。价格的上升幅度与生产相应商品所需的配额价值相等。另外，Carmona 等（2009）表明配额的期货价格等于罚金乘以在履约期期末配额短缺的概率。当所有履约公司的累积排放量（在进行减排活动之后）超过总的配额分配量时，就会出现配额短缺的情况。如果不考虑加总的配额头寸，均衡的配额价格可能会有所不同。Chesney 和 Taschini（2012）通过考虑不同公司的配额头寸解决了该问题。

7.2.7 Chesney 和 Taschini（2012）

以上介绍的随机模型对配额价格的跨期演化进行了相当全面的刻画。但是，这类研究忽略了配额的基本面分析，以及配额市场的信息不对称因素。Kijima 等（2010）认为配额交易市场远不只是配额盈余的公司向配额短缺的公司转移配额那么简单。为了研究配额供给与需求的不平衡，Chesney 和 Taschini（2012）提出一个短期的配额价格动力学均衡模型，该模型考虑信息不对称因素。特别地，均衡的配额价格反映市场对配额稀缺或过量程度的预期。

我们首先回顾所有公司排放量加总得到的均衡配额价格。我们重写 Carmona 等（2009）导出的均衡配额价格，然后介绍 Chesney 和 Taschini（2012）提出的均衡配额价格。令 $q_{[0,T]}$ 表示在时刻 T 所有履约公司累加排放量的随机变量；N 是配额分配的总量，即排放上限；P 是不变的单位罚金。

考虑随机的生产成本、卖出产品的收入及总的排污量，Carmona 等（2009）表明在时刻 T 到期的期货在时刻 t 的价格为：

$$F(t,T) = P \cdot \mathbf{P}(q_{[0,T]} > N | \mathbf{F}_t) \tag{7-29}$$

换句话说，配额价格与未能完成履约的期望成本相等，即罚金与出现配额短缺概率的乘积。

假定利率 r 是确定的，不存在如 Uhrig-Homburg 与 Wagner（2007）提出的便利收益，在时刻 t，理论的配额价格为：

$$S_t = Pe^{-r(T-t)} \cdot \mathbf{P}(q_{[0,T]} > N | \mathbf{F}_t)$$
$$= \begin{cases} Pe^{-r(T-t)} & \text{如果 } q_{[0,T]} \geqslant N \\ Pe^{-r(T-t)} \cdot \mathbf{P}(q_{[0,T]} > N - q_{[0,t]} | \mathbf{F}_t) & \text{如果 } q_{[0,T]} < N \end{cases} \tag{7-30}$$

通过假定公司的排放率 Q_t 遵循几何布朗运动，Chesney 和 Taschini（2012）设定 Carmona 等（2009）分析框架中的累积排放量：

$$Q_t = Q_0 \exp\{(\mu - \frac{\sigma^2}{2})t + \sigma W_t\} \tag{7-31}$$

因此，在时间 $[0, t]$ 上累积的排放量为：

$$q_{[0,t]} = \int_0^t Q_s ds \tag{7-32}$$

　　这说明累积排放量可以表示成对几何布朗运动的积分，而累积排放量没有封闭的密度函数。Chesney 和 Taschini（2012）的模型在时间 $[t_1, t_2] \subseteq [0, T]$ 上对累积排放量进行如下的线性近似：

$$q_{[t_1, t_2]} \approx \tilde{q}_{[t_1, t_2]}^{Lin} = Q_{t_2}(t_2 - t_1) \tag{7-33}$$

　　下面的引理介绍了 Chesney 和 Taschini（2012）的单公司模型中的累积排放量。

引理 7.3　（Chesney 和 Taschini 模型中的累积排放量）u 和 σ 是刻画排放率的几何布朗运动中的参数。令 $t \in [0, T]$，$\tau = T - t$，$Z \sim N(0, 1)$。

则，在时间间隔 $[t, T]$ 上的累积排放量为：

$$\tilde{q}_{[t_1, T]}^{Lin} = Q_t \exp\{\ln(\tau) + (\mu - \frac{\sigma^2}{2})\tau + \sigma\sqrt{\tau}\,Z\} \tag{7-34}$$

证明 7

$$\tilde{q}_{[t_1, T]}^{Lin} = (T - t) \cdot Q_T = \tau \cdot Q_T$$

$$= \tau \cdot Q_t \exp\{(\mu - \frac{\sigma^2}{2})\tau + \sigma W_t\}$$

$$= Q_t \exp\{\ln(\tau) + (\mu - \frac{\sigma^2}{2})\tau + \sigma\sqrt{\tau}\,Z\}$$

　　下面的引理描绘了 Chesney 和 Taschini（2012）单公司模型中的配额价格动力学。

引理 7.4　（配额价格——线性近似）当时刻 $t <$ 时刻 T 时，配额价格为：

$$S_t^{Lin} = \begin{cases} Pe^{-r\tau} & \text{如果 } q_{[0,t]} \geq N \\ Pe^{-r\tau} \cdot \Phi\left(\dfrac{-\ln\left(\dfrac{1}{\tau}[\dfrac{N - q_{[0,t]}}{Q_t}]\right) + (\mu - \dfrac{\sigma^2}{2})\tau}{\sigma\sqrt{\tau}}\right) & \text{如果 } q_{[0,t]} < N \end{cases} \tag{7-35}$$

其中：$\tau = T - t$ 是剩余的履约时间。

　　当把所有公司的排放量加总时，在时刻 T 的均衡配额价格为：

$$S_T^{Lin} = P \cdot E[1_{\{q_{[0,T]} \geq N\}}]$$

证明 8

$$S_t^{Lin} = \begin{cases} Pe^{-r\tau} & \text{如果 } q_{[0,t]} \geq N \\ Pe^{-r\tau} \cdot P(\tau \cdot Q_T > N - q_{[0,t]} | \mathbf{F}_t) & \text{如果 } q_{[0,t]} < N \end{cases}$$

令 $Z \sim N(0, 1)$，则：

$$\mathbf{P}(\tau \cdot Q_T > N - q_{[0,t]} | \mathbf{F}_t)$$

$$= \mathbf{P}\left(\tau \cdot Q_t \exp\left\{ (\mu - \frac{\sigma^2}{2})\tau + \sigma\sqrt{\tau} Z \right\} > N - q_{[0,t]} | \mathbf{F}_t \right)$$

$$\overset{Q_t > 0}{=} \mathbf{P}\left(\exp\left\{ (\mu - \frac{\sigma^2}{2})\tau + \sigma\sqrt{\tau} Z \right\} > \frac{1}{\tau}[\frac{N - q_{[0,t]}}{Q_t}] | \mathbf{F}_t \right)$$

$$\overset{N > q_{0,t}}{=} 1 - \Phi\left(\frac{\ln\ (\ \frac{1}{\tau}[\frac{N - q_{[0,t]}}{Q_t}])\ -(\mu - \frac{\sigma^2}{2})\tau}{\sigma\sqrt{\tau}} \right)$$

$$= \Phi\left(\frac{-\ln\ (\ \frac{1}{\tau}[\frac{N - q_{[0,t]}}{Q_t}])\ +(\mu - \frac{\sigma^2}{2})\tau}{\sigma\sqrt{\tau}} \right)$$

完成该证明。

　　Chesney 和 Taschini（2012）把单公司情景拓展成将多个公司的排放量加总的情景，并提出 $\mathbf{I}$ 个追求利润最大化公司的问题，得到的配额价格动力学如下。Hintermann（2010）的实证结果表明，在短期，公司通过调整配额的资产组合（ $\delta_{i,t} = N_i + \sum_{s=0}^{t} x_{i,s}$ ）来完成履约。通过最优的购买量（ $x_{i,t} > 0$ ）和最优的出售量（ $x_{i,t} < 0$ ），从而对配额组合进行调整。Chesney 和 Taschini 表明，在多公司的分析框架中，均衡的配额价格 S_t 反映了在每个时刻 t 公司 i 的净累积排污量（ $\int_t^T Q_{i,s} ds - \delta_{i,T-1}$ ），以及其他 Γ 公司净累积排污量的期望值，其中 Γ ： $= \mathbf{I} - i$ 。

$$S_t = P \cdot \mathbf{E}_t[\mathbb{1}_{\{q_{[0,T]}^i \geqslant N^i\}}] \cdot \mathbf{E}_t[\mathbb{1}_{\{q_{[0,T]}^{i^\Gamma} \geqslant N^i\}}]$$

　　Chesney 和 Taschini（2012）论文中的均衡配额价格与 Carmona 等（2009）计算的均衡配额价格类似，尽管这种分析框架没有对减排活动进行建模，详见 Hintermann（2010）的实证研究。通过设定一期的滞后效应，该模型考虑了信息不对称因素。因此，公司 i 完全了解自己在时刻 t 的净累积排放量：

$$\int_0^t Q_{i,s} ds - \delta_{i,t-1}$$

但是，公司 i 并不知道其他公司的净累积排放量：

$$\int_0^{t-1} Q_{\Gamma,s}\,ds - \delta_{\Gamma,t-1}$$

实际上，信息不对称会对预期净排放量的计算产生影响。

　　虽然无法得到均衡配额价格的解析解，但可以得到它的数值解。在数值模拟部分，Chesney 和 Taschini（2012）表明均衡的配额价格对排放量过程的不同特征（$\mu, \sigma \in R^l$）很敏感。如无特殊情况，预期的排放量增长越快，每个公司在交易期的末了出现配额短缺的概率就越大，结果，配额价格就会越高。类似地，在履约日之前每个公司的净配额头寸的不确定性越高，每个公司出现配额短缺的不确定性就越大，相应地，配额价格就会越高。

　　关于不同均衡模型中的变量调查见表7-6，表7-7。

表7-6　　　　　　　不同均衡模型中的变量调查（第1部分）

变量	描述
α	Seifert 等（2008）模型中的减排率
A_t	Carmona 等（2009）模型中在时刻 t 的期货价格（在时刻 T 到期）
B	存储的配额数量，即分配的配额量加上购买的配额再减去排放量。Rubin（1996）、Kling 和 Rubin（1997）模型中使用了该变量
β	Seifert 等（2008）模型中进行减排活动之前的排放率
$C(\cdot)$	Montgomery（1972b）、Rubin（1996）模型中的减排成本
$C_{good}(\cdot)$	Montgomery（1972b）、Rubin（1996）、Kling 和 Rubin（1997）、Carmona 等（2009）模型中的生产成本
D	Carmona 等（2009）模型中对商品的需求
Δ	Carmona 等（2009）模型中在时间 $[0, T]$ 上加总的不可控制的排放量
e	Carmona 等（2009）模型中的排放因子
G	Montgomery（1972b）、Rubin（1996）、Kling 和 Rubin（1997）、Carmona 等（2009）模型中的商品价格
K	Carmona 等（2009）模型中的产能
κ	Carmona 等（2009）模型中的边际生产成本
μ	Chesney 和 Taschini（2012）、Grüll 和 Kiesel（2009）模型中刻画排放率的过程中的参数
N	Montgomery(1972b)、Rubin(1996)、Kling 和 Rubin(1997)、Seifert 等(2008)、Carmona 等(2009)、Chesney 和 Taschini(2012)模型中分配的配额数量
P	Seifert 等(2008)、Carmona 等(2009)、Chesney 和 Taschini(2012)模型中使用的变量。该变量表示在履约期末了未完成履约的排放量的单位罚金率

表7-7 **不同均衡模型中的变量调查（第2部分）**

变量	描述
$\pi(\cdot)$	Montgomery（1972b）、Rubin（1996）模型中通过生产商品获得的利润/损失
Q	Montgomery（1972b）、Rubin（1996）、Kling和Rubin（1997）、Chesney和Taschini（2012）模型中的排放率（包括减排活动）
q	Seifert等（2008）模型中在$[0,T]$上的累积期望排放量
$q(y)$	Carmona等（2009）模型中在$[0,T]$上的累积排放量（排除不可控制的排放率）
$q_{[t_1,t_2]}$	Chesney和Taschini（2012）模型中在$[t_1,t_2]$上的累积排放量
$R_{good}(\cdot)$	Montgomery（1972b）、Rubin（1996）、Kling和Rubin（1997）、Chesney和Taschini（2012）模型中通过生产商品获得的收益
S	Montgomery（1972b）、Rubin（1996）、Kling和Rubin（1997）、Seifert等（2008）、Chesney和Taschini（2012）模型中的配额价格
σ	Chesney和Taschini（2012）模型中刻画排放率过程的参数
T	Rubin（1996）、Kling和Rubin（1997）、Seifert等（2008）、Carmona等（2009）、Chesney和Taschini（2012）模型中（履约）期限的期末
θ	Montgomery（1972b）、Rubin（1996）、Kling和Rubin（1997）、Seifert等（2008）模型中在时刻t买卖配额的数量
Θ	Carmona等（2009）模型中直到时刻t买卖配额的数量
y	Montgomery（1972b）、Rubin（1996）、Kling和Rubin（1997）、Carmona等（2009）模型中商品的产量。

附 录

该附录简单介绍了求解静态与动态线性最优化问题的技巧，以及之前介绍的模型细节。

求解静态最优化问题

定义7.11 （拉格朗日算子）令$x=(x_1,\cdots,x_n)\in\mathbf{R}^n$，$f(x)$，$g_1(x)$，$\cdots$，$g_m(x)$为函数，则静态非线性最优化问题如下：

$$\min_{x_1,\cdots,x_n}\{f(x)\}，\quad j=1,\cdots,m，\quad g_j(x)\leq 0$$

拉格朗日算子为：

$$L(x, u) = f(x) + \sum_{j=1}^{m} u_j g_j(x)$$

定义 7.12 （带有非负控制变量的静态凸优化）令 $x = (x_1, \cdots, x_{n'}, x_{n'+1}, \cdots, x_n)$。假定 $f(x)$，$g_1(x), \cdots, g_m(x)$ 为连续可导的凸函数。另外，假定存在 $\tilde{x} \in \mathbf{R}^n$ 对所有的非线性约束满足 $g_j(\tilde{x}) < 0$。考虑如下最优化问题：

$$\min_{x_1, \cdots, x_n} \{f(x)\}$$

对 $j = 1, \cdots, m$，$g_j(x) \leqslant 0$

对 $i = 1, \cdots, n'(n' \leqslant n)$，$x_i \geqslant 0$

定理 7.5 （Karush-Kuhn-Tucker 条件）$x = (\tilde{x}_1, \cdots, \tilde{x}_n)$ 是定义 7.12 中最优化问题的最优解，当且仅当存在 $\tilde{u} \in \mathbf{R}^m$ 满足所有的 Karush-Kuhn-Tucker 条件：

对 $i = 1, \cdots, n'$

$$\frac{\partial L}{\partial x_i}(\bar{x}, \bar{u}) = \frac{\partial f}{\partial x_i}(\bar{x}) + \sum_{j=1}^{m} \bar{u}_j \frac{\partial g_j}{\partial x_i}(\bar{x}) \geqslant 0 \tag{A-1}$$

$$\bar{x}_i \frac{\partial L}{\partial x_i}(\bar{x}, \bar{u}) = [\frac{\partial f}{\partial x_i}(\bar{x}) + \sum_{j=1}^{m} \bar{u}_j \frac{\partial g_j}{\partial x_i}(\bar{u})] = 0 \tag{A-2}$$

$$\bar{x}_i \geqslant 0 \tag{A-3}$$

对 $i = n'+1, \cdots, n$

$$\frac{\partial L}{\partial x_i}(\bar{x}, \bar{u}) = \frac{\partial f}{\partial x_i}(\bar{x}) + \sum_{j=1}^{m} \bar{u}_j \frac{\partial g_j}{\partial x_i}(\bar{x}) = 0 \tag{A-4}$$

对 $j = 1, \cdots, m$

$$\frac{\partial L}{\partial u_j}(\bar{x}, \bar{u}) = g_j(\bar{x}) \leqslant 0 \tag{A-5}$$

$$\bar{u}_j \frac{\partial L}{\partial u_j}(\bar{x}, \bar{u}) = \bar{u}_j g_j(\bar{u}) = 0 \tag{A-6}$$

$$\bar{u}_j \geqslant 0 \tag{A-7}$$

求解动态最优化问题

定理 7.6 （动态最优化问题）令 $T < \infty$，f、g 是二阶可导的凹函数。考虑以下的动态确定性最优化问题：

$$\max_{x(t)}\left\{\int_0^T f(s(t), x(t), t)dt\right\} \tag{A-8}$$

对 $t \in [0, T]$，有：

$$\dot{s}(t):= \frac{\partial s}{\partial t}(t) = g(s(t), x(t), t) \tag{A-9}$$

$$s(0) = 0 \tag{A-10}$$

$$s(T) \geqslant 0 \tag{A-11}$$

则汉密尔顿函数定义如下：

$$H:= H(s(t), x(t), t) = f(s(t), x(t), t) + u(t) \cdot g(s(t), x(t), t) \tag{A-12}$$

该最优化问题的解必须满足：

$$\frac{\partial H}{\partial x} = 0 \tag{A-13}$$

$$-\frac{\partial H}{\partial s} = \frac{\partial u}{\partial t} =: \dot{u} \tag{A-14}$$

$$-\frac{\partial H}{\partial u} = \frac{\partial s}{\partial t} =: \dot{s} \tag{A-15}$$

$$u(T)s(T) = 0 \tag{A-16}$$

注意：

（a）$x(t)$ 被称为控制变量。状态变量 $s(t)$ 受控制变量选择的影响。

（b）方程 A-13 与静态非线性最优化问题的条件类似。

（c）方程 A-15 重述状态变量的条件（见方程 A-9）。

（d）方程 A-16 被称为横截面条件。

证明 9　（思路）严格的证明见 Pontryagin 等（1962）的论文。如下的证明类似 Barro 和 Sala-i Martin（1995）的证明。

首先，把约束条件写成积分形式，对动态约束条件乘子 $u(t)$ 的闭联集和状态变量的边界条件乘子 v 建立拉格朗日函数：

$$L = \int_0^T f(s(t), x(t), t)dt + \int_0^T u(t) \cdot [g(s(t), x(t), t) - \dot{s}(t)]dt + vs(T)$$

其次，根据分布积分法：

$$\int_0^T u(t)\dot{s}(t)dt = [u(t)s(t)]_0^T - \int_0^T \dot{u}(t)s(t)dt$$

$$= u(T)s(T) - u(0)s(0) - \int_0^T \dot{u}(t)s(t)dt$$

$$= u(T)s(T) - \int_0^T \dot{u}(t)s(t)dt$$

利用汉密尔顿函数的定义，得：

$$L = \int_0^T [H(s(t),x(t),t) + \dot{u}(t)s(t)]dt + (v - u(T))\cdot s(T) \tag{A-17}$$

最后，利用扰动分析求解该问题：

令 $\bar{x}(t)$ 为控制变量的最优路径。由约束 $\dot{s}(t) = g(s(t),x(t),t)$ 得状态变量的最优路径 $\bar{s}(t)$。定义最优路径的扰动：

$$x: = x(t) = \bar{x}(t) + \varepsilon p^{(x)}(t)$$
$$s: = s(t) = \bar{s}(t) + \varepsilon p^{(s)}(t)$$
$$s(T) = \bar{s}(T) + \varepsilon ds(T)$$

其中：ε 是标量；$p^{(x)}: = p^{(x)}(t)$ 和 $p^{(s)}: = p^{(s)}(t)$ 被称为扰动函数。利用在最优解附近极小扰动不影响优化问题的最大值的原则，来完成扰动分析，即：

$$\frac{\partial L}{\partial \varepsilon}(\bar{s}(t),\bar{x}(t),t) = 0 \tag{A-18}$$

对方程 A-17 应用链式法，则有：

$$\frac{\partial L}{\partial \varepsilon} = \int_0^T \left[\frac{\partial H}{\partial s}\cdot\frac{\partial s}{\partial \varepsilon} + \frac{\partial H}{\partial x}\cdot\frac{\partial x}{\partial \varepsilon} + \dot{u}\cdot\frac{\partial s}{\partial \varepsilon}\right]dt + (v - u(T))\cdot\frac{\partial s(T)}{\partial \varepsilon}$$

$$= \int_0^T \left[\frac{\partial H}{\partial s}\cdot p^{(s)} + \frac{\partial H}{\partial x}\cdot p^{(x)} + \dot{u}\cdot p^{(s)}\right]dt + (v - u(T))\cdot ds(T)$$

$$= \int_0^T \left[\frac{\partial H}{\partial x}\cdot p^{(x)} + (\frac{\partial H}{\partial s} + \dot{u})\cdot p^{(s)}\right]dt + (v - u(T))\cdot ds(T)$$

由于对任何扰动函数都有 $\frac{\partial L}{\partial \varepsilon}(s(t),\bar{x}(t),t) = 0$，可得：

$$\frac{\partial H}{\partial x} = 0, \qquad \frac{\partial H}{\partial s} + \dot{u} = 0, \qquad v = u(T)$$

结合 $v = u(T)$、$v\cdot s(T) = 0$ 和终端约束的互补松弛条件，可得所谓的横截条件：

$$u(T)s(T) = 0$$

最优条件之间的关系

引理 7.5 联合成本最小化问题的解满足市场均衡的条件。

证明 10 使用方程 7-11 和方程 7-12 中的条件，有：

$$\bar{Q}^i = \tilde{Q}^i, \qquad N^i + \bar{\theta}^i - \tilde{Q}^i = 0, \qquad \bar{u}_i = \tilde{u} = \tilde{S}$$

满足方程 7-7～方程 7-10 中的条件。

方程 7-11 和方程 7-12 中的条件暗含了方程 7-7：

由于对所有的 $i = 1,\cdots,n$，有 $\frac{\partial C^i}{\partial Q^i}(\tilde{Q}^i) + \tilde{u} \leq 0, \tilde{Q}^i \geq 0$，故从

$\sum_{i=1}^{n} \tilde{Q}^i[\frac{\partial C^i}{\partial Q^i}(\tilde{Q}^i)+\tilde{u}]=0$ 可知对所有的 $i=1,\cdots,n$，满足 $\tilde{Q}^i[\frac{\partial C^i}{\partial Q^i}(\tilde{Q}^i)+\tilde{u}]=0$。因此，$\tilde{Q}^i$ 和 $\tilde{u}$ 对所有的 $i=1,\cdots,n$，满足方程7-7。

　　方程7-11和方程7-12中的条件暗含了方程7-8：

　　如果 $\tilde{u}_i=\tilde{u}=\overline{S}$，对所有的 $i=1,\cdots,n$ 和任何 $\overline{\theta}^i$ 都有 $\overline{S}-\tilde{u}_i=0$。

　　方程7-11和方程7-12中的条件暗含了方程7-9：

　　根据 $\overline{Q}^i=\tilde{Q}^i$ 和 $N^i+\overline{Q}^i-\tilde{Q}^i=0$，对任何 $\tilde{u}_i$，方程7-9均满足。

　　方程7-11和方程7-12中的条件暗含了方程7-10：

$$0\leqslant \sum_{i=1}^{n}(N^i-\tilde{Q}^i)\overset{N^i+\overline{\theta}^i-\tilde{Q}^i=0}{=}-\sum_{i=1}^{n}\overline{\theta}^i$$

$$0=\tilde{u}[\sum_{i=1}^{n}(N^i-\tilde{Q}^i)]\overset{\overline{S}=\tilde{u}}{=}\overline{S}[\sum_{i=1}^{n}(N^i-\tilde{Q}^i)]\overset{N^i+\overline{\theta}^i-\tilde{Q}^i=0}{=}-\overline{S}\sum_{i=1}^{n}\overline{\theta}^i$$

引理7.6　任何满足市场均衡条件的排放向量也是联合成本最小化问题的解。

证明11　使用方程7-7～方程7-10中的条件得：

$$\tilde{Q}^i=\overline{Q}^i,\qquad \tilde{u}=\overline{S}$$

满足方程7-11和方程7-12中的条件。

　　方程7-7～方程7-10中的条件暗含了方程7-11：

　　根据方程7-8，有 $\tilde{u}_i=\overline{S}$。因此：

$$-\frac{\partial C^i}{\partial Q^i}(\overline{Q}^i)-\overline{S}\geqslant 0,\quad \overline{Q}^i[\frac{\partial C^i}{\partial Q^i}(\overline{Q}^i)+\overline{S}]=0$$

这表明 $\sum_{i=1}^{n}\overline{Q}^i[\frac{\partial C^i}{\partial Q^i}(\overline{Q}^i)+\overline{S}]=0$。因此，$\overline{Q}^i$ 和 $\tilde{u}=\overline{S}$ 满足方程7-11。

　　方程7-7～方程7-10中的条件暗含了方程7-12：

　　根据方程7-9和方程7-10，$\sum_{i=1}^{n}(N-\overline{Q}^i)\geqslant -\sum_{i=1}^{n}\overline{\theta}^i\geqslant 0$。

　　根据方程7-8，方程7-9变成 $\overline{S}[N^i+\overline{\theta}^i-\overline{Q}^i]=0$。根据方程7-10：

$$0=\sum_{i=1}^{n}\overline{S}[N^i+\overline{\theta}^i-\overline{Q}^i]=\overline{S}\sum_{i=1}^{n}(N^i-\overline{Q}^i)+S\sum_{i=1}^{n}\overline{\theta}^i=\overline{S}\sum_{i=1}^{n}(N^i-\overline{Q}^i)$$

因此，$\overline{Q}^i$ 和 $\tilde{u}=\overline{S}$ 满足方程7-12。

Seifert 等（2008）论文中代表性厂商最优决策的求解

在证明市场均衡与联合成本最小两者等价之后，Seifert 等（2008）求解代表性厂商的成本最优化问题如下：

定义 q_t 代表总的累积排放量减去买卖的配额。

定义 7.13 （市场均衡）市场均衡中的最优策略 $\bar{S}_t$、$(\bar{\alpha}_t^1, \cdots, \alpha_t^n)$、$(\bar{\theta}_t^1, \cdots, \theta_t^n)$ 是定义 7.7 中的单个公司成本最优化问题的解，满足市场出清条件：

$$\sum_{i=1}^{n} \bar{\theta}_t^i = 0$$

定义 7.14 （全局最优化问题）中央计划者通过选择最优减排策略最小化公司的联合成本：

$$\max_{\alpha_t^1, \cdots, \alpha_t^n} \mathbf{E}\left[-\int_0^T e^{-rt} \sum_{i=1}^{n} (\frac{1}{2} c_i (\alpha_t^i)^2) dt - e^{-rT} P \sum_{i=1}^{n} (q_T^i - N^i)^+\right] \tag{A-19}$$

$$q_t = \mathbf{E}\left[\int_0^t \beta_s ds | \mathbf{F}_t\right] - \int_0^t \alpha_s ds$$

引理 7.7 已给出总排放量的动力学刻画。定理 7.7 给出相应的偏微分方程及配额价格的解析表达式。

引理 7.7 （代表性厂商排放量 q_t 的随机微分方程）假定在进行减排活动之前，排放率 β_t 遵循：

（1）白噪声过程 $\beta_t \sim N(\beta_0, \sigma^2)$；

（2）算术布朗运动 $\beta_t = \beta_0 + \sigma W_t$。

则该代表性厂商的累积排放量的随机微分方程为：

$$dq_t = -\alpha_t dt + H_t dW_t$$

其中：在白噪声过程中，$H_t = \sigma$；在算术布朗运动中，$H_t = \sigma(T-t)$。

证明 12 见 Seifert 等（2008）论文的在线附录。

定义 7.15 （代表性厂商的最优化问题）给定配额价格 S，代表性厂商通过选择最优减排策略最小化期望成本：

$$\max_{\alpha_t} \mathbf{E}\left[-\int_0^T e^{-rt} c(\alpha_t) dt - e^{-rt} P(q_T - N)^+\right]$$

$$= \max_{\alpha_t} \mathbf{E}\left[-\int_0^T e^{-rt} \frac{1}{2} c_i (\alpha_t)^2 dt - e^{-rT} P(q_T - N)^+\right] \tag{A-20}$$

定理 7.7 （配额价格动力学）令 $V(t, q_t)$ 为定义 7.15 中最优化问题的最优策

略在时刻 t 和时刻 T 之间的期望价值。用 V_t、V_q、V_{qq} 表示相应的偏导数。

（a）假定在进行减排活动之前，排放率遵循引理 7.7 中的算术布朗运动，则配额价格的典型偏微分方程为：

$$V_t + \frac{1}{2}\sigma^2 (T-t)^2 V_{qq} + \frac{1}{2c}e^{rt}(V_q)^2 = 0$$

　边界条件为：

$$V(T, q_T) = e^{rt}P(q_T - N)^+$$

　配额价格为：

$$S_t = -e^{rt}V_q$$

（b）假定在进行减排活动之前，排放率遵循引理 7.7 中的白噪声过程，则配额价格的典型偏微分方程为：

$$V_t + \frac{1}{2}\sigma^2 V_{qq} + \frac{1}{2c}e^{rt}(V_q)^2 = 0$$

　配额价格的解析解为：

$$S(t, q_t) = P \cdot \cfrac{1}{1 - \cfrac{\exp\left\{\dfrac{-P[P(T-t) + 2c(N-q_t)]}{2c^2\sigma^2}\right\}\left(-2 + erfc\left(\dfrac{N-q_t}{\sigma\sqrt{2(T-t)}}\right)\right)}{erfc\left(\dfrac{P(T-t) + c(N-q_t)}{\sigma\sqrt{2(T-t)}}\right)}}$$

其中：$erfc(x) = 1 - erf(x) = \dfrac{2}{\sqrt{\pi}}\int_x^\infty e^{-t^2}dt$ 是互补误差函数。

证明 13　（思路）与引理 7.2 的证明类似，根据 $Itô$ 引理与引理 7.7 得：

$$V(t+dt, q_t + dq_t) - V(t, q_t)$$

$$= (V_t - \alpha_t V_q + \frac{1}{2}(H_t)^2 V_{qq})dt + H_t V_q dW_t$$

$$\mathbf{E}[V(t+dt, q_t+dq_t) - V(t, q_t)|\mathbf{F}]$$

$$= V_t d_t - \alpha_t V_q d_t + \frac{1}{2}(H_t)^2 V_{qq}dt$$

根据最优化原理：

$$V(t, q_t) = \max_{\alpha_t} \mathbf{E}[-e^{-rt}C(\alpha_t)dt + V(t+dt, q_t + dq_t)] \tag{A-21}$$

方程 A-21 两边同时减去 $V(t, q_t)$，得：

$$0 = \max_{\alpha_t}\{-e^{-rt}C(\alpha_t) + V_t - \alpha_t V_q + \frac{1}{2}(H_t)^2 V_{qq}\} \tag{A-22}$$

通过对 α_t 求导并令其为零，最大化括号中的表达式，得：

$$\alpha_t = -\frac{1}{c}e^{rt}V_q \tag{A-23}$$

或者

$$c\alpha_t = -e^{rt}V_q$$

令方程 A-22 括号中的表达式为零，并把 α_t 的表达式代入该方程中，得到典型的偏微分方程：

$$-e^{-rt}c(\alpha_t)dt + V_t - \alpha_t V_q + \frac{1}{2}(H_t)^2 V_{qq} = 0$$

$$\Leftrightarrow -e^{-rt}\frac{1}{2}c(\alpha_t)^2 + V_t - \alpha_t V_q + \frac{1}{2}(H_t)^2 V_{qq} = 0$$

$$\Leftrightarrow -\frac{1}{2c}e^{rt}(V_q)^2 + V_t + \frac{1}{c}e^{rt}(V_q)^2 + \frac{1}{2}(H_t)^2 V_{qq} = 0 \tag{A-24}$$

$$\Leftrightarrow V_t + \frac{1}{2c}e^{rt}(V_q)^2 + \frac{1}{2}(H_t)^2 V_{qq} = 0$$

正如引理 7.13 所示，现货价格边际减排成本相等，即：

$$S_t = \frac{\partial C(\alpha_t)}{\partial \alpha_t} \overset{(3.45)}{=} c\alpha_t = -e^{-rt}V_q$$

（a）该证明可通过引理 7.7 中的（1）完成。

（b）通过使用引理 7.7 中的（2）可从方程 A-24 直接推导出典型的偏微分方程。Seifert 等（2008）推导出了该偏微分方程的解。

↘ 参考文献

Acemoglu, D., Aghion, P., Bursztyn, L., & Hemous, D. (2009). The environment and directed technical change.Technical report, National Bureau of Economic Research.

Adger, W., Agrawala, S., Mirza, M., Conde, C., O'Brien, K., Pulhin, J., Pulwarty, R., Smit, B., & Takahashi, K. (2007). Assessment of adaptation practices, options, constraints and capacity.

Afriat, M., Dahan, L., Rittenhouse, K., Francis, D., Sopher, P., Clara, S.D., Kouchakji, K., 2015.Australia: An Emissions Trading Case Study.Technical Report.EDF, CDC Climat Research, Caisse des Depots Group, IETA.

Aghion, P., & Howitt, P. (2009).MIT press books: Vol.1.The economics of growth.Aghion, P., Van Reenen, J., & Zingales, L. (2009).Innovation and institutional ownership.Technical report, National Bureau of Economic Research.

Aghion, P., Hemous, D., & Veugelers, R. (2009).No green growth without innovation.Technical report, Bruegel Policy Brief.

Aghion, P., Howitt, P., 1992.A model of growth through creative destruction.Econometrica 60, 323-351.

Aghion, P., Howitt, P., 1998.Endogenous Growth Theory.MIT Press.

Aghion, P., Howitt, P., 2009.The economics of growth.MIT Press Books 1.

Alberola, E., & Chevallier, J. (2009).European carbon prices and banking restrictions: evidence from phase I.Energy Journal, 30, 51-80.

Alberola, E., Afriat, M., Rittenhouse, K., Francis, D., Sopher, P., Deblock, S., Kouchakji, K., 2015.European Union: An Emissions Trading Case Study.Technical Report.EDF, CDC Climat Research, Caisse des Depots Group, IETA.

Alberola, E., Chevallier, J., & Cëze, B. (2008) .Price drivers and structural breaks in the European carbon prices 2005−2007.Energy Policy, 36 (2), 787−797.

Arrow, K., & Fisher, A. (1974) .Environmental preservation, uncertainty, and irreversibility.The Quarterly Journal of Economics, 88 (2), 312−319.

Bahn, O., Chesney, M., & Gheyssens, J. (2012) .The effect of proactive adaptation on green investment.Environmental Science & Policy, 18, 9−24.

Barro, R., & Sala - i Martin, X. (1995) .Economic growth.New York: McGraw-Hill.

Baumol, W., & Oates, W. (1988) .The theory of environmental policy.Cambridge: Cambridge University Press.

Benz, E., & Trück, S. (2008) .Modeling the price dynamics of CO_2 emission allowances.Energy Economics, 31 (1), 4−15.

Black, F., & Scholes, M.S. (1973) .The pricing of options and corporate liabilities.Journal of Political Economy, 81 (3), 637−654.

Bosello, F. (2010) .Adaptation, mitigation and "green" r&d to combat global climate change.Insights from an empirical integrated assessment exercise.Fondazione Eni EnricoMattei working papers, p.412.

Bosello, F., Carraro, C., & de Cian, E. (2010) .Climate policy and the optimal balance between mitigation, adaptation and unavoided damage. Climate Change Economics, 1 (2), 71−92.

Brigo, D., Dalessandro, A., Neugebauer, M., & Triki, F. (2009) . A stochastic processes toolkit for risk management: geometric Brownian motion, jumps, GARCH and variance gamma models.Journal of Risk Management in Financial Institutions, 2（4）, 365-393.

Bunn, D., & Fezzi, C. （2009）.Structural interactions of European carbon trading and energy prices.The Journal of Energy Markets, 4, 53-69.

Carmona, R., Fehr, M., Hinz, J., &Porchet, A. （2009）.Market design for emission trading schemes.SIAM Review, 9（3）, 465-469.

Chao, H., & Wilson, R. （1993）.Option value of emission allowances.Journal of Regulatory Economics, 5, 233-249.

Chesney, M., & Taschini, L. （2012）.The endogenous price dynamics of emission allowances and an application to CO_2 option pricing. Applied Mathematical Finance, 19（5）, 447-475.

Chevallier, J. （2011）.Econometric analysis of carbon markets: the European union emission trading scheme and the clean development mechanism.Berlin: Springer.

Cleveland, R.B., Cleveland, W.S., McRae, J., & Terpenning, I. （1990）.STL: a seasonal - trend decomposition procedure based on loess. Journal of Official Statistics, 6（1）, 3-73.

Coase, R. （1960）.The problem of social cost.The Journal of Law & Economics, 3, 1-44.

Convery, F.J., & Redmond, L. （2007）.Market and price developments in the European Union emissions trading scheme.Review of Environmental Economics and Policy, 1（1）, 88-111.

Creti, A., Jouvet, P., & Mignon, V. （2012）.Carbon price drivers: phase I versus phase II equilibrium? Energy Economics, 34（1）, 327-334.

Crocker, T. （1966）.The economics of air pollution: Vol.1.The structuring of atmospheric pollution control systems.New York: Harold Wolozin.

Cronshaw, M.B., & Kruse, J.B. （1996）.Regulated firms in pollution permit markets with banking.Journal of Regulatory Economics, 9, 179-189.

Crowley, R.J., 2000.Causes of climate change over the past 1000 years. Science 289（5477）, 270-277.

Dahan, L., Afriat, M., Rittenhouse, K., Sopher, P., Kouchakji, K., Sullivan, K., 2015.Regional Greenhouse Gas Initiative（RGGI）: An emissions trading case study.Technical Report.EDF, CDC Climat Research, Caisse des Depots, and IETA.

Dales, J.（1968）.Pollution property and prices.Toronto: University of Toronto Press.

Daly, H.E., 1996.Beyond Growth.Beacon Press.

Daskalakis, G., Psychoyios, D., & Markellos, R.N.（2009）. Modeling CO2 emission allowance prices and derivatives: evidence from the European trading scheme.Journal of Banking & Finance, 33（7）, 1230-1241.

de Bruin, K., Dellink, R., & Tol, R.（2009）.AD-DICE: an implementation of adaptation in the DICE model.Climatic Change, 95（1-2）, 63-81.

Dixit, A., & Pindyck, R.（1994）.Investment under uncertainty. Princeton: Princeton University Press.

Ellerman, A.D., & Joskow, P.（2008）.The European Union's CO_2 cap-and-trade system in perspective.Technical report, Pew Center on Global Climate Change Report.

Falkowski, P., Scholes, R.J., Boyle, E., Canadell, J., Caneld, D., Elser, J., Gruber, N., Hibbard, K., Hgberg, P., Linder, S., Mackenzie, F.T., Moore, B., Pedersen, T., Rosenthal, Y., Seitzinger, S., Smetacek, V., Steen, W., 2000.The global carbon cycle: A test of our knowledge of earth as a system.Science 290（5490）, 291-296.

Felgenhauer, F., & de Bruin, K.（2009）.The optimal paths of climate change mitigation and adaptation under certainty and uncertainty.International Journal of Global Warming, 1（1-3）, 66-88.

Fusai, G., & Roncoroni, A.（2008）.Implementing models in

quantitative finance：methods and cases.Berlin：Springer.

Gronwald，M.，Ketterer，J.，& Trück，S.（2011）.The dependence structure between carbonemission allowances and financial markets—a copula analysis.Economic Record，87（1），105-124.

Grüll，G.，& Kiesel，R.（2009）.Pricing CO2 permits using approximation approaches.Preprint.

Hahn，R.（1984）.Market power and transferable property rights.The Quarterly Journal of Economics，99（4），753-765.

Hintermann，B.（2010）.Allowance price drivers in the first phase of the EU ETS.Journal of Environmental Economics and Managements，59（1），43-56.

Houpert，K.，& de Dominicis，A.（2006）.Trading in the Rain. Technical report，Mission Climat，Caisse des Depots，Frence.

Houpert，K.，Dominicis，A.D.，2006.Trading in the rain.Technical Report.Mission Climat.In M.Parry，O.Canziani，J.Palutikof，P.van der Linden，& C.Hanson（Eds.），Climate change 2007：impacts，adaptation and vulnerability，contribution of working group II to the fourth assessment report of the intergovernmental panel on climate change（pp.717-743）. Cambridge：Cambridge University Press.

IPCC（2007）.Climate change 2007：synthesis report.Cambridge：Cambridge University Press.

Jackson，T.，2009.Prosperity Witout Growth.Economics for a finite planet.Earthscan Routledge.

Jones，C.I.，1995a.R&d-based model of economic growth.The Journal of Political Economy 4，759-784.

Jones，C.I.，1995b.Time series tests of endogeneous growth models. Quarterly Journal of Economics，495-525.

Keeler，A.（1991）.Noncompliant firms in transferable discharge permit markets：some extensions.Journal of Environmental Economics and Management，

21 (2), 180-189.

Kijima, M., Maeda, A., & Nishide, K. (2010) .Equilibrium pricing of contingent claims in tradable permit markets.The Journal of Futures Markets, 30 (6), 559-589.

Klein, R., Eriksen, S., Næss, L., Hammill, A., Tanner, T., Robledo, C., & O'Brien, K. (2007a) .Portfolio screening to support the mainstreaming of adaptation to climate change into development assistance. Climatic Change, 84 (1), 23-44.

Klein, R., Huq, S., Denton, F., Downing, T., Richels, R., Robinson, J., & Toth, F. (2007b) .Interrelationships between adaptation and mitigation.In M.Parry, O.Canziani, J.Palutikof, P.van der Linden, & C. Hanson (Eds.) , Climate change 2007: impacts, adaptation and vulnerability, contribution of working group II to the fourth assessment report of the intergovernmental panel on climate change (pp.745- 777) . Cambridge: Cambridge University Press.

Kling, C., & Rubin, J.D. (1997) .Bankable permits for the control of environmental pollution.Journal of Public Economics, 64, 101-115.

Labre, M., & Atkinson, C. (2010) .On the pricing of emission reduction purchase agreement contracts.The Journal of Energy Markets, 3 (2), 69-109.

Lecocq, F., & Shalizi, Z. (2007) .Balancing expenditures on mitigation of and adaptation to climate change: an exploration of issues relevant to developing countries.Policy research working paper series 4299, The World Bank, Washington, DC.

Loubergé, H., Villeneuve, S., & Chesney, M. (2002) .Long-term risk management of nuclear waste: a real options approach.Journal of Economic Dynamics & Control, 27 (1), 157-180.

Loulou, R. (2008) .ETSAP-TIAM: the TIMES integrated assessment model.Part II: mathematical formulation.Computational Management

Science, 5（1-2）, 41-66.

Loulou, R., & Labriet, M.（2008）.ETSAP-TIAM: the TIMES integrated assessment model.Part I: model structure.Computational Management Science, 5（1-2）, 7-40.

Malueg, D.（1990）.Welfare consequences of emission credit trading programs.Journal of Environmental Economics and Management, 18（1）, 66-77.

Manne, A., & Richels, R.（2005）.MERGE: an integrated assessment model for global climate change.In R.Loulou, J.-P.Waaub, & G. Zaccour（Eds.）, GERAD 25th anniversary series: Vol.3.Energy and environment（pp.175-189）.Berlin: Springer.

Manne, A., Mendelsohn, R., & Richels, R.（1995）.MERGE: a model for evaluating regional and global effects of GHG reduction policies. Energy Policy, 23（1）, 17-34.

Mansanet-Bataller, M., Pardo, A., Valor, E., 2007.CO2 prices, energy and weather.The Energy Journal 28（3）, 73-92.

Margulis, S., & Narain, U.（2009）.The costs to developing countries of adapting to climate change: new methods and estimates.Global report of the economics of adaptation to climate change study, The World Bank, Washington, DC.

Mendelsohn, R., Morrison, W., Schlesinger, M., & Andronova, N. （1998）.Country-specific market impacts of climate change.Climatic Change, 45（3-4）, 553-569.

Merton, R.（1973）.Theory of rational option pricing.The Bell Journal of Economics and Management Science, 4, 141-183.

Misiolek, W., & Elder, H.（1989）.Exclusionary manipulation of markets for pollution rights.Journal of Environmental Economics and Management, 16（2）, 156-166.

Montero, J.（2008）.A simple auction mechanism for the optimal allocation of the commons.The American Economic Review, 98 (1), 496-518.

Montgomery, W. (1972) .Markets in licenses and efficient pollution control programs.Journal of Economic Theory, 5 (3), 395-418.

Nordhaus, W. (1994) .Managing the global commons.Cambridge: MIT Press.

Nordhaus, W. (2007) .The challenge of global warming: economic models and environmental policy.Working paper, Yale University, New Haven, CT.

Nordhaus, W., & Yang, Z. (1996) .A regional dynamic general - equilibrium model of alternative climate - change strategies.The American Economic Review, 86 (4), 741-765.

Nordhaus, W., & Boyer, J. (2000) .Warming the world: economic models of global warming.Cambridge: MIT Press.

Olson, M. (1965) .The logic of collective action: public goods and the theory of groups.Cambridge: Harvard University Press.

Paolella, M.S., & Taschini, L. (2008) .An econometric analysis of emission-allowances prices.Journal of Banking & Finance, 32 (10), 2022-2032.

Parry, M., Arnell, N., Berry, P., Dodman, D., Fankhauser, S., Hope, C., Kovats, S., Nicholls, R., Satterthwaite, D., Tiffin, R., & Wheeler, T. (2009) .Assessing the costs of adaptation to climate change: a review of the UNFCCC and other recent estimates.International Institute for Environment and Development and Grantham Institute for Climate Change, London, UK.

Parsons, J.E., & Taschini, L. (2013) .The role of stocks & shocks concepts in the debate over price vs.quantity.Environmental and Resource Economics, 55 (1), 71-86.

Pearce, D., Cline, W., Achanta, A., Fankhauser, S., Pachauri, R., Tol, R., & Vellinga, P. (1996) .The social costs of climate changegreenhouse damage and the benefits of control.In Economic and social dimensions—contribution of working group III to the second assessment report of the intergovernmental panel on climate change.Climate change 1995 (pp.179-224) .Cambridge,UK: Cambridge University Press.

Pigou, A. (1918) .A special levy to discharge war debt.The Economic Journal, 28 (110), 135-156.

Pontryagin, L., Boltayanskii, V., Gamkrelidze, R., & Mishchenko, E. (1962) .The mathematical theory of optimal processes.New York: Wiley.

Rockstroem, J., Steen, W., Noone, K., Persson, A., Chapin, F. S., Lambin, E.F., Lenton, T.M., Scheer, M., Folke, C., Schellnhuber, H.J., Nykvist, B., de Wit, C.A., Hughes, Romer, P., 1990.Endogenous technological change.Journal of Political Economy 98, 71-102.

Rubin, J.D. (1996) .A model of intertemporal emission trading, banking, and borrowing.Journal of Environmental Economics and Management, 31, 269-286.

Sachs, J.D., 2015.The Age of Sustainable Development.Columbia University Press.

Seifert, J., Uhrig-Homburg, M., & Wagner, M. (2008) .Dynamic behavior of CO_2 spot prices.Journal of Environmental Economics and Managements, 56, 180-194.

Stavins, R. (1995) .Transaction costs and tradeable permits.Journal of Environmental Economics and Management, 29 (2), 133-148.

T., van der Leeuw, S., Rodhe, H., Srlin, S., Snyder, P.K., Costanza, R., Svedin, U., Falkenmark, M., Karlberg, L., Corell, R. W., Fabry, V.J., Hansen, J., Walker, B., Liverman, D., Richardson, K., Crutzen, P., Foley, J.A., 2009.A safe operating space for humanity. Nature 461, 472-475.

Taschini, L. (2011) .Flexibility premium in marketable permits.Preprint.

Taschini, L., & Urech, S. (2010) .The real option to fuel switch in the presence of expected windfall profits under the EU ETS.Journal of Energy

Markets, 3 (2), 27-47.

Taschini, L., 2011.Flexibility premium in marketable permits.Preprint.

Tietenberg, T. (1985) .Emission trading: an exercise in reforming pollution policy.Working paper, Resources for the Future, Washington D.C.

Tol, R. (1999) .The marginal damage costs of greenhouse gas emissions. The Energy Journal, 20 (1), 61-81.

Tol, R. (2002) .Estimates of the damage costs of climate change.Part I: benchmark estimates.Environmental & Resource Economics, 21 (1), 47-73.

Tol, R.S. (2005a) .Adaptation and mitigation: trade-offs in substance and methods.Environmental Science & Policy, 8 (6), 572-578.

Tol, R.S. (2005b) .The marginal damage costs of carbon dioxide emissions: an assessment of the uncertainties.Energy Policy, 33 (16), 2064-2074.http: //www.sciencedirect.com/science/article/pii/S0301421504001028.

Uhrig-Homburg, M., &Wagner, M. (2007) .Futures price dynamics of CO2 emission certificates-an empirical analysis.Preprint.

UNEP, 2007.Guidebook for_nancing CDM projects.Technical Report. UNEP.Project CD for CDM..http: //www.cd4cdm.org/Publications/ FinanceCDM projectsGuidebook.pdf.

Weisbrod, B. (1964) .Collective consumption services of individual consumption goods.The Quarterly Journal of Economics, 77, 71-77.

Weitzman, M. (1974) .Prices vs.quantities.The Review of Economic Studies, 41 (4), 477-491.

World Bank, 2012.State and trands of the carbon market 2012.Technical Report.World Bank.

World Bank, 2014.States and Trends of Carbon Pricing 2014.World Bank, Washington DC.

Xepapadeas, A., 2001.Environmental policy and_rm behavior: abatement investment and location decisions under uncertainty and irreversibility.University of Chicago Press，2001.

Zhao，J.（2003）.Irreversible abatement investment under cost uncertainties：tradable emission permits and emissions charges.Journal of Public Economics，87，2765-2789.

↘ 术语表汇总

Assigned Amount Units （AAUs）（国际排放权交易机制中的）分配数量单位

Australian Carbon Credit Unit （ACCU）澳大利亚碳信用单位

Accredited Independent Entity （AIE）（JI机制中的）独立认证机构

Allowance permit 配额许可证

American option 美式期权

British Petroleum （BP）英国石油公司

Clean Development Mechanism （CDM）清洁发展机制

CDM Executive Board （CDM EB）CDM机制执行理事会

Certified Emission Reduction （CER）（CDM机制的）核证减排量

Carbon Farming Initiative （CFI）（澳大利亚）低碳农业倡议

Commodity FuturesTrading Commission （CFTC）（美国）商品期货交易委员会

Community Independent Transaction Log （CITL）欧盟独立交易登记系统

Convention on International Trade in Endangered Species of Wild Fauna and Flora （CITES）濒临绝种野生动植物国际贸易公约

Conference of Parties （COP）（公约下的）缔约方会议

Copenhagen Green Climate Fund （CGCF）哥本哈根绿色气候基金

Designated National Authority （DNA）（CDM机制的）指定国家主管机构

Designated Operational Entity （DOE）（CDM机制的）指定经营实体

European Commission （EC）欧盟委员会

European Climate Exchange （ECX）欧洲气候交易所

European Energy Exchange （EEX）欧洲能源交易所

Emission Reduction Units （ERU）（JI机制的）减排单位

European Union Emission Trading Scheme （EU ETS）欧盟排放权交易体系

European Union Allowance （EUA）欧盟排放权配额

EUREX欧洲期货交易所

European Climate Exchange （ECX）欧洲气候交易所

Food and Agriculture Organization of the United Nations （FAO）联合国粮农组织

Greenhouse gas （GHG）温室气体

Global warming potential （GWP）全球增温潜势

Hydrofluorocarbons （HFCs）氢氟碳化合物

Intercontinental Exchange （ICE）洲际交易所

International Monetary Fund （IMF）世界货币基金组织

Intergovernmental Negotiation Committee （INC）政府间谈判委员会

Intergovernmental Panel on Climate Change （IPCC）政府间气候变化专门委员会

International Transaction Log （ITL）国际交易日志

Joint Implementation （JI）联合履约机制

Kyoto Protocol京都议定书

Nationally Appropriate Mitigation Actions （NAMAs）国内适当减缓行动

National Allocation Plan （NAP）（欧盟排放权交易机制的）国家分配计划

National Action Plan on Climate Change （NAPCC）（印度）气候变化国家行动方案

National Oceanic and Atmospheric Administration （NOAA）美国国家海洋和大气管理局

Net Present Value （NPV）净现值

Non-Governmental Organization （NGOs）非政府组织

New York Mercantile Exchange （NYME）纽约商品交易所

New Zealand Emission Trading Scheme （NZ ETS）新西兰排放权交易机制

Organization for Economic Cooperation and Development （OECD）经济合作与发展组织

Official Development Assistances （ODA）政府开发援助

ppm--parts per milllion 百万分之一（大气浓度单位）

quantified emission limitations or reductions objectives （QELROs）（附件1国家的）量化限制和减排目标

Renewable Energy Certificate （REC）可再生能源许可证

Reducing Emissions from Deforestation and Degradation （REDD）减少毁林和森林退化的碳减排机制

Regional Greenhouse Gas Initiative （RGGI）（美国）区域温室气体减排行动

Subsidiary Body for Scientific and Technological Advice （SBSTA）（缔约方会议的）附属科技咨询机构

United Nations Development Program （UNDP）联合国开发计划署

United Nations Environmental Program （UNEP）联合国环境规划署

United Nations Framework Convention on Climate Change （UNFCCC）联合国气候变化框架公约

World Climate Conference （WCC）世界气候大会

Western Climate Initiative （WCI）（美国）西部气候倡议

World Meteorological Organization （WMO）世界气象组织